Oliver Roland

Umfangen von Gottes Liebe

Mit 52 Lesepredigten durch das Jahr

AZUR

Die Predigten und Andachten habe ich
in diesem Buch zusammengefasst
in Erinnerung an meine Mutter Ike Roland
(25. September 1929 - 19. Februar 2010)
und für Ute Zurell (16. Februar 1967),
die sich ein neues Jahres-Begleit-Buch wünschte.

2. Auflage 2014
Alle Rechte dem Autor vorbehalten.
© AZUR® Verlag e. K. Mannheim 2011
Umschlagfotos von links nach rechts:
1 Ute Zurell, 2 & 3 Oliver Roland, 4 Elke Otto
Umschlaggestaltung: Oliver Roland & Ute Zurell
Satz: Oliver Roland, Lektorat: Ute Zurell
Druckerei Lindemann, Offenbach
ISBN 978 - 3 - 934634 - 63 - 3

Inhalt

Vorwort 6

Predigten und Andachten
für die Sonntage des Jahres
I   Orientierung suchen 11
II Sinn finden 63
III Gott lieben 105
IV Leben genießen 161

Predigten und Andachten
für besondere Festtage
    Jahresanfang 215
    Palmsonntag 217
    Gründonnerstag 233
    Karfreitag 227
    Ostersonntag 234
    Ostermontag 241
    Pfingsten 245
    Totensonntag 251
    Advent (3) 257
    Heiligabend 263
    Weihnachten 267

Rechtshinweise 271

Den Tag mit einem Gebet beginnen.

Für erreichbare Ziele, Heilung, Freude für sich selbst
und andere bitten und danken.

Einen kurzen geistlichen Text lesen – in der Bibel,
in Andachtsbüchern, in Lebens- oder Jahresbegleitern.

Oder eine Liedstrophe aus dem Gesangbuch singen.

In den christlichen Festzeiten jeden Tag
ein ganzes Lied singen.

Eine Kerze anzünden.

Innehalten.

Sich für die eigene Reflexion Zeit nehmen.

Sich Zeit für Gott nehmen.

Auf seine Liebe vertrauen für das ganze Leben!

Vorwort

Am Ende des Jahres 2010 schaute ich auf 20 theologische Jahre meines Lebens zurück. Im Herbst 1990 hatte ich begonnen evangelische Theologie in Heidelberg zu studieren, am 24. Januar 2010 hielt ich meine letzte Predigt in Owingen am Bodensee. Dazwischen lagen das Studium am Sprachenkolleg in Stuttgart, an der Kirchlichen Hochschule Bethel, an der Universität Münster, am Heythrop College und am King's College der University of London, gefolgt von Praktika und Vikariaten in den Landgemeinden Sulzfeld und Neulingen-Bauschlott (Badische Landeskirche), in den Stadtgemeinden Zion St. Mark's Church in New York, USA (deutsch- und englischsprachig) und Christuskirche in Windhoek, Namibia, und in der Social Care Unit (Obdachlosenzentrum) der Kirche St. Martin-in-the-Fields im Herzen Londons.

Es war eine gute Zeit, das Studium und die Arbeit. Ich habe viele wunderbare Menschen kennengelernt. Herzliche, liebenswerte, humorvolle Gestalten. Leuchtende Herzen. In Namibia fuhr ich eine Zeit lang durch das Land und hielt Gottesdienste. Einmal saß ich mit zwei jungen schwarzen Mädchen auf einem Eselskarren von einem Hof zum nächsten. Die Jüngere von den beiden sprach ein paar Brocken Englisch und ich konnte ihr verständlich machen, welcher Arbeit ich nachging. Sie strahlte über das ganze Gesicht, umarmte mich und als im nächsten Hof ihre Leute sie fragten, wer ich sei, antwortete sie feierlich: „We are churchgoers!" Das war einer von vielen leuchtenden Momenten als Theologe.

Unter den Amtsträgern gab es herausragende Persönlichkeiten wie Pastor Manfred Bahmann in New York, Bischof Reinhard Keding oder Pastor Peter Pauly in Windhoek, der immer außergewöhnliche Erkenntnisse formulierte: „Als ich das letzte Mal auf Reise war, suchten wir – es war schon Abend geworden – ein Zimmer zum Übernachten. Schließlich fanden wir ein Hotel. Es kostete sehr viel

Vorwort

und im Zimmer befanden sich lauter Dinge, die man zum Übernachten überhaupt nicht brauchte: ein Fernseher, ein Kühlschrank, ein Fön, ein Telefon ..." Ein anderes Mal berichtete er, dass er seinem Dackel immer die Predigt vorlese und „wenn er einschläft, dann weiß ich, dass ich was ändern muss!"

Wenn ich meine Predigten lese, die ich über all die Jahre geschrieben habe, schlafe ich nicht ein. Ihr Tonfall, ihre Worte machen mich wieder neugierig. An einige konnte ich mich noch gut erinnern, andere waren eine Überraschung für mich. Ich hoffe, diese Texte werden auch Sie, liebe Leserin, lieber Leser überraschen!

Inhaltlich war mir immer wichtig, dass die Predigt leicht verständlich ist. Poetische Worte finden, theologisch erklären können: Ja. Aber lieber einfach und bodenständig predigen als abgehoben und undurchsichtig. Was habe ich davon, wenn ich meine Zuhörer mit Fremd- und Fachwörtern zu beeindrucken suche?
Es sichert mir keinen Platz im Himmel.
Formal gab es drei Punkte, die ich bei vielen Predigten umsetzte:
Der erste Satz muss sitzen. Das ist wie in der Literatur. Wenn der erste Satz mich nicht mitzureißen vermag, fällt mir das Lesen oder Hören immer schwerer. Der erste Satz holt den müden Gottesdienstbesucher aus seiner kalten Kirchenbank ins Abenteuer Predigt ab oder gibt von vornherein auf. Damit der erste Satz sitzt, kann man die „leere Koffermethode" (Manfred Josuttis) anwenden: Einen Satz formulieren, der rätselhaft ist oder wirkt, scheinbar nicht zum Predigttext passt und sich selbst und den Inhalt der Predigt langsam erklärt.
Der erste Satz ist bei mir oft der rote Faden, der sich durch die Predigt zieht. Ich wiederhole ihn immer wieder. Er verbindet die einzelnen Gedanken der Predigt, die sonst vielleicht nur lose neben-

einander stehen würden. Diese Wiederholung nenne ich den „runnig gag" der Predigt. Im besten Fall löst er sich gegen Ende der Predigt in ein unerwartetes Ergebnis auf, z.b. bei dem Text „Elia in der Wüste" nahm ich den running gag „Der Diener Gottes ist gefangen" (in der Wüste, in der Einsamkeit, in der Hoffnungslosigkeit …) zur Hilfe und löste ihn am Ende auf in „Der Diener Gottes ist gefangen. In der Liebe Gottes."

Direkte Ansprache der Gemeinde: Sie, Du. Ich fand bald heraus, dass Predigten, in denen ich nicht vorkam, in denen ich nicht angesprochen wurde, von mir auch kaum ernst genommen wurden. Sprichst Du Prediger mich an oder erzählst Du nur eine allgemeine Geschichte, die mit meinem Leben nichts zu tun hat?

Dass ich nun nach „20 theologischen Jahren" mit der Kirche kaum mehr zu tun habe, ist nicht meine Entscheidung gewesen. Aber wo der eine Weg endet, beginnt ein neuer. Den alten, fruchtbaren Pfad darf ich dankbar in Erinnerung behalten.

Gott hat es bisher gut mit mir gemeint. Und er wird weiter mit mir sein. Denn Gott ist denen, die ihn suchen, immer nahe. Man kann das spüren. Diese Erfahrung, liebe Leserin, lieber Leser, wünsche ich Ihnen auch. Das Erfühlen-Können von Gottesnähe, von Schutz und Geborgenheit, das „Umfangen-Sein von Gottes Liebe" in Ihrem Leben! Vielleicht spüren Sie ja ein bisschen davon beim Lesen in diesen Texten? Ich wünsche Ihnen jedenfalls erhellende Augenblicke!

Ihr Oliver Roland
Überlingen, am 8. Februar 2011

Orientierung suchen

Lebenswege – 1.Johannesbrief 2,7-17

Hast Du dich schon einmal verlaufen?

Es ist gar nicht so schwer. Einen falschen Weg eingeschlagen, eine vermeintliche Abkürzung genommen, sich überreden lassen, in der Hast das Richtungsschild übersehen … und schon … ist man ganz woanders als da, wo man eigentlich hinwollte. So endet manch schöner Spaziergang nicht so schön oder man macht wenigstens viele Umdrehungen im Wald bis man aus der Spirale wieder herausfindet.

Der Leiter meines Predigerseminars machte einmal mit uns auszubildenden Vikaren eine Wanderung und als wir ihn, schon auf der Strecke, fragten, wohin wir den marschierten, meinte er geheimnisvoll: Wir wandern in die Zukunft. Natürlich hat er das nur gesagt, um uns bei Laune zu halten.

Manchmal schlagen wir auch ganz andere Wege ein.
Lebenswege.

Es gibt so viele schöne Dinge auf der Welt. Ich möchte gerne einige davon besitzen. Das geht dir spätestens auch so, wenn du durch die Stadt bummelst und an herrlich dekorierten Läden vorbeischlenderst und immer mehr Dinge entdeckst, die du eigentlich nicht brauchst, aber die zu besitzen schon schön wäre. Man könnte die gerade neu erworbenen Gegenstände den Freunden vorstellen, vielleicht einen neuen Trend miteinleiten, sich an den gekauften Schätzen erfreuen. Dinge, die wir besitzen, erfreuen uns, jedenfalls am Anfang, wenn es noch nicht so viele Dinge sind. Später, wenn die Dinge überhand nehmen, dann besitzen nicht mehr wir sie, sondern sie besitzen uns. Und das kann ganz schön anstrengend sein.

Oder der Beruf. Am Anfang freuen wir uns darauf, dass wir etwas wert sind, etwas anderen sein können, später frisst er uns auf, wir fühlen uns überfordert, genervt, gestresst.

Oder Menschen. Wir wollen nicht alle besitzen, am wenigsten die eigene Verwandtschaft, aber den einen oder anderen schon. Den Partner, die Geliebte – sie sollen uns gehören, nur uns, für immer und ewig. Für immer und ewig meint nach menschlichem Ermessen und heutiger Lebensweise für ein paar Jahre mindestens. Lebensabschnittspartner.

Man hätte gerne dies, man hätte gerne jenes und oft verrennt man sich in der fixen Idee man müsse wirklich dieses oder jenes haben, sonst ginge es nicht mehr. Sonst könne man nicht mehr leben. Sonst könne man einfach nicht glücklich werden.
Schlimm wird es, wenn man nicht mehr genug bekommen kann. Hoffnungen, Erwartungen, Verlangen, Begierde, ja, das kennen wir alle. Aber Gier nach etwas, ohne Ende? Wenn die Sehnsucht nicht mehr erfüllt wird, obwohl man immer mehr davon hat, was man haben wollte. Warum sich mit einem Auto abgeben, wenn es auch zehn tun? Wieso einen waghalsigen Kredit vergeben, wenn man auch Hunderttausende vergeben kann und es entweder nie auffällt oder man – im schlimmsten Falle – staatlich unterstützt wird? Wieso risikolos und langweilig leben, wenn man aufregend, berauschend und bei Entlassung mit 10 Millionen Euro Abfindung leben kann?

Liebe Leserin, lieber Leser, diese Fragen sind nicht neu. Schon die Apostel der ersten Gemeinden haben sich dazu Gedanken gemacht. Ein Beispiel davon gibt uns der heutige Predigttext. Wir lesen dazu aus der Neuen Genfer Übersetzung:

Lebenswege – 1.Johannesbrief 2,7-17

Liebe Freunde, was ich euch schreibe, ist kein neues Gebot, sondern das alte, das ihr von Anfang an kennt; es ist die Botschaft, die euch verkündet wurde.

Und doch ist das, was ich euch schreibe, auch ein neues Gebot – neu, weil das, was es fordert, von Jesus Christus erfüllt wurde und auch bei euch Wirklichkeit geworden ist. Ja, die Finsternis vergeht, und das wahre Licht hat schon zu leuchten begonnen. Wer behauptet, im Licht zu leben, aber seinen Bruder oder seine Schwester hasst, der lebt in Wirklichkeit immer noch in der Finsternis. Doch wer seine Geschwister liebt, lebt im Licht und bleibt im Licht, und nichts kann ihn zu Fall bringen. Wer seine Geschwister hasst, lebt in der Finsternis. Er tappt im Dunkeln umher und weiß nicht, wohin er geht; die Finsternis hat ihn blind gemacht.

Meine lieben Kinder, ich schreibe euch, weil euch eure Sünden um Jesu willen vergeben sind. Väter, ich schreibe euch, weil ihr den kennt, der von allem Anfang an da war. Ihr jungen Leute, ich schreibe euch, weil ihr stark seid; das Wort Gottes ist in euch lebendig und bleibt in euch, und ihr habt den Bösen besiegt.

Liebt nicht die Welt! Hängt euer Herz nicht an das, was zur Welt gehört! Wenn jemand die Welt liebt, hat die Liebe zum Vater keinen Raum in seinem Leben. Denn nichts von dem, was diese Welt kennzeichnet, kommt vom Vater. Ob es die Gier des selbstsüchtigen Menschen ist, seine begehrlichen Blicke oder sein Prahlen mit Macht und Besitz – all das hat seinen Ursprung in dieser Welt. Und die Welt mit ihren Begierden vergeht; doch wer so handelt, wie Gott es will, wird für immer leben.

Lebenswege – 1.Johannesbrief 2,7-17

Die Welt steht in unserem Text für das Wirkungsfeld und die Einflusssphäre des Bösen, des Widersachers gegen den Willen Gottes. Sie ist der Ort des Materiellen, des Egoismus. In ihr ist die Kälte spürbar, mit der jeder gegen jeden kämpft. Diese Welt, so unser Text, wird von drei Lastern beherrscht: von der „Begierde des Fleisches", von der „Begierde der Augen" und von der „Prahlsucht", wie Luther es formulierte. Alle drei Laster beinhalten ein Grundübel: das immer mehr haben und das immer mehr sein wollen.

Immer wieder wird uns „die Gier nach dem Geld" in der Finanzwelt eindringlich demonstriert. Eigentlich wissen wir das. Was wir leicht vergessen (wollen) ist, wie sehr wir an der Entwicklung von anderen hängen. Dass es Unternehmen und Menschen treffen kann, die mit einem bestimmten Kontinent oder Land vermeintlich nichts zu tun haben.

Aufs Erste besehen, scheint sich der schnelle Profit zu lohnen, doch nach einiger Zeit wird deutlich: Die "Gier" ist letztlich für uns Menschen selbstzerstörerisch. Schon der Kirchenvater Augustin erklärte Wollust, Habgier und Hoffahrt zu den drei schlechtesten Haupteigenschaften. Dies verstärkte der griechische Kirchenlehrer Chrysostomos noch, indem er bereits die Ansammlung des Eigentums an sich als Habgier bezeichnete. Diese sei die schwerste aller Sünden. Damit hob er den ökonomischen Aspekt von Sünde noch stärker hervor. – Wir können nicht verhindern, dass Menschen sich verlaufen und verlieren und ihr Leben ausrichten auf das, was in dieser Welt zählt. Dass sie die Jagd nach Liebe, die Suche nach Spaß und Lust, der Drang nach immer mehr ständig vorwärts peitscht.

Lebenswege – 1.Johannesbrief 2,7-17

Aber wir müssen nicht auf andere sehen. Ich selbst bin gemeint, wenn ich wieder mal grundlos alles zerschlagen will, wenn ich mich nicht bemühe, Menschen ernst zu nehmen, sondern über sie hinweg trample. Die Begierde des Fleisches, vor der Johannes warnt, ist Lust, nicht nur Sexualität, wie es in der Folgegeschichte die Kirche oft haben wollte. Es ist jede Lust, die nur die eigene Erfüllung im Blick hat, egal ob in der Sexualität oder beim Reden über andere oder beim Gestalten der Freizeit. Darum warnt Johannes vor Habgier, vor Geiz und Prahlerei. Der gierige Mensch insgesamt ist im Blick, der nur seine eigenen Interessen sieht und sich selbst in den Mittelpunkt stellen will. Johannes kennt die Gefährdungen seiner Gemeinde, ihre Probleme und Anfechtungen.

Auch wir müssen wahrnehmen, wie gefährlich dieser Weg ist. Eine Studie zeigt, dass in Orten, wo wenig Neid herrscht und viel Vertrauen, die Menschen glücklich sind. Wo aber Neid herrscht, die Menschen sich nichts gönnen, dort sind sie auch nicht glücklich. Wo das Umfeld so ist, dass ich mich wohlfühle, fühle ich mich glücklich. Sein Glück nur dort zu finden, wo es den anderen auch nicht besser geht (die uns wohlbekannte Schadenfreude) – das ist kein echtes Glück. Wer nur selbst vorankommen will, wer nur an sich denkt, der erzeugt bei anderen das Gefühl des Ausgegrenztseins und von Neid. In Afrika gibt es einen Spruch, der mir sehr weise vorkommt: Wenn du schnell vorankommen willst, musst du alleine gehen. Wenn du weit kommen willst im Leben, musst du mit anderen gehen.

Im Märchen vom Fischer und seiner Frau fängt ein ganz armer Fischer einen Butt. Dieser kann reden und sagt, er wäre ein verwunschener Prinz. Da lässt ihn der Fischer wieder frei.

Lebenswege – 1.Johannesbrief 2,7-17

Zuhause erzählt er seiner Frau von seinem sonderbaren Erlebnis. Die Frau meint nun, dass er sich wenigstens ein nettes Häuschen hätte wünschen können. Als gehorsamer Ehemann geht er nun an den Strand und ruft den Butt. Dieser kommt, und so wünscht sich der Fischer ein Häuschen. Der Wunsch wird sogleich erfüllt, doch ist die Frau nach zwei Wochen nicht mehr zufrieden. Sie möchte erst in einem größeren Haus, dann in einem Schloss wohnen. Dann will sie König sein in einem Palast, dann Kaiser, dann Papst. Am Ende äußert sie den Wunsch, wie der liebe Gott zu sein und über Sonnenaufgang und den Gang des Mondes zu bestimmen. Im gleichen Moment wie der Fischer diesen Wunsch dem Butt weitergibt, wohnen der Fischer und seine Frau wieder in der alten Fischerhütte.

Dieses Märchen zeichnet das Bild eines Menschen, der nicht genug haben kann. Die Frau ist vor allem deshalb so unglücklich, weil sie jedes Mal mit der gegenwärtigen Situation unzufrieden ist. Immer muss sie mehr haben, immer muss sie mehr sein. Doch ein Mensch, der sich selbst zum Mittelpunkt macht und wie Gott sein will, der scheitert und wird am Glück vorbei leben. Der Schlüssel zum Glück steckt darin, dass wir zunächst damit zufrieden sind, was wir haben und was wir sind. Das ist die Botschaft des Märchens.

Die Bibel sagt uns, dass wir das Wichtigste zum Leben längst geschenkt bekommen haben. Gott hat JA zu uns gesagt: in der Taufe, bei der Konfirmation und an jedem neuen Tag unseres Lebens. Wenn wir von diesem JA Gottes wissen, dann können wir gelassener und glücklicher sein. Das JA Gottes zu uns kann unsere Lebensgrundlage sein, die uns Unannehmlichkeiten bis hin zu Schicksalsschlägen leichter hinnehmen und ertragen

lässt. Mit dem JA, mit dieser Zusage Gottes, uns beizustehen und zu segnen, können wir unsere persönlichen und beruflichen Ziele gelassener und eben nicht so verbissen verfolgen.
Das JA Gottes zu uns will unser großes Glück sein.

Gott liebt dich wie du bist, du brauchst nicht etwas zu erreichen, jemand zu werden. Auf diesem Untergrund – geliebt von Gott – können wir viel mehr erreichen!
Wer das JA Gottes begriffen hat, der kann auch umso leichter zu seinen Mitmenschen JA sagen. Unser Predigttext sagt in aller Deutlichkeit: Wenn dein Verhältnis zum Mitmenschen nicht stimmt, dann stimmt auch dein Verhältnis zu Gott nicht. Stimmt aber dein Verhältnis mit Gott, wirst du auch besser mit deinen Mitmenschen klarkommen.

Heute werden wir an das JA Gottes erinnert.
Gott streckt uns heute wieder neu seine Hand entgegen.
Ergreife seine Hand und lass dich gut durch dein weiteres Leben führen und behüten!

Dieses JA Gottes beschenkt uns auch mit der nötigen Zivilcourage, um als Christen, als Gemeinde heute Widerstand gegen "die Gier nach der Welt" zu leisten. Wir sind keine Supermenschen und brauchen auch nicht so zu tun, als wären wir es. Aber wir kennen den Vater. Weil seine Liebe das Böse überwunden hat, haben wir für die Welt eine Botschaft.
Wir leben von Gottes Vergebung und davon, dass er uns liebt. Diese Vergebung schenkt uns wahres Leben in seiner ganzen Fülle. Und dies können wir nicht laut genug in die Welt hinein rufen und Gottes Liebe in die Welt geben.

Lebenswege – 1.Johannesbrief 2,7-17

Einfach gesagt, aber wie umgesetzt?
Durch einen Satz, der Mut macht.
Eine Hand, die sich zur Versöhnung ausstreckt.
Einen Segenswunsch, der Geborgenheit schenkt.
Einen Besuch, der die Einsamkeit unterbricht.
Ein Gebet, das für den anderen gesprochen wird.
Ein Stück Weg, auf dem wir einander begleiten.

So wird Gottes Reich in dieser Welt sichtbar. Nicht mehr allein nach dem Lustprinzip der Welt leben. Sondern vor allem nach dem Prinzip der Liebe Gottes. Die Welt, die wir nicht lieben sollen, ist die Welt in ihrer maßlosen Gier. Aber die andere Seite der Welt, die nach wie vor Gottes Handschrift trägt, der sollen wir uns verpflichtet fühlen. Licht und Salz sollen wir sein. Jesus hat uns nicht aufgetragen: „Geht hinaus aus aller Welt", sondern: „Gehet hin in alle Welt!" Deshalb dürfen wir uns nicht einigeln in unsere Selbstzufriedenheit, in unsere Selbstgerechtigkeit. Wir dürfen die Welt und unseren Nächsten nicht sich selbst überlassen. Denn unsere Welt braucht Gott und seine Liebe. Unsere Welt braucht uns, dass wir von Gott und seiner Liebe erzählen.

Hast du dich schon mal verlaufen?
Wir kennen das alle. Und wie oft entscheidet man sich für den falschen Lebensweg! Aus Neugier, aus Gier nach dem Mehr-Sein und Mehr-Haben-Wollen, aus Unbedachtheit.
Aber meine Erfahrung ist: Wie oft und wie schwer man sich auch verläuft – wer Gott nicht aus den Augen lässt oder Gott nicht aus dem Herzen verliert – der wird sich immer wieder verlaufen – mitten in die Liebe Gottes hinein. AMEN.

Sehen lernen

Sehen.

Was heißt das überhaupt, sehen?
Weißt Du, was das meint?
Bedeutet sehen, unterscheiden zu lernen?
Oder bewusst wahrzunehmen?

Der Meister fragte seine Schüler: Woran kann man erkennen, dass nicht mehr Nacht ist, sondern dass es Tag geworden ist? Einer antwortete: Wenn die Sonne aufgeht, dann ist es Tag.
Der Meister sagte: Nein!
Ein anderer sagte: Wenn man den Baum dort vorne, etwa 500 Meter von hier, als Baum erkennt, dann ist es Tag.
Der Meister sagte: Nein!
Stille kehrte ein. Jeder dachte nach, wann man den Tag als Tag erkennen kann.
Da sagte der Meister: Wenn Du in das Gesicht eines Fremden blickst, und du in ihm deinen Nächsten siehst, dann ist es Tag geworden!

Sehen und erkennen.
Aber um zu erkennen, muss ich erstmal sehen. Oder hinhören.

Gott sieht dich. Er kennt dich gut.
Schön, dass mich einer wirklich kennt. Und weiß, wie's mir geht. Schön, dass mich einer wirklich hört, wenn ich nach ihm rufe, ihm meine Sorgen erzähle, vor ihm stehe und nicht mehr weiter weiß, wenn ich mich freue und ihm dafür danken will. Er sieht mich und ich sehe vieles, viele, andere Menschen. Und manchmal brauche ich erst Zeit, um richtig sehen zu können. Vielleicht sogar, um erst wieder sehen zu lernen.

Sehen lernen

Entdecke die Welt! Die Natur um Dich herum, Tiere und Pflanzen, deine Mitgeschöpfe.

Am Abend haben wir meist ein wenig Zeit, nach der Arbeit. Da kann ich mich auch wieder zurücklehnen und mich einlassen auf Zeit. Genießen, dass ich Zeit habe.

Wenn ich keine Zeit habe, Beruf, Kinder, Alltag, Küche um die Ohren, Anrufe, Faxe, emails ohne Ende – da verliere ich nicht nur Zeit, ich verliere auch Gott aus den Augen, verliere mich selbst im gewohnten Trott.

Deswegen ist mir die Abendzeit, die Freizeit wichtig. Ich muss geradezu sagen: Ich brauche sie, diese Freizeit, um ein Stück weit auftanken zu können. Kraft auftanken, Gottes Geist auftanken. Mir meiner selbst wieder bewusst werden. Und andere wieder wahrnehmen zu können. Wieder lernen, zu sehen. Es heißt ja, wer einmal Fahrrad gefahren ist, wird es nie verlernen. Aber mit dem Sehen verhält es sich anders. Um richtig sehen zu können, um das Wichtige sehen zu können, muss ich um meine und Gottes Ziele für diese Welt wissen.

Ich wünsche uns allen, dass wir in den freien Stunden, in der Zeit ohne Arbeit und Hektik, Gottes Liebe verspüren können. Und dass wir mit der Tankfüllung der Sorte Gottes Geist – wieder sehen lernen!

Sehen lernen den Nächsten im Fremden,
damit es Tag werde nach der Nacht.

AMEN.

Was ist wirklich wichtig – Matthäus 13

Wenn du erkennst, was dir wirklich wichtig ist – dann wirst du dafür kämpfen. Du wirst dich darum bemühen, weil du's haben willst!

Wenn mir klar geworden ist, was wichtig ist, dann schau ich, dass ich's kriegen kann. So geht es uns allen, wenn uns klar geworden ist, was uns wichtig ist. Dann versuchen wir genau das zu erreichen.

Einige von uns haben vielleicht festgestellt, dass es angenehm ist, viel Geld zu besitzen. Es lebt sich damit leichter, ein bisschen sorgenfreier. Und das ist ganz schön. Und die das erkannt haben, die haben dann vielleicht ihr ganzes Leben darauf umgestellt, viel Geld zu verdienen. Weil ihnen das wichtig ist.

Eine Frau sagt mir, sie möchte sich endlich selbst verwirklichen. Das ist jetzt dran für sie. Das ist ihr jetzt wichtig. Sie will die Selbstverwirklichung nicht mehr aufschieben, sondern jetzt wagen.

Ein Mann sagt mir, er kann nicht mehr. Er habe die Nase voll. Er will aussteigen. Das ist ihm jetzt wichtig. Raus. Was ganz anderes machen. Neu anfangen. Nicht weiter wurschteln als sei nichts passiert. Nein, es ist etwas passiert. Es ist ihm etwas klargeworden. Es ist ihm klar geworden ist, was wirklich wichtig ist.

Der Predigttext, liebe Leser, steht bei Matthäus 13: Es ist ein kurzes, doppeltes Gleichnis. Jesus spricht zu seinen Jüngern:

Was ist wirklich wichtig – Matthäus 13

„Mit dem Himmelreich ist es wie mit einem Schatz, der im Acker verborgen war und den ein Mann fand und verbarg; und in der Freude darüber geht er hin und verkauft alles, was er hat, und kauft den Acker. Wiederum ist es mit dem Himmelreich wie mit einem Kaufmann, der gute Perlen suchte, und als er eine kostbare Perle fand, ging er hin und verkaufte alles, was er hatte und kaufte die Perle."

Weißt du, was dir wichtig ist? Was dein größter Wunsch ist? Dein Verlangen? Dein Begehren? Was ist das Wichtigste für Dich? Denk einmal kurz darüber nach!

Christus sagt uns im Text: Wenn du verstanden hast, um was es im Glauben geht, dann wird es dein höchstes Ziel sein, danach zu streben. Es wird nichts anderes mehr geben, was dir so viel bedeutet. Du wirst wissen, wie wertvoll das ist.

Kirche ist heute ein Angebot unter vielen am Sonntag. Man kann auch zu Hause den ganzen Tag lang schlafen oder Fernsehen sehen, Computer spielen oder Spaziergänge machen oder ein gutes Buch lesen. Der Sonntag ist nicht mehr der Tag, an dem man grundsätzlich in die Kirche geht. Es ist der Tag, an dem man sich entscheidet, ob man in die Kirche geht oder nicht. Jeder von uns entscheidet sich jeden Sonntag neu, ob er oder sie kommen will zum Gottesdienst. Wir machen unseren Gottesdienstbesuch von vielen Fragen abhängig: Komme ich darin vor? Werde ich persönlich angesprochen? Bekomme ich Lösungen für meine Probleme? Bringt der Gottesdienst mich in meinem Leben weiter? Wer predigt? Mag ich den Pfarrer? Der Gottesdienst muss ich lohnen!

Was ist wirklich wichtig – Matthäus 13

Was bringt das mir? fragen heute viele. Was habe ich davon?

Viele vergessen dabei, dass Gottesdienst heißt: Dienst für Gott! Wir wollen Gott danken für unser Leben, wir wollen ihn loben und bitten, dass er unseren Lebensweg begleite. Wir wollen das gemeinsam tun, feiern und singen. Gott hat uns unser Leben geschenkt. Heute und an jedem Sonntag schenken wir ihm etwas von seiner Liebe dankbar zurück.

Wenn du weißt, was dir wichtig ist, dann ist das gut. Dann wirst du dich entscheiden, ob du dich aufrichtig und intensiv darum bemühst oder ob dir das zu anstrengend ist.
Wenn du weißt, was du willst, dann hat dein Leben einen Sinn.

Es gibt kaum schlimmeres als ein zielloses und sinnloses Leben. Und vielen Menschen ist nichts schrecklicher als ein Leben zu führen, dass sie selbst als sinnlos und leer und unerfüllt und ziellos empfinden.

Wenn du weißt, was dir wichtig ist, dann hast du ein Ziel.
Wie entdeckst du, was dir wichtig ist?
Ist es Zufall oder Glück, dass du eines Tages entdeckst oder entdeckt hast, was wichtig ist. Oder liegt es nicht an Gott, dass wir im Leben kostbare Entdeckungen machen?

Manchmal entdecken wir eine neue Begabung. Da ist ein Buch, ein Gespräch, eine Begegnung, ein Lied, ein Film, der mich weiterbringt. – Gottes Geist lässt uns wunderbare Entdeckungen machen in unserem Leben. Mit dem Himmelreich ist es so wie mit einer solch wunderbaren Entdeckung, sagt Christus.

Nun werden natürlich viele von uns denken: Na, das Himmelreich habe ich aber noch nicht entdeckt! Entdeckt haben aber viele von uns, dass die Begegnung mit Christus etwas mit uns und mit unserem Leben gemacht hat. Dass er etwas verändert hat. Dass von seinen Worten und Taten eine Kraft ausgeht, die aufleben lässt und heil machen kann.

Für jeden von uns mag das ganz verschieden ablaufen: Glauben und sich berühren lassen von Gott. Deshalb wird dieses Gleichnis hier auch zweimal erzählt. Um zu sagen: Menschen haben ihre eigene Geschichte mit dem Glauben. Erfahrungen mit Gott machen wir alle auf die unterschiedlichste Weise.

Für den einen mag der Schatz des Himmels allmählich und langsam seinen Glanz bekommen haben, eine andere mag ihn sehr gesucht haben, wie der Kaufmann und mancher hat ihn vielleicht gefunden, ohne dass er je gesucht hatte, wie der Mann mit dem Acker.

Das sagt unser kleiner Text: Gott lässt sich von uns entdecken. Aber wie gehen wir damit um? Was machen wir daraus? Was mache ich aus dieser Begegnung? Sag ich mir: Na, das ist ja eine nette Geschichte, und gehe dann nach Hause und mache so weiter wie zuvor?

Gott wirklich zu entdecken heißt, sich anrühren zu lassen von ihm. Sich fragen, was mein Handeln bestimmen soll. Den Nächsten lieben oder ein angenehmes Leben führen?
Das eigene Denken kritisch hinterfragen und umdenken lernen oder lieber nicht mehr nachdenken, weil einem dann einfiele, was man alles ändern müsste?

Was ist wirklich wichtig – Matthäus 13

Dem Feind entgegengehen oder lieber zu Hause bleiben? Gehe deinem Feind entgegen und du kannst einen Freund gewinnen. Bleibe zu Hause und du wirst einen Feind behalten.

Was ist mir wirklich wichtig?
Kinder nehmen ihre Muscheln und Federn mit heim und bewahren sie sorgsam auf. Und wenn nicht alles in den Rucksack passt, muss sortiert werden. Und nur das Wertvollste darf mit. Was ist dein Wertvollstes? Dein Auto? Dein Haus? Dein Job?

Vertue deine Chance nicht, verplempere nicht deine Zeit mit Unwichtigem! Du lebst nur einmal. Und wer Christus entdeckt hat, der lässt diese Chance nicht verstreichen, sondern ist beseelt und begeistert, sich diesen Schatz zu bewahren.
Alles, was sie haben, verkaufen die glücklichen Finder des Schatzes, um den Acker oder die Perle zu sichern. Alles, was sie haben. Warum geben sie alles auf für das Himmelreich?

Die Gleichnisse sagen heute: Der Glaube und das Himmelreich haben etwas mit ernsthaften und folgenreichen Entscheidungen zu tun. Bei den zwei Beispielen wird diese Entscheidung deutlich. Das Wertvolle ist nur mit hohem Einsatz zu haben. Wenn du die Sache Jesu als etwas einmalig Wertvolles entdeckt hast, wird anderes weniger wichtig werden.

Es geht nicht um die totale Selbstaufgabe oder darum, alles zu verkaufen und wegzugeben, sondern um die richtige Prioritätensetzung. Was ist das Wichtigste in meinem Leben und gebe ich diesem Wichtigsten genügend Raum? Was soll mein Leben bestimmen?

Was ist wirklich wichtig – Matthäus 13

In seinem Kinderbuch „Komm, wir suchen einen Schatz" lässt der Autor Janosch seine Hauptdarsteller, den kleinen Tiger und den kleinen Bären, auf ihrer langen Wanderung zu folgender Erkenntnis kommen: „Man kann nur eines tragen: seinen Korb mit Gold oder seinen besten Freund." Das ist keine kindische, das ist eine sehr weise Erkenntnis.

Wenn mir der Blick für Gott geöffnet ist, werde ich sehend. Und dann werde ich einiges nicht mehr mit mir herumtragen wollen, was zu mir gehörte: eine Meinung oder Einstellung vielleicht, eine Verhaltensweise oder auch ein Korb mit Gold.

Glaube hat mit Entscheidungen zu tun.
Und diese Entscheidungen können leicht fallen. „Aus Freude", so heißt es hier im ersten Gleichnis, tauscht der Bauer seine Habe gegen den Acker mit seinem Fund ein. Das klingt nicht nach Gewissensqualen und Stress. Das klingt nach Zustimmung und Erleichterung. Endlich kann ich tun, was wirklich wichtig ist. Ich kann loslassen, was unwichtig war und was mein Leben gefangen hielt.

Gott lässt sich entdecken. Und wenn du ihn entdeckt hast, wirst du wissen, was wirklich wichtig ist. Dann wirst du danach entscheiden und handeln.

Ernsthaft entscheiden und mit Freude handeln – so könnte sie aussehen: Die Antwort des Glaubens an einen Gott, der sich entdecken lässt.

AMEN.

Nahe sein und neu werden

Ein junger Lyriker hat folgendes Gedicht geschrieben:

du bist: du bist wieder / nicht vor mir sitzend /
aber / ich kann fühlen dich

in meinem herz / und ich sehe dich
mit meinen geschlossenen augen

du bist / mit mir wieder
und alles ist / besser nun und neu

ich kann fühlen dich / mit meinem herz
ich fühle dich / mehr und mehr

Ist das nun ein Liebesgedicht oder ein Gedicht über die Beziehung des Poeten zu Gott? Letzten Endes – so denke ich – kommt es auf das Gleiche raus. Die Beziehung zwischen Gott und den Menschen ist immer eine Liebesbeziehung, denn Gott liebt uns bedingungslos und das einzige, was er von uns erhofft, ist, dass wir lieben: ihn, seinen Sohn, unseren Nächsten.

du bist wieder, schreibt der Dichter, du bist mit mir wieder
Wie in einer Freundschaft zwischen Menschen, wie in einer Liebesbeziehung spüren wir die Nähe des anderen mal mehr, mal weniger. Wir können den anderen nicht umkrallen und festhalten und glauben, ihn nie mehr zu verlieren. Man muss loslassen können, immer wieder. Aber um so größer ist die Freude, den anderen wiederzusehen, wieder zu umarmen, wieder zu spüren. Ihm nahe sein zu dürfen, seine Nähe selbst erfahren zu dürfen. – Partnerschaft und gute Freundschaft ist ausgerichtet auf Gegenseitigkeit. Den anderen tragen und von anderen getragen werden.

und alles ist / besser nun und neu, heißt es im Gedicht
Auch das erleben wir in Freundschaften und in der Liebe: Manchmal tun uns Pausen gut, manchmal verlieren wir einander aus den Augen oder durch Verletzungen. Und doch freuen wir uns wieder aufeinander. So ist das mit Gott und uns auch. Manchmal braucht man eine Pause, um nachdenken zu können. Oft vergesse ich, Gott zu danken, obwohl er doch so positiv mein Leben bestimmt. Manchmal gibt er mir eine Antwort, die ich nicht hören will. Oder keine Antwort.
Und doch sehne ich mich nach Gott. Weil ich weiß, dass er mir nahe sein möchte und mich neu machen, neu erschaffen kann.

ich kann fühlen dich in meinem herz
und ich sehe dich
mit meinen geschlossenen augen
Das ist Glauben. Das ist nicht wissen-wollen, wissen-müssen, sehen-müssen, um zu glauben – man kann Gott ganz einfach fühlen im eigenen Herzen. Und wer sich darauf einlässt, sich von Gott anrühren lässt, der kann ihn auch sehen mit geschlossenen Augen. Wer Gott erfährt, der weiß auch, dass er existiert.

ich kann fühlen dich
mit meinem herz
ich fühle dich mehr und mehr
Dem Menschen, den man liebt, besonders nahe zu kommen – das ist der Wunsch der meisten Menschen. „Nahe kommen" – ist intensive bewusste Liebe. „Nahe kommen lassen" ist vertrauen. „ich fühle dich mehr und mehr" ist höchste Nähe, tiefstes Vertrauen, größte Liebe.

Gott schenkt uns Nähe auf zweierlei Weise. Durch seine bedingungslose Liebe zu uns und dadurch, dass er uns diese Liebe immer wieder neu erfahren lässt. „Nahe sein wollen" – darum dreht sich die ganze Bibel. Gott will seinem Volk und allen Menschen nahe sein. Und er wünscht sich unsere Nähe. Das ist eine Beziehung in Liebe. Das ist Beziehung zu Gott.

Und es lohnt sich. Ich muss nicht alles selber tragen. Ich kann auch vieles abgeben von meiner Last. Das befreit zu neuem Leben. So wie eine Partnerschaft auch zu neuem Leben befreien soll. So ist Gott. Er befreit uns zu neuem Leben, hier, heute schon und später.

AMEN.

Hören – 1.Petrusbrief 5,5-11

Warum fällt es uns eigentlich so schwer, ernsthaft „demütig" zu sein?
Bist du demütig?
Demütig. Ganz schwer zu sagen, was das ist. Aber ganz klar abzugrenzen, was es nicht ist. Demut ist nicht Hochmut, Stolz, Arroganz, Übermut, Selbstgerechtigkeit, Selbstherrlichkeit.
Demut ist ein Begriff, den wir in der Kirche sehr oft benutzen oder hören. Eigentlich, so steht es in Meyers 10-bändigem Lexikon, bedeutet Demut: „die Gesinnung eines Dienenden" oder „Ehrfurchtsvolle Selbstbescheidung im Gegensatz zur Selbstüberhebung".
Die Demut gibt es in allen Religionen, sie ist der Religion eigen, wie es z.B. bei uns heißt: ohne Gott ist nichts oder wenig möglich, mit Gott aber alles.

Gott bestimmt deinen Weg. Das ist ganz angenehm, dann kann man alle Sorgen Gott anvertrauen, denn er sorgt für uns.
Leider sieht es in unserer Welt und in unserem Leben oft ganz anders aus. Auch ich werde dem christlichen Anspruch nicht gerecht. Da stimmen mich die Worte im 1. Petrusbrief, Kap. 5, die Verse 5-11, froh und traurig zugleich:
„Alle sollen einander in Demut begegnen. Denn Gott widersteht den Hochmütigen, aber den Demütigen gibt er Gnade. So demütigt euch unter die gewaltige Hand Gottes, damit er euch erhöht, wenn die Zeit gekommen ist. Alle eure Sorge werft auf ihn, denn er sorgt für euch.
Seid nüchtern und wacht; denn euer Widersacher, der Teufel, geht umher wie ein brüllender Löwe und sucht, wen er verschlingen kann. Dem widersteht fest im Glauben, weil ihr wisst, dass dieselben Leiden über eure Brüder in die Welt gekommen sind.

Hören – 1.Petrusbrief 5,5-11

Der Gott aller Gnade, der euch zu seiner ewigen Herrlichkeit in Christus Jesus berufen hat, der wird euch, die ihr eine kurze Zeit leiden müsst, aufrichten, stärken, kräftigen und auf einen festen Grund stellen. Sein ist die Macht von Ewigkeit zu Ewigkeit. Amen."

Dieser Briefschluss erinnert an ein Gebet. Er soll verinnerlichen, was sowieso selbstverständlich ist unter Christen. Nein. Er soll verinnerlichen, was ganz selbstverständlich sein müsste.

Sind wir demütig?
Ich möchte das Wort „demütig" gerne mal moderner übersetzen: „Hörend" auf Gott, auf den Nächsten im notleidenden Menschen.
Das ist heute ja nicht mehr selbstverständlich, war wahrscheinlich noch nie selbstverständlich, „hörend" zu sein.
Du musst dir den ganzen Tag so viel anhören, Klagen und Kritik, Unsinn und Mist. Du willst einfach nicht mehr hinhören müssen!
Ich habe Tinnitus, ich höre Geräusche im Kopf – leider nicht die brandenburgischen Konzerte, sondern ein Pfeifen –, ich will eigentlich nur eins: Nichts mehr hören. Weder auf die Arbeitskollegen noch auf die Familie.
Auf Gott wollen wir schon ab und zu hören, insbesondere, wenn's was Angenehmes ist. Aber die Geräusche der Welt scheinen zu laut zu sein oder die innere Stimme des Verlangens, der Begierde nach Wichtigerem, d.h. nach eigentlich ganz banalen Dingen des Lebens: hier mal ein Urlaub, da ein neuer Fernseher und ständig den Technikkram des modernen Lebens nachkaufen, dazu noch immer die Wünsche der Familie im Ohr. Es scheint nicht leicht „hörend" zu sein in dieser hektischen und lauten Zeit.

Hören – 1.Petrusbrief 5,5-11

Manchmal wünsche ich mir, schwerhörig zu sein. Dann wieder höre ich Musik, und weiß, wie dumm dieser Wunsch war.
Aber selbst machen wir es uns am Schwersten, „hörend" zu sein auf Gott und den Nächsten. Wir nehmen uns nicht die Zeit. Immer ist wichtigeres zu tun und irgendwann bin ich zu müde dazu, und dann ist wieder ein Tag vorüber und ich habe wieder nicht hingehört. Hingehört, was mir Gott zu sagen hat.
Aber allein „hörend" zu sein, reicht das? Die Wahrheit ist: Uns gefällt das Wort „dienen" heute nicht mehr so recht. Jahrhunderte lang musste die Frau ihrem Mann dienen. Wer sich heute noch einen Diener leistet, gilt als aufgeblasener Affe, die Jugend von heute will auf jeden Fall nicht dienen, sondern das Leben genießen. In diese Lebenskonzeption „Spaß haben, man lebt ja nur einmal" passt das Dienen nicht.
Auf der anderen Seite: Hörend sein reicht nicht. Man muss dienend hören. Um hörend dienen zu können.

Auf Gott hören.
Wie viel entgeht mir da, wenn ich nicht hinhören will oder mich mit Zeitmangel rausrede? Eine Lebensqualität? Mehr, viel mehr.
Wer nicht auf Gott hören möchte, das sind die, die glauben, sie seien schon fertige Menschen. Selbstgerecht bedeutet keine Kritik von außen annehmen wollen, schon gar nicht von einem, dessen Kritik vielleicht besonders weh tun könnte.
Wir nehmen uns die Beziehung zu Gott weg, viel Hoffnung gleich dazu.
Wir nehmen uns das Sorgen-abgeben-können weg.
Wir nehmen uns das Schuld-auflösen-dürfen und Befreit-aufleben-können weg.

Da entstehen zwei Bilder von zwei unterschiedlichsten Menschen in meinem Kopf:
Der eine ist fertig, der andere wird. Der eine hat Gott hinter sich gelassen, der andere hat Gott vor sich. Der eine muss alles alleine, der andere hat Gott an seiner Seite. Der eine hat Schuld, die er sich nicht verzeiht, dem anderen wird vergeben.
Der eine leistet, um daseinsberechtigt zu sein. Der andere glaubt sich von Gott im Leben gehalten und findet deswegen zu fruchtbringender Leistung. Der eine hat Angst, nicht zu taugen und powert und verzichtet, und meint, er müsse sich dauernd hochjubeln und dann die anderen dämpfen und klein halten. Der andere vertraut, dass er Gottes geliebter Taugenichts ist und kann ohne Angst nützen.
Der eine hat sooo viele Wünsche, der andere ist sooo dankbar.

Es gibt viele schöne Sachen, die man sich wünschen kann. Aber hast du mal bemerkt, um wie viel größer der Druck wird, wenn man sich immer mehr wünscht? In dem Buch „Simplify your life!" von Tiki Küstenmacher, monatelang auf den Bestseller-Listen, heißt es: Überlege nicht, was du alles in Zukunft machen kannst, wenn du erstmal viel Geld hast. Fühle dich heute schon reich – dann bist du es.
Ich habe das ausprobiert, liebe Gemeinde, und es funktioniert. Ich denke nicht, dass man es jeden Tag leben muss, denn manchmal fühlt man sich auch krank oder schlecht und weder reich noch dankbar; aber um so öfter man es lebt, um so reicher erscheint das Leben und um so leichter fällt es mir zu leben.

In der Demut akzeptiert ein Christ seine eigenen Grenzen und stellt sich unter das Gebot der Gottes- und Nächstenliebe.

Hören – 1.Petrusbrief 5,5-11

In der Demut hört der Mensch auf Gott, er hört das Evangelium und nur in der Demut kann die Frohe Botschaft Besitz von ihm ergreifen und ihn zu einem Christen machen, zu einem Menschen, der auf Gott vertraut, sich in Gottes Hand gibt.

Die Demut, zu der man sich anfangs vielleicht aufschwingen muss, schenkt einem am Ende Verständnis und Dankbarkeit. Und nur den Demütigen gibt Gott Gnade:

„Denn Gott widersteht den Hochmütigen, aber den Demütigen gibt er Gnade. So demütigt euch nun unter die gewaltige Hand Gottes, damit er euch erhöht, wenn die Zeit gekommen ist", heißt es in unserem Text.

Heute, nach dem Lesen der Predigt oder vor dem Schlafengehen, nimm dir Zeit! 10 Minuten.
Danke Gott für ein Ereignis deines Tages. Und frage ihn:
Was kann ich ändern? Was soll ich tun? Und höre hin.
9 Minuten.
Gott nimmt sich dein ganzes Leben lang Zeit für dich.
Da kannst du ihm 10 Minuten Aufmerksamkeit schenken.

Vielleicht merkst du, wie sehr du deinen Gott brauchst und machst dich noch in der Nacht auf den Weg mit einem Gebet.
Was für ein entscheidender Schritt!
Vielleicht vermagst du „nur" zu spüren, dass Gott bei dir ist, dein Leben mit trägt.
Was für ein wunderschönes Gefühl!

AMEN.

Was bestimmt mein Leben? – Lukas 14,25-33

Was hält uns alles fest in diesem Leben?
Wer bestimmt mein Leben? Was hält mich gefangen?

„Es ging eine große Menge mit Jesus", heißt es im Lukasevangelium. „Es ging eine große Menge mit Jesus; und er wandte sich um und sprach zu ihnen: Wenn jemand zu mir kommt und hasst nicht seinen Vater, Mutter, Frau, Kinder, Brüder, Schwestern und dazu sich selbst, der kann nicht mein Jünger sein. Denn wer ist unter euch, der einen Turm bauen will und setzt sich nicht zuvor hin und überschlägt die Kosten, ob er genug habe, es auszuführen? Damit nicht, wenn er den Grund gelegt hat und kann's nicht ausführen, alle, die es sehen, anfangen, über ihn zu spotten, und sagen: Dieser Mensch hat angefangen zu bauen und kann's nicht ausführen. Oder welcher König will sich auf einen Krieg einlassen gegen einen anderen König und setzt sich nicht zuvor hin und hält Rat, ob er mit 10.000 dem begegnen kann, der über ihn kommt mit 20.000? Wenn er es nicht kann, so schickt er eine Gesandtschaft, solange jener noch fern ist, und bittet um Frieden. So ist auch mit jedem unter euch: der sich nicht lossagt von allem, was er hat, der kann nicht mein Jünger sein."

Der Text, lieber Leser, hat zwei Teile. Der äußere Rahmen stellt die Kardinalfrage der Nachfolge Jesu. Was muss man tun, um Christus folgen zu können? Der Text antwortet klar und deutlich, und wie man es so oft von Jesus gewohnt ist, in einer besonders schroffen Art und Weise: Wer nicht seine Familie verlässt und diese hasst und sein Kreuz nicht trägt, der kann nicht sein Jünger sein. Ja, wer sich nicht lossagt von allem, was er hat und was ihn gefangen hält, der kann nicht ein Jünger Christi sein.

Was bestimmt mein Leben? – Lukas 14,25-33

Das Wort 'hassen' wirkt auf mich in zweifacher Weise. Zum einen bin ich beeindruckt von dieser deutlichen Formulierung, zum anderen befremdet sie mich. 'Hassen'! Ich soll meine Familie und mich selbst hassen? Ist das nicht etwas übertrieben? Aber Hassen ist hier nicht im Sinne von 'verachten' und 'bekämpfen' gemeint oder wirklich im Sinne von 'hassen', sondern im Sinne von: nicht wichtiger als Christus nehmen.

Und was hält uns nicht alles fest im Leben? Das Geld. Das Ansehen. Das Gewinndenken. Die eigenen Wünsche. Es gibt so vieles, was mich festhält. Was ich glaube, tun zu müssen, damit ich beliebt bin und geachtet werde. Und mich alle mögen.

Wir sind Gefangene unserer eigenen Welt. Gefangene von Institutionen und Organisationen. In Deutschland hält im Bereich der Dienstleistungen die Karte weiterhin Einzug. Die Karte zum Zahlen, die Karte zum Telefonieren, die Karte zum Punktesammeln. Geschäfte und Firmen schließen sich zusammen. Wer bei ihnen einkauft, bekommt Punkte und irgendwann für ganz viele Punkte ein Geschenk. Schnell wird man zum Gefangenen einer solchen Karte. Man kauft nur noch bei den bestimmten Geschäften ein, auch wenn dort die Produkte oft teurer sind als in anderen Geschäften, nur weil man das Geschenk erhalten will. Wie schnell kann man dabei zum Knecht einer Karte verkommen, wenn man nur noch zu Hause sitzt und rechnet: Lohnt sich das? Wieviel Punkte krieg ich hier? Was muss ich kaufen, um das zu bekommen?

Natürlich könnte ich mich davon befreien. Und aus ganz vielen sogenannten Verpflichtungen herauskommen, wenn ich nur wollte. Dann müsste ich meine Prioritäten neu setzen und sagen: Das eine ist mir wirklich wichtig und das andere nicht. Aber dazu muss ich so viel tun. Ich muss mein Denken immer wieder kritisch hinterfragen, meine Lebenseinstellung, mein Weltbild. Das strengt an. Und dann bin ich doch zu sehr verwurzelt in der Gewohnheit. Ich bin gewöhnt, dass alles so ist. Und so schlecht ist es ja auch gar nicht. Oder etwa doch?

Es geht also um die Frage: Was will ich in meinem Leben? Und was will Gott von mir, von meinem Leben? Und passt das zusammen?: Meine Wünsche und Gottes Wunsch an mein Leben? Christi Anforderung an mich, wenn ich ihm nachfolgen will, wenn ich sein Jünger sein möchte.

Der mittlere Teil unseres Textes dreht sich darum, wie man etwas macht. Und ob ich es überhaupt tun kann (Beispiele vom König – Krieg; Bauherr – Haus). Es ist also einmal eine Frage der Kostenberechnung, der genauen Kalkulation, der Vernunft, und auf der anderen Seite eine Frage der eigenen Fähigkeiten und Möglichkeiten und des eigenen Wollens.
Klug ist, wer weiß, was er kann und wie er's geschickt anstellt. Dumm ist, wer über seine Handlung nicht vorher nachdenkt.
Und das bedeutet übersetzt in diesem Zusammenhang: Wenn du ein Jünger Christi werden willst, überleg dir, ob du das überhaupt kannst! Und ob du das überhaupt willst?
Was musst du dazu tun? Du musst dich lossagen von allem, was dich festhält! Also von Menschen und Dingen, die dein Leben mehr bestimmen als Christus. Das heißt nicht: Du musst alles weggeben. Aber du musst bereit sein, Jesus als 'Number One' in deinem Leben festzusetzen. Er soll derjenige sein, der dein Leben mehr bestimmt als dein Auto, dein Haus und die Wünsche deiner Familie.

Was bestimmt mein Leben? – Lukas 14,25-33

Und ich muss mich lossagen von mir selbst! Denn ich halte mich an mir selbst fest, in dem ich mein EGO aufblähe und mir selbst immer wieder sage: Was bin ich doch für ein toller Kerl! Was habe ich schon alles erreicht und geschafft mit eigener Hand, aus eigener Kraft.
Suche dein Selbstbewusstsein nicht in dir! Das ist zu wackelig! Suche dein Selbstvertrauen in Christus! Denn wenn dein Werk zusammenbricht, wenn du's nicht schaffst – dann fällt alles zusammen, dann hast du nichts mehr, auf das du dich stützen kannst. Wem ist es noch nie so ergangen, dass sein Weltbild erschüttert wurde? Und er sich gefragt hat, ob er eigentlich alles richtig gemacht oder vielleicht doch vieles falsch gesehen hat? Wer hat noch nie an sich und seiner eigenen Einstellung gezweifelt? Ich kann mir nicht vorstellen, dass nicht jeder von uns schon einmal in eine solch wankende Situation gekommen ist. Und wer tatsächlich noch nie ein solches Gefühl empfunden hat, der sollte sich fragen, ob er nicht einmal kritisch über sein eigenes Denken und Verhalten nachdenken muss. Denn der Maßstab unseres Wirkens und Redens sollte nicht in uns selbst liegen. Das wäre zu leicht. So leicht macht es uns Christus nicht. Das sagt auch unser Text heute mit seinen scharfen Formulierungen: Leg dein Leben in Gottes Hände, lass dir von ihm helfen, dann wird es dir leichter fallen, dein Leben.

Ein evangelischer Pastor, ein katholischer Priester und ein jüdischer Rabbi diskutieren über die Kollekte.
Der Evangelische sagt: Ich gehe in mein Arbeitszimmer, mache einen großen Kreis mit Kreide, stelle mich in die Mitte, werfe die Kollekte nach oben. Was im Kreis landet, gehört der Kirche; alles außerhalb des Kreises gehört mir.

Was bestimmt mein Leben? – Lukas 14,25-33

Der Katholik sagt: Ich mache es genauso, nur andersherum. Was außerhalb des Kreises landet, gehört der Kirche. Alles im Kreis gehört mir.
Der Rabbi sagt: Ich mache es genauso, nur ohne Kreis.
Fragen die beiden anderen: Wie geht das ohne Kreis?
Ich werfe das Geld in die Luft und rufe: „Gott, nimm dir soviel du brauchst!" Alles, was wieder runter kommt, gehört mir.

Dieser interkonfessionelle Witz zeigt: Man kann sich die Nachfolge Christi sehr leicht machen, wenn man sich die Maßstäbe dieser Nachfolge selbst setzt. Wer eigene Gebote aufstellt und sagt: So geht's auch. Wer sich die Gebote heraussucht, deren Einhaltung leichter fallen.

Die eigenen Wünsche haben sich dem Willen Christi unterzuordnen. Dann wird man oft unverhoffte Geschenke des Glaubens erfahren.
Muss ich nicht immer wieder erstaunt und dankbar feststellen, wieviele Menschen sich ganz in die Arbeit ihrer Kirche hingeben, nicht um etwas zu verdienen, sondern um zu dienen? Und ist es nicht gerade die feste Bindung an Christus, die mir zum Halt bei Konflikten wird? – Der Glaube ist oft nicht leicht und doch macht er so vieles leichter.

Aber Vorsicht, lieber Leser! Man kann seinen gesamten Besitz weggeben, um die Armen zu speisen, man kann seine eigenen Wünsche vollständig aufgeben, und doch keine Liebe haben. Behalte deinen Besitz, und gib das „Ich" auf. Dein Haus verbrenne nicht, verbrenne dein ICH-Denken. Stelle dein Ich nicht an die erste Stelle. Dann wirst du lieben können. Wer nur in

den Sätzen Ich, Ich, Ich denkt, kriegt ständig Schwierigkeiten mit den anderen, an die er nicht denkt.
Das Wesentliche ist nicht, arm und enthaltsam zu leben. Entscheidend ist, das ICH nicht die wichtigste Rolle spielen zu lassen.
Und da muss man sehr kritisch mit sich selbst sein, denn das ICH wächst überall. Es gibt nichts, dass das ICH nicht ergreift, um sich aufzublasen.

Aus dem Buddhismus wird folgende Geschichte berichtet:
Der Schüler kommt zum Meister. Der Schüler sagt:
Ich bin zu euch gekommen mit Nichts in den Händen.
Sagt der Meister: Dann lass es sofort fallen.
Anwortet der Schüler: Aber wie kann ich es fallen lassen? Es ist nichts.
Meister: Dann musst du es eben mit dir herumtragen!

Du kannst dein Nichts zu einem Besitz machen und deinen Verzicht stolz wie eine Trophäe herumzeigen, sagt diese kleine Geschichte. Aber deinen Besitz brauchst du nicht aufzugeben. Gib dein Ego auf. Dann wirst du lieben können.
Die Familie hassen – das ist gemeint im Sinne: Liebe dich nicht mehr als deinen Nächsten! Aber es bedeutet nicht, sich selbst überhaupt nicht zu lieben.
Liebe deinen Nächsten wie dich selbst! bedeutet: Liebe dich selbst und du wirst andere lieben können! Und liebe dich selbst und den Nächsten nicht mehr als Christus! Wenn das Dein Leben bestimmt, dann wirst du ein Jünger Christi sein!

AMEN.

Der ideale Mensch – Jesaja 64,7

Der ideale Mann sieht so gut aus wie Harrison Ford oder Tom Cruise, ist darüber hinaus liebenswert, intelligent, schlagfertig, humorvoll, ein prima Kerl. Er ist etwa so wie ich.
Die ideale Frau ist das weibliche Spiegelbild dazu: Pamela Anderson, aber natürlich intelligent, humorvoll und treu.

Wir müssen so perfekt sein – obwohl wir uns selbst und andere uns zugeben, dass wir nicht vollkommen sein können – weil man und frau sonst ein trauriges Leben führt.
Ähnlich einem Käufer von Königspilsner muss auch der wahre Theologe ein König sein, ein König des Dienens, der Freundlichkeit, der Hilfsbereitschaft, heute und bis in alle Ewigkeit.

Das Idealbild des Menschen, dass ständig im Fernsehen, im Kino und in jeder Werbung vermittelt wird, hat etwas mit der Realität zu tun. Denn ich strebe nach diesem Idealbild bewusst oder unbewusst. Anscheinend jedenfalls trinken nur fröhliche Menschen Ballantines (Whisky). Sie tanzen und sind ausgelassen. So möchte ich natürlich auch sein. Warum sollte ich also nicht auch Ballantines trinken?

Und ob ich etwas kaufen würde, von dem es in der Werbung heißt, das es bestimmt nicht glücklich mache, glaube ich nicht. Würden Sie?
Kaufen Sie unseren Orangensaft! Uns schmeckt er nicht. Vielleicht schmeckt er Ihnen!
Versuchen Sie es mit unseren sauren Trauben aus eigener Produktion! Stiftung Warentest sagt zu unseren Trauben: Selbst Bleistifte schmecken besser und haben mehr Vitamine!

Der ideale Mensch – Jesaja 64,7

Ist da das Wort aus Jesaja 64,7 ein Trost?
„Herr, du bist doch unser Vater! Wir sind Ton, du bist unser Schöpfer, und wir alle sind deiner Hände Werk."
Ich finde: Ja. Sehr. – Wir müssen nicht etwas sein. Oder noch jemand werden. Wir sind schon etwas, wir sind schon jemand. Wir sind Gottes Kinder, geliebt, so gewollt und nicht anders. Und deswegen sehe ich nicht aus wie Harrison Ford oder Pamela Anderson. Deshalb werde ich nicht Papst und wahrscheinlich niemals so schön-nachdenklich-melancholisch-humorvoll-depressive Filme drehen wie Woody Allen. Obwohl ich das wirklich gerne täte. Im Gegenteil, ich darf befreiend mit meinen Unzulänglichkeiten leben.

Manchmal wird das hart sein und dafür manchmal auch wunderbar angenehm. Ich muss mich nicht ändern, mich nicht verstellen, mich nicht umbringen, weil andere Menschen mich anders wollen.
„Herr, du bist doch unser Vater! Wir sind Ton, du bist unser Schöpfer, und wir alle sind deiner Hände Werk."
Ist es der Grundfehler von Eltern schlechthin, dass sie für ihre Kinder das „Beste wollen", wie sie immer betonen. Damit aber oft nur meinen, dass sie wollen, dass ihr Kind so wird wie sie. Und dass sie dann glücklich sind, wenn sie sich auf höchst vollkommene Weise in moralischen Vorstellungen und Lebensgrundsätzen reproduziert haben? Ein gehässiges Vorurteil von mir? Was wünschen Sie sich für Ihre Kinder?
Hoffentlich den Frieden, den diese Worte bringen:
„Herr, du bist doch unser Vater! Wir sind Ton, du bist unser Schöpfer, und wir alle sind deiner Hände Werk."
AMEN.

Wer ist am Wichtigsten? – 1. Korintherbrief 3,9-16

Treffen sich zwei Mütter in der Stadt. Sagt die eine zur anderen: „Ach hallo, wir haben uns ja lange nicht gesehen. Wie geht es Ihren Kindern? Und wie alt sind denn jetzt die beiden?" Antwortet die Gefragte: „Oh, es geht ihnen sehr gut. Der Arzt ist fünf und die Rechtsanwältin drei."
Ja, wir wollen unser Leben bestens einrichten, und wir fangen früh damit an.

Mein Vater, ehemaliger Direktor eines Museums für Kunst und heute 80 Jahre alt, sagt immer: „Da muss ich hin, die brauchen mich, ich kann die nicht im Stich lassen", wenn er wieder gebeten wird, eine Ausstellung zu eröffnen, die Rede auf den Künstler zu halten. Kurzum, er sagt: „Ohne mich bricht da der ganze Laden zusammen. Nur ich kann es so gut – also ruft man nach mir, also muss ich hin. Ich bin – unersetzlich!"

Der Beste sein. Die Beste sein. Am Wichtigsten sein. Draußen im wilden Leben. Und in der Gemeinde. „Die müssen nur mal versuchen, ohne mich auszukommen. Das kriegen die gar nicht hin." Wenn das die Organistin sagen würde, hätte sie wohl recht. Jedenfalls, wenn sie es in diesem Augenblick sagen und gehen würde. Hätte sie es vor einer Woche angekündigt, hätten sie in der Gemeinde schon für Ersatz gesorgt. Aber so, jetzt, auf die Schnelle, da ist sie ungeheuer wichtig. Und wenn sie nicht mehr spielt, dann wird der wichtig, der gut singen, den Ton halten und alle mitreißen kann.

Wer ist der Beste? Wer ist am Wichtigsten? Darum geht es immer wieder: im Beruf, in der Familie, in der Schule, bei Olympia, in der Champions League. Und auch in der Gemeinde!

Wer ist am Wichtigsten? – 1. Korintherbrief 3,9-16

Dazu wollen wir den Text im 1. Brief an die Korinther bedenken: „Denn Gottes Mitarbeiter sind wir; Gottes Ackerfeld, Gottes Bau seid ihr. Nach der Gnade Gottes, die mir gegeben ist, habe ich als ein weiser Baumeister den Grund gelegt; ein anderer aber baut darauf; jeder aber sehe zu, wie er darauf baut. Denn einen anderen Grund kann niemand legen, außer dem, der gelegt ist, welcher ist Jesus Christus. Wenn aber jemand auf den Grund Gold, Silber, kostbare Steine, Holz, Heu, Stroh baut, so wird das Werk eines jeden offenbar werden, denn der Tag wird es klarmachen, weil er in Feuer geoffenbart wird. Und wie das Werk eines jeden beschaffen ist, wird das Feuer erweisen. Wenn jemandes Werk bleiben wird, das er darauf gebaut hat, so wird er Lohn empfangen; wenn jemandes Werk verbrennen wird, so wird er Schaden leiden, er selbst aber wird gerettet werden, doch so wie durchs Feuer. Wisst Ihr nicht, dass Ihr Gottes Tempel seid und der Geist Gottes in Euch wohnt?"

Lieber Leser, der Apostel Paulus überschüttet seine Gemeinde in Korinth mit Ehrentiteln. Was sie dort nicht alles sind! Gottes Bau, Gottes Acker, Gottes Mitarbeiter. Der letzte Titel übertrifft bei Weitem alle: Ihr seid Gottes Tempel. Und der ist heilig. Spricht Paulus die Korinther heilig?
Dabei haben sie eine Menge Konflikte. Sie sprechen sich gegenseitig den Glauben ab. Sie mobben sich. Sie streiten sich. Es bilden sich Gruppen heraus. Jede hat ihren Anführer. Sie führen einen Glaubenskrieg miteinander. Nichts ist ihnen heilig. Aber alle berufen sich auf Christus. Paulus hört davon. Er ist weit weg. Wie kann er eingreifen? Er schreibt einen Brief. Ein Satz ist in der Luther-Bibel fett gedruckt, Vers 11: „Einen anderen Grund kann niemand legen als den, der gelegt ist, wel-

cher ist Jesus Christus." Paulus verweist auf die fundamentalen Grundwerte. Das Fundament ist Christus, sagt er. – Redet Paulus den Fundamentalisten das Wort? Sie wollen alles beim Alten lassen, halten die Traditionen hoch und messen der Bibel absolute Autorität zu. – Aber passt der lebendige Christus in dieses starre Fundament? – Paulus schlägt sich auf keine der Seiten, die da streiten. Er bietet ihnen eine Reihe von Bildern an, in denen sie sich alle wiederfinden können: Gottes Acker, Gottes Bau, Gottes Mitarbeiter.

Die Vergleiche mit der Natur betonen das Lebendige. Der Acker wird gepflügt, besät, bewässert. Es geht um Wachsen und Werden. Die Keime schlagen Wurzeln. Sie tragen Blüten und Stängel. Sie streben der Sonne entgegen und tragen Früchte. – Ein schöner Vergleich für die Menschen in der Gemeinde. Die Bilder aus der Natur sind uns von Jesus her vertraut: Er vergleicht das Reich Gottes mit einem Landwirt, der sät und geduldig wartet, bis die Ernte reif ist. Oder mit einem Saatkorn, das stirbt und hundertfältig Frucht bringt. Die Menschen, die in der Gemeinde auf Wachstum und Entwicklung setzen, werden sich durch Paulus bestätigt fühlen.

Aber Paulus polarisiert nicht. Er möchte die streitenden Parteien zusammenführen. Deshalb lässt er auch die Fundamente-Bauern zu ihrem Recht kommen. Auch ihr baut Gemeinde, aber bitte nicht so fest und starr. Bleibt in Eurem Glauben beweglich. Ihr habt es mit lebendigen Menschen zu tun, und vor allem: mit dem lebendigen Christus.
Wenn Ihr Euch um Grund-Werte streitet, dann beendet zuerst einmal Eure Machtkämpfe: Wer hat die wahre Lehre, wer hat die bessere Moral. Hört auf, Euch gegenseitig abzuwerten.

Wer ist am Wichtigsten? – 1. Korintherbrief 3,9-16

Der Streit der Christen zieht sich wie ein roter Faden durch die Geschichte. Bis heute. – Der einzige Grund, auf den sich Christen einigen können: Das Bekenntnis zu Christus. Persönlich zu sagen: Ich bin Christin. Ich bin Christ. Voller Liebe zu ihm. Mit ganzem Vertrauen auf ihn. So wie Petrus und die anderen Jüngerinnen und Jünger aus vollem Herzen sagen: „Wir haben geglaubt und erkannt: Du bist Christus" (Matthäus 16,16). Dieses Bekenntnis war eine Liebeserklärung.

Unser Glaube wurzelt. Der Wurzel-Grund ist Christus. Er ist kein Betonklotz. Er hat den Boden mit Leben angereichert, damit unser Glaube wieder wachsen kann. Der Glaube an den liebenden Gott. Gott liebt uns. Darauf können wir bauen. Das ist eine völlig neue Grundlage. Und einzigartig. – „Abba" sagt Jesus zu Gott: „Lieber, liebender Vater", der für uns sorgt wie eine gute Mutter. – Die Menschen, denen Jesus begegnet, blühen auf. Er baut auf die Liebe. Er baut auf Vergebung. Er baut auf die heilende Kraft der Berührung. Er berührt ihre Wunden, ihre kranken Augen, ihre Haut. Er berührt ihre kranken Seelen. Sie richten sich unter seinen Händen wieder auf. Sie werden stark und selbstbewusst. Der Grund dafür ist die Liebe. Einen besseren Grund kann niemand legen ...

In Korinth aber sind so viele harte Worte gefallen. Sie haben sich gegenseitig gekränkt, verletzt, abgewertet und so klein gemacht, dass ihnen jede gemeinsame Basis fehlt. Kennen wir das nicht auch? Eine Gemeinde mag noch so gut funktionieren: Streit und Enttäuschung gibt es immer wieder.
Paulus hilft ihnen, dass sie ihren Wert und ihre Würde wieder entdecken. Indem er ihnen allen die Liebe Gottes zusagt: Ihr werdet von Gott geliebt und angenommen. Ihr seid seine

Wer ist am Wichtigsten? – 1. Korintherbrief 3,9-16

Mitarbeiter, sein Ackerfeld, sein Bau (3,9). Er wohnt in Euch. Er wirkt durch Euch. Das ist Eure Würde. Einzigartig und unantastbar. Keiner kann sie dem anderen streitig machen. Keiner von euch ist besser als der andere. Ihr seid alle gleich gut. Und dann kommt der Vergleich, der in der Bibel einzigartig ist: „Wisst Ihr nicht, dass Ihr Gottes Tempel seid und der Geist Gottes in Euch wohnt?" (3,16).
Nein. Sie wussten es noch nicht. Paulus ist der erste, der das so sagt. Wissen wir es? Wir – aus Knochen, Fleisch und Blut – der Tempel Gottes?

Viele Christen fühlen sich immer irgendwie unrein. Das steckt tief in vielen von uns drin. Sie fühlen sich sündig, von Schuld besudelt. Sexualität ist unrein, wurde ihnen anerzogen. Muslime vollziehen Waschungen, bevor sie ihre Moscheen betreten. Mein Körper – Dein Körper – unsere Körper – ein Tempel Gottes? Paulus setzt zum Schluss noch eins drauf: „Der Tempel Gottes ist heilig. Der seid Ihr" (3,17).

Dein, mein Körper ist gut, gut so wie er ist, so gut, dass sich Gott darin wohl fühlt. DU – sein Tempel – und heilig – wie ER. So steht es in der Bibel!

Anfang des vergangenen Jahrhunderts haben sich vor allem evangelische Theologen dagegen gewehrt, dass man Gott und die Kultur zu einem Brei zusammengerührt hat. Sie wollten Gott wieder Respekt verleihen und haben Gott und die Gläubigen auf Distanz gebracht. Diesen Satz des Paulus hätten sie nicht über die Lippen gebracht. Ende des vergangenen Jahrhunderts stellten andere Theologen fest, dass sich Gott und Mensch fremd geworden sind. Der Abstand war zu groß geworden. Sie wollten Gottes Nähe neu entdecken. Sie haben die Mystik wieder entdeckt. Karl Rahner, ein katholischer Theologe, hat gesagt: Die Christen der Zukunft werden Mystiker sein, oder der Glaube an Gott stirbt aus.

Was Paulus sagt, klingt sehr mystisch: Gott wohnt in Dir. Du bist sein Tempel. Und heilig dazu! Wenn Du Gott suchst: Du findest ihn in Dir. Unser Körper ist von Gottes Geist durchflutet und beseelt.

Die Mystiker suchen stille Orte auf, versammeln sich dort für einige Tage, schweigen, beten und meditieren. Sie sitzen aufrecht im Kreis nebeneinander, achten auf ihren Atem und überlassen sich dem heilsamen Strom des Heiligen Geistes. Heute weiß man, dass Leib und Seele zusammengehören. Nicht der halbe Körper ist heilig, nein, der ganze. Heilig heißt „holos", voll und ganz.

Für Jesus ist das selbstverständlich. Er nimmt kranke Menschen, die zu ihm kommen, ganzheitlich wahr. Er sieht, dass sich hinter dem leidenden Körper eine leidende Seele verbirgt. Aber Gott wohnt nicht nur in unseren guten Körpern: Auf den Fundamenten des gekreuzigten Christus lassen sich keine prunkvollen Paläste errichten. Wer den Tod durchlitten hat wie er, der kennt auch die Abgründe, in die wir stürzen können. Gott wohnt in unseren zerbrechlichen Körpern.

Unsere Leiden sind seine Leiden. Er fühlt jeden Schmerz mit uns. Er teilt unser Glück. Er teilt unsere Freude. Er teilt jeden Atemzug mit uns. „Gottes Geist wohnt in uns" (3,16), sagt Paulus. Gottes Geist durchzieht unser Gemüt, lenkt unsere Gefühle, klärt unseren Geist und weckt unsere Liebe. Und die Liebe, sie weitet sich in unserem Inneren aus.

Wer ist am Wichtigsten? – 1. Korintherbrief 3,9-16

Wo wir gehen und stehen, tragen wir Gott in unseren Herzen mit. Das kann uns froh machen. Sicher und selbstbewusst. Ständig sind wir mit Gott in Kontakt: Im Gebet, in stiller Zwiesprache, mit unseren Ängsten und Sorgen, mit unseren Fragen.

Wenn wir Schuld auf uns laden, dann bringen wir es mit Gott ins Reine. Wir bitten um Vergebung bei ihm und unseren „Schuldigern". Ob wir wachen, schlafen oder träumen, arbeiten oder ausruhen: Gott bleibt mit uns verbunden. „In ihm leben wir, bewegen wir uns und sind wir" (Apostelgeschichte 17,28).

„Ach, hallo, wir haben uns ja lange nicht gesehen – wie geht es denn Ihren Kindern?" fragt die eine Mutter in der Stadt die andere.
„Ich denke, es geht Ihnen gut. Sie sind beide in einer christlichen Gemeinde zu Hause, haben dort viele Freunde. Sie sprechen viel mit Gott und feiern ihn. Sie sind dankbare Menschen, können sich an dem Kleinen, Besonderen erfreuen, und an Gott, der ihr Leben begleitet. Sie helfen anderen. Ich glaube, sie sind wirklich glücklich!"

Wie gerne, lieber Leser, würde ich das von anderen hören! Wie liebend-gerne würde ich das über mich sagen können, so einfach, so klar, jeden Tag meines Lebens! Glücklich zu sein – weil wir das Wichtigste, das wirklich Wichtigste in unserem Leben erkannt haben und danach leben. Nicht mehr als das.

AMEN.

Erleuchtet werden – Epheserbrief 1,15-20

Mögen die Augen deines Herzens erleuchtet werden,
damit du sehen kannst!

Ein schönes Wort.
So klingen oft buddhistische Weisheiten. Weisheiten aus dem fernen Asien. Sie klingen fremd und eigentümlich und auf eine ganze wunderbare einfache Art: schön.
Mögen die Augen deines Herzens erleuchtet werden, damit du sehen kannst!

Liebe Leserin, lieber Leser!
Sie kennen sicherlich den schönen Spruch: „Man sieht nur mit dem Herzen gut!"
Er steht auf mancher Postkarte und in Gemeinden wird er gerne verwendet, weil er so nett ist und betont: Mit den Augen kann man vieles sehen, das Wesentliche sieht man aber nur mit dem Herzen. „Man sieht nur mit dem Herzen gut!" – Dieser Satz stammt von Antoine de St. Exupery, dem Autor des berühmten und wunderschönen Buches „Der kleine Prinz".

Ich bin sicher, Sie kennen alle folgende Situation: Sie steigen in den Bus, kein Platz ist frei, alle Sitze sind von jungen Leuten belegt und niemand steht auf. Ein Bild, das für unsere Zeit ganz typisch ist. Was passiert da eigentlich?

Die jungen Leute sehen, dass Menschen, die schwach auf den Beinen sind, in den Bus steigen. Aber sie verbinden mit dem Wahrgenommenen nicht die logische Folgerung: Ich kann meinen Platz einem Älteren anbieten.

Erleuchtet werden – Epheserbrief 1,15-20

Die jungen Menschen sehen, und sie sehen gar nichts!
Sie nehmen wahr, und das war's dann. Da kann man nur noch sagen: Mögen die Augen der Herzen der jungen Menschen erleuchtet werden, damit sie endlich wieder sehen lernen!

Es ist eben nicht nur so, dass man nur mit dem Herzen gut sehen kann. Sondern mehr noch: Man kann überhaupt nur mit dem Herzen sehen! Denn es geht hier um das Verstehen.

Der Text, den ich bedenken will, steht im Brief des Paulus an die Epheser und trägt die Überschrift „Gebet um Erkenntnis der Herrlichkeit Christi":
„Darum höre ich auch nicht auf, für euch zu danken, seit ich von eurem Glauben an den Herrn Jesus und von eurer Liebe zu allen Heiligen gehört habe. Ich denke an euch in meinem Gebet und bitte, dass der Gott unseres Herrn Jesus Christus, der Vater der Herrlichkeit, euch den Geist der Weisheit und der Offenbarung gebe, damit ihr ihn erkennt. Er erleuchte die Augen eures Herzens, damit ihr seht, zu welcher Hoffnung ihr von ihm berufen seid, welcher Reichtum an Herrlichkeit den Heiligen zuteil wird und wie überschwänglich groß sich seine Kraft an uns erweist, die wir glauben. Mit dieser Macht seiner Stärke hat er in Christus gewirkt, als er ihn von den Toten auferweckt hat."

Stephen Hawkings sitzt im Rollstuhl. Er ist alt und verkrüppelt.
Wer ihn nur mit den Augen sieht, wird denken: Armer Kerl!
Wer mit den Augen des Herzens sieht, wird denken: Vielleicht kann ich ihm etwas Gutes tun und er wird Kontakt aufnehmen. Und er wird ein Wunder erleben: Denn Stephen Hawkings hat studiert, hat promoviert, ist Nobelpreisträger. Und einer seiner Sätze lautet: Glücklich ist, wer versteht.

Erleuchtet werden – Epheserbrief 1,15-20

Es gibt ja vieles, was wir nicht verstehen. Und es gibt vieles, was wir nicht verstehen wollen. Weil es unangenehm ist oder schmerzhaft oder einfach zu kompliziert. Stephen Hawkings sagt aber: Glücklich bist du erst dann, wenn du verstanden hast.

Verstehen ist oft schmerzhaft. Aber es hilft, weiter zu kommen. Im Leben.
Verstehen kann auch anstrengend sein, denn man muss sich bemühen. Aber es hilft, weiter zu kommen. Auch im Glauben.
Man kann natürlich so ganz lustig vor sich hinglauben, oder? Den Glauben an Gott einfach so nebenher führen. Wie ein Hobby, eine Nebenbeschäftigung. Viele Menschen denken, dass das so funktioniert. Aber natürlich klappt es so nicht.

Wir brauchen Kontakt zu Gott. Durch die gemeinsame Glaubenserfahrung im Gottesdienst und durch das Gebet. In beidem kann er unsere Augen des Herzens erleuchten, auf das wir wieder sehen und erkennen können. Erkennen können sein Heil.

Mögen die Augen deines Herzens erleuchtet werden,
damit du sehen kannst! Damit Du sehen kannst deinen Gott, damit du fühlst seine Liebe zu dir, damit du spürst wieder seine Umarmung, damit du verstehen kannst seine Worte zu dir, damit du erlebst jeden Morgen neu dankbar.

Möge Gott die Augen deines Herzens erleuchten,
damit du wieder fühlst dich getragen von ihm, der größer ist als alles und so klein, dass er ganz bei dir ist.

AMEN.

Der Glaube ist ein Weg, kein Ort – Matthäus 17,1-9

Hier wollen wir bleiben. Hier will ich nicht mehr weg.

Wann hast du das das letzte Mal gedacht?: Hier will ich nicht mehr weg. Hier will ich für immer bleiben.
Wann hast du das letzte Mal das Gefühl gehabt, dass alles so stimmt wie es ist. Und dass sich jetzt nichts mehr ändern soll. Dass endlich alles gut ist, das Ziel erreicht, dem Leben einen Sinn gegeben. Die Erkenntnis: Jetzt habe ich verstanden, jetzt bin ich angekommen.
Solche Erlebnisse sind beglückend. Am liebsten möchte man sie festhalten und mit Goethes Faust sagen „Verweile doch, du bist so schön!" Und damit sind wir beim Text aus der neuen Genfer Übersetzung: *Jesus nahm Petrus, Jakobus und dessen Bruder Johannes mit sich und stieg mit ihnen auf einen hohen Berg, wo sie allein waren. Dort veränderte sich vor ihren Augen sein Aussehen. Sein Gesicht begann zu leuchten wie die Sonne, und seine Kleider wurden strahlend weiß wie das Licht. Auf einmal erschienen Mose und Elia; die Jünger sahen, wie die beiden mit Jesus redeten. Da ergriff Petrus das Wort. „Herr", sagte er zu Jesus, „wie gut ist es, dass wir hier sind! Wenn du willst, werde ich hier drei Hütten bauen, eine für dich, eine für Mose und eine für Elia." Während er noch redete, kam plötzlich eine leuchtend helle Wolke und warf ihren Schatten auf sie, und aus der Wolke sprach eine Stimme: „Dies ist mein geliebter Sohn. An ihm habe ich Freude, und auf ihn sollt ihr hören!"*
Die Stimme versetzte die Jünger so sehr in Schrecken, dass sie sich zu Boden warfen, mit dem Gesicht zur Erde. Jesus aber trat zu ihnen, berührte sie und sagte: „Steht auf! Ihr braucht euch nicht zu fürchten." Und als sie aufblickten, sahen sie niemand mehr außer Jesus. Während sie den Berg hinabstiegen,

sagte Jesus zu den drei Jüngern: „Sprecht mit niemand über das, was ihr gesehen habt, bis der Menschensohn von den Toten auferstanden ist!"

Hier wollen wir bleiben. Hier will ich nicht mehr weg.
Die Jünger möchten das gerade Erlebte festhalten. Am liebsten möchten sie oben am Gipfel bleiben. Die Reaktion des Petrus ist rührend und menschlich zugleich. Er möchte im Glanz bleiben und den Augenblick zum Dauerzustand machen. Er möchte Hütten bauen, für jeden eine, damit alles so bleibt, wie es jetzt ist – aber Petrus bekommt von Jesus keine Baubewilligung. Gotteserfahrungen können nicht zeitlich und örtlich fixiert werden, so scheint es unser Text zu sagen.
Wenn wir kurz im Geiste mit den Jüngern hoch auf den Berg ziehen, dann können auch wir Jesus neu sehen. Wir erfahren, wer er wirklich ist. Wenn wir dort oben den Glanz seines Gesichtes sehen, dann leuchtet auch in uns die Gewissheit auf: Dieser ist Gottes Sohn. Es hat sich gelohnt, ihm zu folgen ... Und da kann es uns auch gehen wie den Jüngern: dass wir den Augenblick festhalten wollen! Wir möchten immer hier bei diesem Herrn bleiben, ... wir wollen immer bei ihm sein ...

Hier wollen wir bleiben. Hier will ich nicht mehr weg.
Liebe Gemeinde, dem „Ehre sei Gott in der Höhe" folgt das „Kreuzigt ihn!" Auf diesem Weg von oben nach unten geht Jesus mit. Der Verklärte ist derselbe, der dann geschlagen und gequält wird, den man verspottet und dem man seine göttliche Bedeutung abspricht. Und derselbe Petrus, der in seiner Verzückung am liebsten gleich Hütten bauen wollte, um ganz bei Jesus zu sein, ist auch der, der Jesus verleugnet.

Der Glaube ist ein Weg, kein Ort – Matthäus 17,1-9

Und das ist wohl das Tröstliche an dieser Geschichte, dass uns in ihr Jesus als der begegnet, der Himmel und Erde verbindet, Gott und Mensch, Weihnachten und Karfreitag, Begeisterung und Ernüchterung. In ihm fallen alle diese Gegensätze nicht mehr auseinander, sondern sie werden aufeinander bezogen und miteinander lebendig.

Aber aus dem Staunen und aus der Verzückung ruft Jesus seine Jünger wieder zurück auf den Boden, auf die Erde. Sein Weg endet noch nicht da oben auf dem Berg, seine Geschichte ist noch nicht zu Ende.

Es wäre fatal zu sagen: Jesus wohnt in einer Hütte, ich glaube, es ist die dritte, links neben Mose und Elia. So geht es nicht und so ist es nicht.
Die besonderen Erfahrungen der Gottesnähe sind <u>kein Dauerzustand</u>. Jesus schickt seine Jünger wieder hinab von der Höhe der Verklärung. Nun sind sie gerüstet und gestärkt, auf Christus zu trauen, auf ihn zu hören und bei ihm zu bleiben, auch in Zeiten, die nichts mehr von dem hellen Licht auf dem Berg an sich haben.

Hier wollen wir bleiben. Hier will ich nicht mehr weg.
Viele, die seine Herrlichkeit erkannt haben, bleiben oben auf dem Berg. Sie recken die Köpfe, sind verzückt vom Anblick des Verklärten. Geblendet von seinem herrlichen Glanz, vergessen sie, dass unten das Leben weitergeht. Aber Jesus ist nicht mehr unter ihnen. Er ist schon hinabgestiegen ins Tal. Eine kleine Schar nur folgt ihm. Das sind die Leute, bei denen der Glaube an Jesus mehr ist, als fromme Betrachtung. Sie leben ihren Glauben. Hinter ihrem Herrn her, finden sie den Weg

Der Glaube ist ein Weg, kein Ort – Matthäus 17,1-9

zu den Einsamen und lernen Zeit zu haben für ihre Not ... zu den Kranken und lernen für sie Zuspruch und Gebet ... zu den Leidenden und lernen sich dranzugeben für andere ... zu den Außenseitern und lernen Taten der Hilfe ... zu den Geängstigten und lernen Worte des Trostes. Petrus, der Aktivist, will Zelte aufbauen, er möchte den Moment festhalten, ihn zementieren. Doch das entspricht ja gerade nicht dem Auftrag Jesu.

Nein, Jesus kann keine Leute brauchen, die ihm nur dort oben mit glänzenden Augen Hütten bauen wollen. Er ruft uns hinter sich her hinab ins Tal, in dem unser Leben spielt – und seines! Denn er ist uns vorausgegangen in allem, auf bequemen, ebenen Wegen und auf steilem, steinigem Pfad. Er war sich nicht zu gut, sein Leben dranzusetzen, um diese Welt menschlicher zu machen, um unter uns Zeichen zu setzen.

Hier wollen wir bleiben. Hier will ich nicht mehr weg.
Und wir? Sind wir auch mit dabei, wenn Jesus wieder ins Tal hinabsteigt?
Es ist notwendig, bestimmte Ereignisse, die wohl jeder einmal dankbar erlebte, in Dank und in der Erinnerung festzuhalten. Lobe den Herrn, meine Seele, und vergiss nicht, was er dir Gutes getan hat, heißt es im 103. Psalm. Vergiss nicht die lichten Zeiten des Gottesnähe, wenn dann ganz andere Umstände und Nöte dir zu schaffen machen!

Den Jüngern wurde nach diesem Erlebnis auf dem Berg viel zugemutet. Sie blieben bei ihrem Herrn, auch dann, als er erniedrigt wurde, als von seiner Hoheit nichts mehr zu sehen war. So müssen wir uns auch selber fragen: Wie stehen wir zu diesem Christus, der vielleicht vor einiger Zeit sehr licht und deutlich in unser Leben getreten und dann doch wieder so leise und verborgen aus unserem Alltag zurückgetreten ist. Hören wir noch auf ihn, lesen wir in der Schrift, die von ihm zeugt, um gerade auch dadurch wieder mehr Nähe zu ihm zu erhalten?

Den Jüngern damals und uns gilt diese Stimme: „Das ist mein lieber Sohn, an dem ich Wohlgefallen habe, auf den hört!" Hören wir, wenn er uns nun wieder ins Tal vorausgeht und uns folgen heißt? Hören wir, wenn er uns mitnehmen will, dorthin, wo er leben, leiden und sterben wird?

Der Glaube ist ein Weg, kein Ort.
Auf diesem Weg wollen wir bleiben.
Und Jesus geht ihn mit. Unser Gott ist ein menschlicher Gott, der uns nahe sein und bleiben will: Dem Menschen als Menschen, das ist das besonders christliche an ihm.
Christus will uns mit seiner Liebe begleiten. Nicht mit dem erhobenen Zeigefinger, sondern mit den Augen der Liebe, die mitleiden, die sanft zurechtweisen, die zart führen, aber auch wunderbar Geborgenheit schenken.
Mit dieser Liebe will der christliche Gott unseren Glauben begleiten. Er muss hinunter ins Tal. Hier findet er den Menschen, der Gott braucht, der an der Sehnsucht nach Leben hungert, nach Hoffnung und Sinn. Das Tal, die Tiefe ist der Ort an dem das Wort Jesu trifft, ermahnt, aufrichtet, ermutigt. Hier – mitten in der Welt – muss Gott erfahren werden und nicht irgendwo, jenseits des Lebens über den Wolken. Der Weg vom Berg hinunter ist so der Weg in den Alltag hinein, der oft genug seine tiefen Schatten in unserem Leben wirft.

Der Glaube ist ein Weg, kein Ort – Matthäus 17,1-9

Der Glaube ist ein Weg, kein Ort.
Auf diesem Weg wollen wir bleiben.
Ist das nicht auch eine wunderbare Erfahrung, zu erkennen? Dass wir doch wegmüssen, doch nicht hier bleiben können, aber dass wir nicht dorthin zurück müssen, wo wir vorher waren, sondern zurückkehren mit Erkenntnis! Jetzt haben wir verstanden um was es geht! Jetzt ist es uns endlich klar geworden! Das ist die Erfahrung der Jünger auf dem Berg. Sie spüren wie eindeutig schön es ist, Jesus, den sie oft missverstanden haben und mit dem Petrus seine Schwierigkeiten hat, – sie spüren wie eindeutig schön es ist, Jesus in seiner Ganzheit, in seinen Absichten und Zielen zu verstehen. Kann es etwas schöneres geben als die Erkenntnis, ich habe den anderen – vielleicht gerade den, mit dem ich es schwer hatte – in seinen Motiven verstanden?

Diese Erfahrung auf dem Berg war für die Jünger eine Offenbarung, weil sie Jesus in seiner ganzen Person verstanden und als tragenden Grund, als Kraft ihres Lebens und ihrer Liebe verstanden haben. Das trägt mehr als anderes durch das Leben. Vor allem trägt es mehr als an dem Alten festzuhalten oder das Einmalige zum Dauerzustand zu erhoffen und sich nicht mehr zu rühren, sich nicht mehr zu bewegen, leblos zu werden.

Es gibt in jeder Gemeinde festgefahrenen Strukturen, wo Menschen nicht mehr miteinander reden oder bewusst oder unbewusst nur das schlechte vom anderen denken, ja auch gar nichts anderes wahrnehmen wollen. – Wie schön wäre es, wenn es gelingen könnte, dass in solchen Situationen die Menschen die Offenheit finden den anderen in seiner Ganzheit, in seinen Absichten und Zielen zu verstehen?

Der Glaube ist ein Weg, kein Ort – Matthäus 17,1-9

Als Christen wird es wichtig bleiben, dass wir anderen auch sagen können, wo die Schönheit, die Kraft und die Spitze unseres Glaubens liegt. Wo er uns bewegt, wo er uns Menschen näher bringt, wo er uns Horizonte eröffnet, Ziele vorgibt und tragender Grund für unsere Liebe ist und bleibt.

Unser Leben machen Höhen und Tiefen, Gipfel und Täler aus. Unser Glaube ist eine Erfahrung, wie ein wunderbarer Rundblick auf dem Gipfel eines Berges, der uns die Nähe Gottes vor Augen führt, seine Liebe und die grenzenlose Kraft dieser Liebe, die uns auch hinter dem Horizont weiterführen wird.

Auf dem Weg des Glaubens wollen wir bleiben.
Von Gottes Seite will ich nicht mehr weg.

Liebe Leserin, lieber Leser,
wer einmal eine intensive Erfahrung mit der Nähe Gottes gemacht hat, der möchte am liebsten auf Dauer diese Erfahrung haben. Im kleinen Rahmen ist das schon so, wenn Jugendliche einmal für eine Woche in Taizé waren und dann wieder in ihren Alltag zurückkehren müssen – oder wenn Menschen auf dem Kirchentag voller Begeisterung ihren Glauben bestätigt bekommen und denken: So müsste Kirche sein! Wer einmal mit anderen Christen eine intensive Gemeinschaft erlebt hat, die ihm gut tat, der möchte das am liebsten auf Dauer. Wenn es um schöne religiöse Erfahrungen geht, dann sind ja viele Menschen gerne dabei – aber wenn es um die Worte Jesu geht, dann wird es oft schwierig. Gott mutet es uns Christen zu, uns nicht einfach bequem in dieser Welt einzurichten und – wie man so sagt – den lieben Gott einen guten Mann sein zu lassen – sondern er möchte, dass wir, was Jesus Christus lehrte, auch leben.

Der Glaube ist ein Weg, kein Ort – Matthäus 17,1-9

Klar: Das wird immer nur ansatzweise möglich sein. Mutter Theresa fing auch mit einem Menschen bei ihrer Hilfe an – und am Ende ihres Lebens waren es Tausende. Doch Mutter Theresa ist auch ein Beispiel, was es heißt, vom Berg der Verklärung hinabzusteigen: Christsein bedeutet einen gesunden Wechsel von Zeiten des Auftankens und Kraftschöpfens bei Gott und dem Umsetzen und Leben des Glaubens im Alltag.

Wir wollen vielleicht manchmal vor Problemen den Kopf in den Sand stecken. Kleine Kinder ziehen eine Decke über den Kopf und meinen, sie sind dann nicht mehr da – diese Verhaltensweisen kenne ich bei mir auch. Doch Jesus gibt mir neuen Mut: Steh auf! Du kannst mit meiner Hilfe diese Situationen, die dir Kopfzerbrechen bereiten, angehen. Du kannst den Alltag bewältigen.

Ich kann getrost die nächsten Schritte auf meinem Lebensweg weitergehen, weil ich weiß, dass Jesus Christus der gute Hirte ist, der mich begleitet und mir weiterhilft – diese Erfahrung wünsche ich uns allen.

AMEN.

Sinn finden

Den Himmel in sich haben – Johannes 14,15-19

Liebe Leser,
etwas wird geschehen und danach alles anders sein. Man kann noch gar nicht erfassen, was genau passieren wird. Aber wenn es geschieht, wird die Welt verändert sein.

„Liebt ihr mich, so werdet ihr meine Gebote halten. Und ich will den Vater bitten, und er wird euch einen anderen Beistand als mich geben, dass er bei euch sei in Ewigkeit: den Geist der Wahrheit, den die Welt nicht empfangen kann. Denn sie sieht ihn nicht und kennt ihn nicht. Ihr kennt ihn, denn er bleibt bei euch und wird in euch sein. Ich will euch nicht als Waisen zurücklassen; ich komme zu euch. Es ist noch eine kleine Zeit, dann wird mich die Welt nicht mehr sehen. Ihr aber sollt mich sehen, denn ich lebe, und ihr sollt auch leben."

Und was ist die Veränderung? Was ist dann besser? Nichts?
Es scheint so. Denn viele fühlen sich nach Weihnachten, Ostern oder Pfingsten seltsam, betrogen um die Erfüllung eines Versprechens, leer und antriebslos. Es bleibt ja doch alles beim Alten. Man muss halt weitermachen. Die schlechten Lehrer in der Schule sind nicht plötzlich wie weggezaubert, die Klassenarbeiten nicht wie vom Erdboden verschluckt, die Probleme mit dem Partner nicht in Luft aufgelöst.

Nun haben wir hier also das Versprechen Jesu: Ich werde im Heiligen Geist bei euch sein. Bis an der Welt Ende.
Er ist in uns!
Gott ist schon da. Er ist in uns! Sein Himmel ist schon auf Erden. Mitten unter uns. In dir drin ist sein guter Geist. Das sollst du, das soll ich nicht vergessen.

Den Himmel in sich haben – Johannes 14,15-19

Der Himmel ist schon längst da. Obwohl ich es ahnte, ist es doch auch eine erstaunliche Erkenntnis. Der Himmel ist in mir. Auf der Erde. Es hängt nur davon ab, ob ich mich vom Himmel in meinem Herzen anrühren lasse. Es hängt davon ab, ob wir den Himmel, den Gott in unser Herz gelegt hat, ob wir den Himmel in unser Herz einschließen oder herauslassen und anderen mitteilen.

Den Himmel in sich haben!
Den Himmel für sich selbst behalten oder ihn nicht merken oder ihn nicht wahrhaben wollen – das bedeutet, Gott kleiner zu machen. Wenn wir nichts von dem Himmel in uns weitergeben, dann leben wir nicht nach Gottes Willen. Dann lieben wir Jesus nicht genug und jedenfalls weniger als uns selbst. Dann halten wir das größte Gebot, das Gebot der Nächsten- und Gottesliebe, nicht ein.

Von der Zeit des Dritten Reiches sagt die deutsche Theologin Dorothee Sölle: Auch in dieser Zeit war Gott in Deutschland, aber er war sehr klein. Weil die Menschen ihren Glauben nicht zugegeben haben. Weil die Menschen ihren Himmel im Herzen eingeschlossen und nichts oder nur wenig von ihm weitergegeben haben. Man konnte Gott kaum sehen, weil die Menschen wenig getan haben, was nach Gottes Handeln aussah.

Den Himmel in sich haben!
Ein schönes Wort. Den Himmel in sich haben. Aber entscheidend ist, was wir mit dem Himmel in uns anfangen. Verstecken wir ihn vor anderen oder lassen wir uns von ihm sichtbar und fühlbar bestimmen? Zeigen wir anderen Menschen unseren Himmel?

In Süd-China wurde eines Tages ein kleines Mädchen, das an der tödlichen Krankheit Aussatz litt, von den Bewohnern ihres Dorfes mit Stöcken hinausgetrieben, berichtet der Theologe Hoffsümmer. Ein Missionar sah den Menschenauflauf, kam herbei, nahm das Kind auf seine Arme und trug es fort. Die Leute wichen zurück und schrien: „Ausatz! Aussatz!"
Unter Tränen fragte das Mädchen seinen Retter: „Warum kümmerst du dich um mich?"
„Weil Gott uns beide erschaffen hat", sagte der Missionar. „Deshalb bist du meine Schwester, und ich bin dein Bruder."
„Aber wie kann ich dir das wiedergutmachen?", fragte das Mädchen.
„Schenke möglichst vielen die gleiche Liebe!"
In den drei Jahren bis zu ihrem Tod verband das Mädchen den anderen Aussätzigen die Wunden, fütterte sie, aber vor allem: es liebte sie. Beim Tode des 11jährigen Kindes sagten die Aussätzigen: „Unser kleiner Himmel ist in den großen Himmel zurückgekehrt."

Den Himmel in sich haben!
Ich weiß, dass den anderen lieben gar nicht so einfach ist. Nicht so einfach wie die Aufforderung, genau das zu tun. Man muss sich manchmal sehr dazu überwinden. Und oft geht es nicht sofort, sondern erst mit einem langen Anlauf. Vielleicht, weil man seinen Nächsten eigentlich nicht sonderlich mag. Oder, weil es schwerfällt vom eigenen Reichtum oder vom eigenen Himmel ein Stück abzugeben.

Das ist nicht immer leicht. Aber wir müssen uns im Klaren sein, dass der im eigenen Herzen verschlossene Himmel dem Wunsch Gottes für unser Leben widerspricht. Im Christentum geht es nicht um Selbsterlösung. Der erste Satz unseres Textes – Liebt ihr mich, so werdet ihr meine Gebote halten – wird dann nicht erfüllt.

Und es nützt auch nichts, die Verantwortung auf andere abzuschieben, wie ich das oft tue, wenn ich Leid sehe. Auf der Straße, in den Slums, vor der eigenen Haustür. Wo auch immer.
„Ich sah auf der Straße ein kleines Mädchen in Lumpen, hungrig und frierend", schreibt der katholische Theologe Anthony de Mello. „Und ich wurde wütend und zornig auf Gott und rief zu ihm: Warum lässt du so etwas zu? Warum tust du nichts dagegen?"
Gott antwortete ihm: „Aber ich habe doch etwas dagegen getan! Ich habe dich geschaffen!"

Der Heilige Geist kommt nicht irgendwann zu uns.
Er ist schon lange da.
In uns.
Als ein Stück Himmel.

AMEN.

Begegnung mit Gott – Apostelgeschichte 8,26-40

Liebe Leserin, lieber Leser!
In der Bibel stehen wunderliche Geschichten.
Und sie sind umso wunderlicher, als dass wir in der heutigen Zeit mit unserem Glauben einige Schwierigkeiten haben.
In die Kirche zu gehen am Sonntagmorgen fällt noch einigermaßen leicht. Zuzuhören, was der Predigttext sagt und was die Pfarrerin daraus macht, ist auch noch drin. Dann aber schnell nach Hause, den Sonntagsbraten vertilgen, vielleicht einen Spaziergang machen oder gleich ins Bett, abends ein Gläschen trinken oder zwei und dann geht der Alltag am nächsten Morgen wieder los.
Wer aber von uns lebt seinen Glauben schon voller Freude, ja mit Fröhlichkeit und dieses auch noch im Alltag?
Da brauche ich gar nicht Sie anzugucken. Das kann ich auch mein Bild im Spiegel fragen.

Eine dieser wunderlichen Geschichten in der Bibel ist die des Kämmerers aus Äthiopien, erzählt in der Apostelgeschichte im Neuen Testament: Ein Hofbeamter der Königin von Äthiopien kam auf Pilgerreise nach Jerusalem. Bei der Rückreise saß er auf seinem Wagen und las den Propheten Jesaja. Philippus wird von einem Engel des Herrn gesandt, um diesem Hofbeamten vom Evangelium zu berichten. Der lässt sich daraufhin gerne taufen und Zitat „zog seine Straße fröhlich weiter".

Begegnung mit Gott – Leben in Bewegung
Ein Mensch begegnet einem Glaubenden. Der Fromme fasziniert ihn, er erkennt seine Weisheit an. In kurzer Zeit wird dieser ihm Vorbild und Lehrer. So möchte er auch sein. Was hindert ihn daran? Sie fahren vorbei an einem Teich. Er lässt sich taufen und zieht seine Straße fröhlich weiter.

Begegnung mit Gott – Apostelgeschichte 8,26-40

Sie merken schon – mich fasziniert der Satz: „und er zog seine Straße fröhlich weiter". Vielleicht, weil diese Handlung so untypisch für mich wäre.
Wenn ich mich tatsächlich von jemand kurz beschwatzen lasse, komme ich doch nicht auf die Idee, gleich die Religion zu wechseln. Und würde ich mich überreden lassen, dies zu tun, zöge ich mit schlechtem Gewissen, unruhig und gar nicht fröhlich meine Straße weiter.

Aber unser Kämmerer hat sich bestimmt nicht beschwatzen lassen und ist dann zu einer anderen Religion übergelaufen.
Jemand, der sich auf eine so lange Pilgerreise macht, wird von irgend etwas angetrieben. Und das ist etwas, was tief in ihm drin steckt. Eine tiefe Sehnsucht nach Antworten, nach Erkenntnissen, nach Weiterentwicklung. Der Kämmerer will verstehen. Er ist auf der Suche nach Gott.
Bei unserem Kämmerer war das bestimmt so. Denn Äthiopien und Jerusalem liegen immerhin ca. 2.500 km auseinander. Da schlendert man nicht einfach mal hin. Die Reise dauerte viele Wochen und war gefährlich.
Man muss eine große Sehnsucht in sich haben und die Bereitschaft, Vertrautes zu verlassen. Dies und die Bereitschaft sich göttlicher Führung zu überlassen. Oder man muss die göttliche Führung schon fühlen, denn sonst ist jede Art von Veränderung etwas sehr gefährliches.

Begegnung mit Gott – Leben in Bewegung
Die Bereitschaft, sich göttlicher Führung zu überlassen. Ist das das Geheimrezept, damit wir fröhlich unsere Straße ziehen können?

Begegnung mit Gott – Apostelgeschichte 8,26-40

Warum ist es gut sich auf Gott einzulassen?
Es gibt viele Gründe: Wir können zu neuen Erkenntnissen kommen, wenn wir die Texte der Bibel durchdenken und wirken lassen. Wir können uns dadurch weiter entwickeln. Wir erfahren Halt, Hilfe beim Bewältigen des Alltags.
Wir erleben Gemeinschaft und Zugehörigkeit. Wir begegnen Gott und fühlen eine heilmachende Bewegung in unserem Leben.
Eine Statistik sagt, dass gläubige Menschen länger und gesünder leben. Man hat eine Untersuchung mit Ordensfrauen gemacht, die alle bis ins hohe Alter geistig rege waren und ihren Aufgaben nachkommen konnten. Nach ihrem Tod hat man ihre Gehirne untersucht und festgestellt, dass einige von ihnen hochgradig an Alzheimer erkrankt waren. Im täglichen Leben hat man das nicht festgestellt. Das ist erstaunlich, nicht wahr?
Sicher hatte ihr sinnvoll, auf Gott ausgerichtetes Leben einen großen Anteil daran, dass sie trotz ihrer Erkrankung ihre täglichen Aufgaben verrichten konnten. Das ist doch eine gute Nachricht! Oder?

Begegnung mit Gott – Leben in Bewegung
Die Ausrichtung auf Gott, das Einlassen auf Gott ist natürlich nicht immer so, dass wir fröhlich und unbeschwert unsere Straße ziehen können.
Wir wissen ja leider nicht so viel vom Kämmerer, aber im Verlauf seines Lebens wird es ihm nicht anders ergangen sein:
Das Einlassen auf Gott kann oft auch ziemlich mühsam und anstrengend sein, kurz gesagt eine richtige Plage. Wir kommen immer wieder in Situationen, die uns an unsere Grenzen bringen. Denken Sie nur an das biblische „Liebe deinen Nächsten wie dich selbst". Also, ich knirsche manchmal ganz schön mit

den Zähnen, wenn ich mich damit herumplage.
Und wenn ich dann noch meinen persönlichen Wahlspruch dazu nehme: „Alles auf Erden hat seinen Sinn und jeder Mensch hat seine Aufgabe", dann leide ich manchmal sehr an meinem Glauben. Da reicht dann Knirschen nicht aus, dann brauche ich eher ein Beißholz!
Ich kann nicht immer fröhlich glaubend meine Straße ziehen.
Gott fordert uns oft ziemlich heraus.
Und auch wenn ich mir ein Leben ohne Herausforderung nicht vorstellen kann, so ist es doch manchmal viel verlangt.
Aber wir sollen uns immer wieder selbst überprüfen, anhand dessen, was Gott uns zutraut, von uns erwartet.

Wir müssen an uns arbeiten, über unser Tun, über unser Sein nachdenken. Gott will, dass wir uns und damit auch die Welt zum Besseren verändern.
Das kann gar nicht immer mit Fröhlichkeit verbunden sein.
Und ein ruhiges Leben ist das sicherlich auch nicht immer.
Aber mal ganz ehrlich, selbst wenn es das Leben nicht unbedingt immer leichter macht, so ist es doch auf Dauer sinnvoller.
Und eine überstandene Herausforderung ist einfach ein tolles Gefühl.
Das im Herzen und die Herausforderung vor Augen kann man dann alles in allem seine Straße zumindest hoffnungsvoll, getrost und innerlich wahrhaft lebendig ziehen.

Es geht hier um die Begegnung zwischen Gott und dem Menschen. Der Mensch erkennt Gott im Evangelium und das verändert sein Leben. Er wird noch genauso sein wie vorher und doch ganz anders.

Begegnung mit Gott – Apostelgeschichte 8,26-40

Ich gehe meinen Weg. Plötzlich eine Begegnung. Plötzliche Begegnungen vermögen zu verändern. Wenn ich mich berühren, anrühren, tief rühren lassen möchte. Wenn ich einen an mein Herz, an mich herankommen lassen will. Wer mich, Oliver Roland kennt, weiß wie hoch meine Mauer aus Humor und Witz ist, und dass fast niemand, niemand hinter diese Mauer blickt, weil ich es nicht zulasse.
Welche Mauern hast du um dich herum gebaut? Wie hoch sind deine Bollwerke, damit niemand dich zu verletzen vermag?

Begegnung mit Gott – Leben in Bewegung
Menschen begegneten Gott und Gott ging durch sie hindurch. Viele trugen Gott ein Stück weit in sich: Mutter Teresa, Dietrich Bonhoeffer, Freré Roger, Martin Luther, Martin Luther King, Alfred Delp. Die Liste derer ist lang, die sich haben anstecken lassen von der Liebe Gottes. Die mit der Liebe Gottes in ihrem Herzen anderen begegnet sind. Und diese genauso zu erfüllen vermochten mit Gottes Geist.
Ist dir ein solcher Mensch schon mal begegnet? Hast du dich anstecken lassen mit der Frohbotschaft Jesu Christi? Hat sich in deinem Leben etwas verändert dadurch? Oder kannst du deine Zeit genauso leben, nur getragener und dich sicher in der Liebe Gottes wissend?

Leben ist Begegnung mit Gott und mit anderen Menschen, die Gott in unser Leben bringen. Und diese Begegnung bringt Bewegung in unser Leben.
Leben in der Bewegung heißt für mich Veränderungen zulassen, auch wenn sie nicht unbedingt in meine Planung passen. Es heißt mehr noch, Veränderung anstreben.

Begegnung mit Gott – Apostelgeschichte 8,26-40

Wenn sich in meinem Leben äußerlich nichts verändert, dann kann sich innerlich nichts verändern. Das gilt natürlich auch anders herum. Bei geistigem Stillstand hilft äußere Bewegung.

Begegnung mit Gott – Leben in Bewegung
Bewegung im Erfahren von Leid, im Erfahren von Krankheit und Schmerzen – dann den Mitmenschen nicht aus den Augen verlieren! Nicht nur um die eigene Person kreisen.
Im letzten Nachtdienst war eine unserer Bewohnerinnen in einer pflegerischen Notlage, aus der ich ihr leicht heraus helfen konnte. Sie war mir sehr dankbar und sagte: „Wenn Du mal in Not bist, dann helfe ich Dir auch!"
Das hat mich sehr bewegt, sie hat in ihrer Not nicht nur an sich gedacht, sondern war auch besorgt um mich.
Begegnung mit Gott – unser Leben in Bewegung.

Ein Gott, der annimmt, was verloren scheint. Ein Gott, der mitleidet. Einen ertragenden und zugleich tragenden Gott. Einen Gott der Bewegung. Der dich bewegt in der Begegnung mit ihm. Wenn du ihm denn begegnen willst, wenn du dich einlassen kannst auf: Begegnung, Bewegung, Belebung.

So ein Gott ist mir nahe, geht mir nahe, kann mich überall mitnehmen …
Von so einem Gott möchte ich mich begleitet fühlen auf meinem Lebensweg ...
Dieser Gott der Liebe will für dich da sein ...
Noch am Kreuz nimmt er dich an ...

AMEN.

Etwas werden. Jemand sein. – Jeremia 9,22-23

Die Eltern sagten früher und sagen es heute noch oft so: „Aus dir soll **etwas werden**. Du sollst einmal **jemand sein**." Vielleicht sind Ihnen diese Worte vertraut, vielleicht haben Ihre Eltern das auch einmal zu Ihnen gesagt. Etwas leisten, etwas erreichen und dann beliebt sein für immer und ewig.

Liebe Gemeinde,
heute wollen wir darüber nachdenken, woran unser Herz hängt, worin unsere Hoffnung besteht und worauf unser Leben beruht. Einkehrzeit, Besinnung auf das, mit dem wir unseren Alltag gestalten und unser Leben führen. Zeit der Besinnung auf Gott und auf uns selbst. Zeit der Betrachtung von unseren Wünschen und von Gottes Wünschen unser Leben betreffend.

Etwas werden. Jemand sein.
Es ist ein spannender Text – diese zwei Verse in Jeremia 9,22 und 23. Ein Text, der Gottesworte in Prophetensprache auf das menschliche Leben bezieht.
Ein Text, der aufregend ist, weil er Gottes Wünsche an unser Leben mit Leidenschaft zur Sprache bringt. Damit unser Leben ein klug geführtes, ein gesegnetes Leben werden kann.

Etwas werden. Jemand sein.
In unserem Text stehen sich je 3 Tugenden gegenüber: Weisheit, Macht und Geld auf der weltlichen Seite. Und die Tugenden Barmherzigkeit, Recht und Gerechtigkeit auf der göttlichen Seite. Nun muss man vorsichtig sein, dass man die weltlichen Tugenden nicht abqualifiziert. Denn Weisheit, Macht und Geld spielen im Alten Testament eine große Rolle und werden als Segen Gottes, als von Gott gegeben, verstanden.

Umso größer der Reichtum damals war, um so mehr schienen die Menschen von Gott gesegnet zu sein. Und Macht? In den Geschichtsbüchern des Alten Testaments, wo es also um die Geschichte des Volkes Israel geht, ist ständig von Macht und Machtkämpfen die Rede. War jemand stark, dann war ihm diese Eigenschaft von Gott geschenkt worden.

Und mal abgesehen von den Weisheitsbüchern im Alten Testament, wie die Sprüche Salomos oder der Prediger, ist auch die menschliche Weisheit ein wesentliches Element der damaligen Gesellschaft gewesen. Und zwar so, dass proportional mit zunehmendem Alter des Menschen auch dessen Weisheit zunahm. Die Väter Israels – Abraham, Isaak, Jakob – sind alle sehr alt geworden. Und sie sind auch deswegen bis ins hohe Alter die Führer ihres Volkes gewesen, weil man ihre Weisheit respektierte. Die alten Weisen waren Richter in ihrer Dorfgemeinschaft, sie waren Führer und Vorbilder.

Etwas werden. Jemand sein.
Auch heute werden diese drei menschlichen Tugenden noch positiv bewertet. Wir genießen ja alle dankbar die Errungenschaften des technischen, medizinischen und wirtschaftlichen Fortschritts. Für die Probleme, die sich neu daraus ergeben haben, brauchen wir: Weisheit, um neue Lösungen zu finden. Kraft, Macht, Überlegenheit sind auch gute Gaben, die das Leben fördern können und den Schwachen zu helfen vermögen. Auch wenn Menschen und Völker oft Entsetzliches daraus gemacht haben.

Der Prophet Jeremia gerät in seinem Nachdenken darüber noch tiefer. Er meint, dass alle diese Dinge den Menschen reizen, sich zu rühmen. Denn sie lenken unser Vertrauen allein auf sich. Heute würden wir vielleicht sagen: Bildung, Technik, Aktien bestimmen unser Leben. – Das müsste nicht so sein. Wir, nicht die Dinge an sich, sind schuld daran. Wir schieben die Dinge, wie der Prophet Jesaja sagt, zwischen uns und unseren Schöpfer. Wir halten uns an ihnen fest. Und dann halten sie sich an uns fest und halten uns ganz fest in ihrer Hand.

Etwas werden. Jemand sein.
Fragen wir uns einmal heute, woran unser Herz hängt, worin unsere Hoffnung besteht, worauf unser Leben beruht. Welche Bindungen helfen uns und welche Bindungen binden uns nur? Was trägt uns? Haben wir die Prioritäten richtig gesetzt?

Letzten Endes machen wir Menschen immer wieder die Erfahrung, dass wir uns nicht auf Technik, Weisheit und Geld verlassen können. Unsere Güter sind sehr anfällig für Fehler.
Der Prophet nennt einen anderen Weg, eine andere Lebenshilfe: Auf Gott können wir vertrauen. Gott ist barmherzig und hat sich uns zugeneigt. Dort, wo Menschen das Vertrauen auf ihn versucht haben, erlebten sie Wunderdinge. Sie erlebten, dass sie durch ihr Leben getragen wurden. Die Liebe Gottes zu uns ist ein Vermögen in guten wie in bösen Tagen. Wenn <u>ich</u> Gott <u>nicht</u> in meinem Leben <u>erfahren</u> hätte, würde <u>ich</u> heute hier nicht stehen. Ich würde vielleicht in der letzten Reihe dieser Kirche sitzen oder gar nicht mehr kommen. Ich habe ihn aber in meinem Leben „er-lebt", immer wieder, auf wundersame Weise. Segnend, haltend, stärkend.
Auf seinen Segen, seine Liebe und seine Gerechtigkeit dürfen wir vertrauen. Das ist in der Tat etwas „Wundervolles", was uns niemand nehmen kann, was Bestand hat.

Jeremia sagt nicht, dass wir unsere Weisheit, unsere Macht und unseren Reichtum ablegen und allein nach Barmherzigkeit, Recht und Gerechtigkeit streben sollen. Ich denke, er sagt: Wir Menschen sind in Macht, Weisheit und Geld verhaftet. Diese drei sind Güter, die wir erlangen können. Aber bei Gott zählen andere Werte. Wundere dich also nicht, wenn du eines Tages zu Gott gehst und deine Werte bei ihm nichts mehr wert sind!

Weisheit, Macht und Reichtum haben sehr wohl Geltung vor Gott, aber nur wenn sie im Sinne von Barmherzigkeit, Recht und Gerechtigkeit gebraucht werden. Klug ist nicht, wer Geld anhäuft. Klug ist, wer an Gott glaubt. Denn er wird in dieser Welt leben und in Gottes Reich. Wer „nur" Reichtum hat, bleibt in dieser Welt zurück.

Etwas werden. Jemand sein.
Der Theologe Joachim Dachsel sagt es so:
„An jenem Tage, der kein Tag mehr ist, wird Gott vielleicht sagen: Was tretet ihr an mit euren Körben voller Verdienste, die klein sind wie Haselnüsse und meistens hohl? Was wollt ihr mit euren Taschen voller Tugenden, zu denen ihr gekommen seid aus Mangel an Mut, weil euch die Gelegenheit fehlte oder durch fast perfekte Dressur? Habe ich euch nicht davon befreit? Wissen will ich nur eines von euch: Habt ihr die anderen beschenkt mit Liebe? Habt ihr sie angesteckt mit Leben?"

Etwas werden. Jemand sein.
Natürlich ist „Liebe schenken" und andere „mit Leben anstecken" auch eine Art von Leistung, aber es ist eine Leistung, die Gott gefällt. Was Jeremia uns sagt, ist Gottes Wort und Gottes Wunsch für ein klug geführtes Leben. Gott will uns mit dieser

Etwas werden. Jemand sein. – Jeremia 9,22-23

Mahnung auf den rechten Weg bringen. Jeremia liefert uns also eine wichtige Lebenshilfe. Durch die Bibel hindurch zieht sich die Erfahrung, dass der Mensch ohne Gott sich selbst und die Gemeinschaft gefährdet. Der sich selbst rühmende Mensch beurteilt das Leben zu seinen Gunsten. Er stellt sich über andere. Er provoziert Rivalität. Die Erkenntnis von Gott löst uns aber von uns selbst, führt uns in die Nähe zu den Mitmenschen, lässt uns ihr Leben teilen und gibt darin Gott die Ehre.

Leistung ist eine schöne Sache. Aber es ist für Gott nicht notwendig, damit er uns liebt. Ich verstehe Jeremias Worte im Sinne von Vers 20 in Kapitel 10 des Lukasevangeliums. Da heißt es: „Freut euch, dass eure Namen im Himmel geschrieben sind." Für mich heißt das: Wir müssen uns keine Namen mehr machen, denn wir sind schon von Gott angenommen.

Etwas werden. Jemand sein. **Nein! Du bist schon jemand. Angenommen von Gott. Du bist schon etwas. Geliebt von Gott.** Im Alten und im Neuen Testament geht es darum, dass der Mensch zu sich selbst findet, wenn er Gott wohlgefällig lebt – und darin findet er dann auch sein Glück. In Verbindung zu leben mit Gott <u>und</u> den Menschen ist die Grundregel des guten, klugen Lebens. Die Orientierung, die der Prophet Jeremia im Alltagsleben empfiehlt, ist einfach und komplex zugleich: Gott erkennen, sich von sich selbst loslösen, den anderen entdecken. So kommen wir zu uns selbst und so bleiben wir bei Gott. Dieses Leben ist gesegnet. Man rühme sich nicht seiner Weisheit, Stärke oder seines Reichtums, sondern man rühme sich, dass man den Herrn kennt. „Denn solches gefällt mir, spricht der Herr." AMEN.

Wahre Liebe – Markus 10,2-9

Es traten Pharisäer zu Jesus und fragten ihn, um ihn zu versuchen: Ist es einem Mann erlaubt, seine Frau zu entlassen?
Er aber antwortete und sprach zu ihnen: Was hat euch Mose geboten?
Sie aber sagten: Mose hat gestattet, einen Scheidebrief zu schreiben und zu entlassen.
Jesus aber sprach zu ihnen: Wegen eurer Herzenshärtigkeit hat er euch dieses Gebot geschrieben; von Anfang der Schöpfung an aber hat er sie als Mann und Weib geschaffen. Darum wird ein Mensch seinen Vater und seine Mutter verlassen, und die zwei werden ein Fleisch sein; daher sind sie nicht mehr zwei, sondern ein Fleisch. Was Gott zusammengefügt hat, soll ein Mensch nicht scheiden.

Ein Ehepaar kommt zum Pastor, ein Beratungsgespräch.
Sagt der Ehemann: Herr Pastor, 20 Jahre lang waren wir beide, meine Frau und ich, die glücklichsten Menschen der Welt!
Und dann?, fragt der Pastor.
Dann haben wir uns kennengelernt!

Einmal erzählte ein Mann aus Sangaste (einem Dorf in Süd-Estland), wie in seiner Kirche eine Ehetrennung stattgefunden hat. Die gesamte Gemeinde hatte sich versammelt, eine Unmenge von Menschen war da, denn alle haben ja gesehen, wie man sich verheiratet, aber wie man sich trennt, das hatte noch niemand gesehen und es war ein großes Wunder.
Und dann kamen der Bauer und die Bäuerin auf verschiedenen Pferden zur Kirche, um sich trennen zu lassen. Und als sie dann das Trennungsgebet dort in der Kirche gehalten hatten, dann sind sie zu zweit in einem Wagen gemeinsam zurück nach Hause gefahren.

Wahre Liebe – Markus 10,2-9

Liebe Leserin, lieber Leser,
zu Jesus kamen die Pharisäer, um ihm nachzuweisen, dass er Unrecht hat! Auch heutzutage geht es in sehr vielen religiösen Unterhaltungen darum, irgendwie sein eigenes Recht zu kriegen. So manches Mal schiebt man religiöse Probleme vor, um zu zeigen wie falsch die Gläubigen denken, leben und lehren.
Wahrscheinlich ist das Thema unter den Pharisäern aufgekommen, unter welchen Bedingungen ein Mann sich von seiner Frau scheiden dürfte. Einige Rabbiner waren strenger, einige nicht so streng. Nun sind sie mit diesem Thema zu Jesus gekommen. Es ist auch ein Thema für uns: Was ist ein genügender Grund um sich zu scheiden? Auch heutzutage gibt es Kriterien. Für die schönste Art hält man es, wenn beide Seiten sich fröhlich entscheiden, dass sie nicht mehr zusammen leben wollen, sich ruhig trennen und danach freundlich miteinander verkehren. Aber von dieser Sorte kenne ich keine einzige.
Was sagt Jesus? Jesus führt zur Heiligen Schrift. Die Rabbiner haben auf Mose verwiesen, dass man für eine Scheidung der Frau einen Scheidungsbrief geben muss. Das Geben des Briefes war in ihrer Erinnerung, aber sie hatten vergessen, warum man den Brief geben sollte. Die Lehre des Mose war dazu gedacht, die Scheidung schwer zu machen für diejenigen, die unbesonnen die Frau aus dem Haus heraus schickten. Es sollte zumindest nach einer Ordnung gehen, nach einem System.
Auch im Fall der Ehe führt Jesus uns zu Gottes Absicht, sich nicht zu trennen. Aber ich kann mir vorstellen, dass es doch Situationen gibt, wo eine Scheidung besser ist als sich ein Leben lang zu streiten. Wenn man nur noch aushalten muss, ständig überfordert ist, sich jahrelang nichts mehr zu sagen hat, dann kann die Scheidung eine Lösung sein. Aber ist damit eine Scheidung gerechtfertigt? Gottes Wille ist tiefer.

Ich bin selbst geschieden. Soll ich die Scheidung und damit mich verurteilen? Oder soll ich in der Scheidung die Lösung von Eheproblemen generell sehen? Beides ist falsch.

Dazwischen denkt man vielleicht, dass die wilde Ehe gut sein könnte. Das wäre die wahre Liebe und dort würden uns irgendwelche Regeln nicht mehr binden. Endlich kann ich tun, was ich will, und mich doch auf den anderen verlassen! Ist das so? Die wilde Ehe scheint mir eher belastend. Ständig muss ich meiner Partnerin einen Grund geben, mit mir zu leben, weil dieser Bund so schwach ist, dass er in jedem Moment reißen kann. Jede meiner Taten oder Worte kann dem anderen zu viel oder zu wenig sein. Ich muss sehr aufpassen. Und selbst, wenn mir das gelingt, kann es sein, dass mich meine Partnerin plötzlich verlässt, weil sie einen anderen gefunden hat, der scheinbar oder tatsächlich besser zu ihr passen könnte.

Wer die Ehe richtig verstanden hat, und sie lebt, kann aufatmen. Dann können die Ehepartner frei handeln. Sie können streiten, sie können Geschirr auf den Boden schmeißen, sie sind sicher, dass sie eigene Gefühle ausdrücken können, Freude oder Sorge, aber immer mit dem Wissen, das nichts sie trennen kann. Sie können sich ihres Bundes sicher sein. Dasselbe fröhliche Wissen können auch die Kinder und Eltern haben. – Wenn die Kinder mit dem Wissen leben müssten, dass sie die Eltern vor die Tür setzen würden, wenn sie von der Schule eine schlechte Note mit nach Hause bringen, dann wäre es eine Hölle, eine solche Freiheit zu geben. – Die Kindheit wird dadurch schön, dass Mutter und Vater einen lieben, egal welche Note man bekommt! Es ist doch ihr liebes Kind. Welcher Unfall auch passiert, immer versteht man, immer nimmt man auf und immer gibt es einen Ort, wo man hinkommen kann. Das Zuhause muss so sein: Was auch immer passiert, ich kann heimkommen, nichts trennt mich. Das gibt mir Sicherheit und Seelenfrieden.

In einer Partnerschaft, die noch keine Ehe ist, kann ein Streit schnell zur Beziehungsfrage werden. Muss ich das wirklich erleiden? Ist mir das nicht zu anstrengend? Ja, ist mir mein Partner nicht zu anstrengend geworden? In einer losen Partnerschaft stellt sich diese Frage recht schnell.
In einer Ehe stellt sich diese Frage erst nach langer Zeit oder wenn ganz gravierende Erlebnisse eintreten.

Gottes Plan ist: Was Gott zusammengefügt hat, soll der Mensch nicht scheiden! Es ist der beste Plan für dich!
Denn wer treu in der Ehe lebt, erschafft einen Ort, an dem dauerhafte Liebe und Wärme leben können, wo ein guter Grund und Boden für das Wachsen von Kindern und Enkelkindern ist. Familie ist ein Halt, den man nicht einfach so verlassen sollte. Das will Gott sagen: Halte den Bund, den du gewählt hast, ein. Damit Du Wärme, Liebe und Geborgenheit schenken kannst. Und damit du Wärme und Liebe dauerhaft erleben kannst! Die Kirche und die Bibel wollen keine geschiedenen Menschen tadeln, sondern sie wollen sagen, dass es eine riesige Tragik ist, was passiert, wenn man eine Ehetrennung durchleben muss. Nach der Ehescheidung gibt es nicht mehr zwei Menschen, sondern lange Zeit nur noch „Menschenstückchen". Wer von Ihnen Scheidungskinder kennt, und davon gibt es heute viele, der weiß, was ich meine. – Das möchte Gott für dich nicht,

nicht für deinen Partner, für niemanden wünscht er sich solchen Schaden, solche Narben, solche Verletzungen.

Was aber kann man tun, wenn man schon mitten drin steckt? Wir können beten für einander und um Segen bitten. Sich gegenseitig stützen, soweit es geht. Zweifellos hat Gott einen persönlichen Rat für jeden. Wenn du Probleme hast, dann gehe zu Christus und unterhalte dich mit ihm, welche Lösung er für dich hat. Ich glaube, dass Christus uns persönlich in jeder Situation annimmt und Lösungen für das Weitergehen anbietet.

Vielleicht kennen Sie den Witz: Nach den Flitterwochen: Sie wirft ihm das Saufen vor, er wirft ihr das Essen nach. Man könnte herzlicher lachen, wenn man diese oder ähnliche Situationen nicht auch schon selbst erlebt hätte. Sicher ist aber: Wer zu locker mit der Ehe umgeht, wird in dieser Situation bald das Weite suchen. Wer wirklich liebt, wird sich mit seinem Partner auf einen neuen Weg machen. Und wer möchte, dass dieser Weg lange anhält, wird Gott mitnehmen auf diesen Weg.

Nach der Hochzeit sagt er zu ihr: Jetzt werde ich hart arbeiten und viel Geld verdienen und dann werden wir eines Tages reich sein.
Sie antwortet: Nein. Wir sind schon reich, denn wir sind zusammen und Gott ist mit uns. Eines Tages werden wir vielleicht Geld haben.

AMEN.

Dich und den anderen lieben – Hebräerbrief 12,1-3

Liebe Leserinnen,
der Autor dieses Textes redet eine klare und deutliche Sprache: Wir sollen unsere Sünden ablegen und zu Jesus aufschauen, also in die Nachfolge Christi treten. Gott lieben und deinen Nächsten wie dich selbst, die 10 Gebote halten, die Bergpredigt immer im Hinterkopf, das Glaubensbekenntnis auf den Lippen, die Gewissheit der Sündenvergebung und der Überwindung des Todes durch Christus im Herzen. Gut. Das ist uns bekannt. Wir sind auch immer bemüht, oder sagen wir lieber, um nicht zu übertreiben, wir sind oft bemüht, diesem Anspruch gerecht zu werden.
**Lasst uns alles ablegen, was uns beschwert,
und auf Jesus sehen!**

Aber fällt uns das denn so einfach?
Es ist ja nicht zu leugnen, wie wir Menschen sind: Der Mensch ist dem Menschen ein Wolf. Im Großen und Ganzen sind wir auf unsere eigenen Vorteile bedacht, hier im Leben auf der Erde. Mit Ellenbogen verteidigen wir das, was wir einmal in Besitz genommen haben und träumen noch weiter, was wir noch alles in unseren Besitz bringen können.
Im Grunde genommen arbeiten wir also, um Geld zu verdienen, das wir ausgeben können, um Dinge zu kaufen, die wir nicht brauchen.

Der amerikanische Denker Henry David Thoreau beschreibt schon 1854 die Menschen als Besitzer von völlig überflüssigen Gegenständen, wie etwa zahllose Lackstiefel, Regenschirme, überelegante Möbel, Liegestühle, Sonnenschirme und luxuriöse Samtkissen, die zu dutzenden gehortet und in dieser Menge so nie gebraucht werden.

Dich und den anderen lieben – Hebräerbrief 12,1-3

Es ist, schreibt er, „als ob jemand seinen Panamahut oder seine Pelzmütze ablegte und sich über die schlechten Zeiten beklagte, weil er nicht imstande ist, sich eine Krone zu kaufen!"
Das ist ein wunderbares Bild, wie ich finde, mit Humor und viel bitterem Ernst dahinter.
Tatsächlich ist unsere besondere Situation in der jetzigen Zeit so, dass wir immer weniger Geld haben, weniger Hoffnung und weniger Mut, zugleich aber genauso viel Geld ausgeben wie zuvor oder unwesentlich weniger. Das dies eine unheilvolle Entwicklung ist, nehmen manche von uns gar nicht mehr wahr.
Ja, dass dieser Zustand eine Krankheit ist, die bald zum vollen Ausbruch kommen muss, scheint nicht begriffen zu werden. Nun, schließlich wollen wir es auch nicht wissen.
Wir schließen die Augen und sehen es einfach nicht.
Sie meinen, ich übertreibe? Ich male es in zu traurigen Bildern aus? So schlimm sei es ja gar nicht?

Vor vielen Jahren habe ich sonntags in einer Suppenküche für Obdachlose in London gearbeitet. Knapp 10 Millionen Einwohner und, nach dem königlichen Amt für Statistik 300.000 Obdachlose. Kinder, Jugendliche, Rentner, Arbeitslose. Der Großteil der Obdachlosen lebt in Notunterkünften, in Schlafsälen, in billigsten Hotels, bei Freunden.
Bis zu 3000 Menschen lebten damals schon auf der Straße. Wenn man früh aufstand und durch die Stadt lief, sah man sie überall. Selbst in den besten Wohngebieten lagen sie in Hauseingängen unter Zeitungen und Pappe, unter Kleidung und alten Decken.
Vielleicht können Sie sich inzwischen denken, wie ich mich gefühlt habe in der Suppenküche. Wenn ich in die müden, traurigen, leeren, ja, toten Augen dieser Menschen gesehen habe.

Dich und den anderen lieben – Hebräerbrief 12,1-3

Viele Frauen waren darunter und viele alte Menschen zwischen 60 und 80.

In dieser Zeit habe ich mir abgewöhnt vom barmherzigen und Liebe schenkenden Gott zu reden, der in Jesus Christus für unsere Sünden gestorben ist. Nur einmal habe ich versucht zu erklären, dass wir von der Kirche helfen so gut es eben geht und dass man darin vielleicht Gottes Liebe erkennen könne. Der Mann hat sich darüber so aufgeregt, dass er begann mit Stühlen zu werfen und die Polizei gerufen werden musste. Keinen Ton habe ich mehr rausbekommen von unserem Gott der Liebe. Die Zähne habe ich aufeinandergebissen, damit mir nicht die Tränen kamen. Aber gekommen sind sie mir trotzdem.

Und längst sieht es bei uns genauso aus.

Lasst uns alles ablegen, was uns beschwert,
und auf Jesus sehen!

Wie auch immer ein jeder von uns die heutige Zeit einschätzt, offensichtlich ist: wir tun uns manchmal schwer, Gott zu loben und Jesus Christus nachzufolgen. Sie sehen, die Frage, wie wir ihm wirklich nachfolgen können, spielt auch für mich eine entscheidende Rolle. Die Nachfolge Christi besteht konkret und zusammengefasst in den drei, uns bekannten, Anweisungen:

Liebe Dich selbst!

Liebe Gott wie Dich selbst! und

Liebe Deinen Nächsten wie Dich selbst!

Die erste Anweisung, das Liebe-Dich-selbst ist sehr wichtig. Denn, wenn wir uns selbst nicht lieben können, sind wir nicht zur Liebe zu Gott und zu unseren Nächsten fähig.

Hermann Hesse sagt das so: „Sinn erhält das Leben einzig durch die Liebe. Das heißt: Je mehr wir zu lieben und uns hinzugeben fähig sind, desto sinnvoller wird unser Leben."

Dich und den anderen lieben – Hebräerbrief 12,1-3

Eine meiner liebsten Bibelstellen steht im ersten Johannesbrief 4, Vers 16: „Gott ist Liebe; und wer in der Liebe bleibt, der bleibt in Gott und Gott in ihm."

Wir hören es mit den Worten von Walt Whitman:

Ich und mein Leben

Die immer wiederkehrenden Fragen
der endlose Zug der Ungläubigen
die Städte voller Narren

wozu bin ich da?
wozu nützt dieses Leben?

die Antwort:

damit du hier bist
damit das Leben nicht zu Ende geht
deine Individualität
damit das Spiel der Mächte weiterbesteht
und du deinen Vers dazu beitragen kannst
damit das Spiel der Mächte weiterbesteht
und du deinen Vers dazu beitragen kannst

Den Vers, den der Amerikaner Walt Whitman, von uns beigetragen sehen möchte, kann literarischer, künstlerischer oder musikalischer Natur sein, die Arten von Nächstenliebe darstellen.
Aber genauso kann man auch direkt zur Nächstenliebe greifen, ohne den Umweg dieser indirekten Formen zu gehen.

Dich und den anderen lieben – Hebräerbrief 12,1-3

Und das geht eigentlich ganz einfach:
Ein Bauer und seine Frau arbeiteten hart das ganze Jahr über, aber die Ernte fiel schlecht aus. So mischte der Bauer unter das Korn Sägemehl, damit sie genug zu essen hatten. Das zweite Jahr brachte keine Änderung und auch nicht das dritte Jahr. Immer mussten sie Sägemehl hinzufügen, um genug zu essen zu haben. Im vierten Jahr wurde die Ernte gut und der Bauer freute sich, dass sie endlich wieder reines Brot essen konnten. Als er aber zur Küche hereinkam, sah er seine Frau Sägemehl unter das Weizenmehl mischen und er schrie sie an, was ihr denn einfalle. Jetzt, wo die Ernte so gut ausgefallen sei, bräuchten sie doch nicht am Mehl zu sparen. Hast Du denn nicht gesehen, antwortete ihm seine Frau, dass unser Nachbar eine schlechte Ernte gehabt hat.

**Lasst uns alles ablegen, was uns beschwert
und auf Jesus sehen.**

Ihr seid das Salz der Erde, spricht Jesus Christus, Ihr seid das Licht der Welt.

AMEN.

Verändert werden wollen – Lukas 7

Warum müssen wir Menschen eigentlich immer so tun, als wenn alles unheimlich gut wäre, wie es ist? Warum ziehen wir uns immer auf unsere Tradition zurück? Warum muss alles so bleiben, nur weil es früher auch schon immer so war?

In der Tradition kennen wir uns aus. Das Altbekannte ist uns vertraut. Hier fühlen wir uns zu Hause, sicher und wohl. Im Neuen schwimmen wir, sind wir unsicher. Können wir nicht so bleiben wie wir sind? Warum soll ich mich ändern?

Es bat Jesus ein Pharisäer, bei ihm zu essen. Und er ging in das Haus des Pharisäers und setzte sich zu Tisch. Und siehe, in der Stadt war eine Frau, die war eine Sünderin. Als sie erfuhr, dass Jesus im Hause des Pharisäers zu Tisch saß, brachte sie ein Fläschchen mit Salböl, trat von hinten an ihn heran, weinte und fing an, seine Füße mit ihren Tränen zu benetzen und mit den Haaren ihres Hauptes zu trocknen und küsste seine Füße und salbte sie mit Salböl.
Als das der Pharisäer, der ihn eingeladen hatte, sah, dachte er bei sich: Wenn dieser ein Prophet wäre, so wüsste er, wer und was für eine Frau das ist, die ihn anrührt; denn sie ist eine Sünderin.
Da wandte sich Jesus zu ihm und sagte: Simon, ich habe dir etwas zu sagen. Er antwortete: Meister, sprich!
Ein Gläubiger hatte zwei Schuldner. Einer war 500 Silbergroschen schuldig, der andere fünfzig. Da sie es nicht bezahlen konnten, schenkte er's beiden. Wer von beiden wird ihn nun am meisten lieben? Simon antwortete: Ich denke, der, dem er am meisten geschenkt hat. Jesus sagte zu ihm: Du hast richtig entschieden.

Verändert werden wollen – Lukas 7

Und er wandte sich zu der Frau und sagte zu Simon: Siehst du diese Frau? Ich bin in dein Haus gekommen; du hast mir kein Wasser für meine Füße gegeben; diese aber hat meine Füße mit Tränen benetzt und mit ihren Haaren getrocknet. Du hast mir keinen Kuss gegeben; diese aber hat, seitdem ich hereingekommen bin, nicht aufgehört, meine Füße zu küssen. Du hast mein Haupt nicht mit Öl gesalbt; sie aber hat meine Füße mit Salböl gesalbt. Deswegen sage ich dir: Ihre vielen Sünden sind vergeben, denn sie hat viel Liebe erwiesen; wem aber wenig vergeben wird, der liebt wenig.
Und Jesus sprach zu ihr: Dir sind deine Sünden vergeben.
Da dachten die, die mit bei Tisch saßen, bei sich: Wer ist dieser, der sogar die Sünden vergibt?
Jesus sagte aber zu der Frau: Dein Glaube hat dir geholfen; geh hin mit Frieden!

Der Pharisäer Simon, liebe Leser, denkt, alles was er macht, ist in Ordnung. Er muss sich nicht ändern. Wenn jemand Probleme hat, dann sind das die anderen: die Sünderin und Jesus, der anscheinend gar nicht merkt, wer ihn da berührt. Und so läuft das Heilsgeschehen, das Geschehen der Heilung, die Veränderung an dem teilnahmslosen Simon vorbei. Er nimmt nicht wahr, was sich hier alles verändert. Wie hier Veränderung geschieht durch die Anwesenheit Christi. Simon findet nur seine eigenen festgefahrenen Urteile bestätigt. Die Sünderin bleibt in seinen Augen eine Sünderin. Und Jesus ist gar kein Prophet, sonst würde er ja wissen, dass die Frau eine Sünderin ist.

Vor seinen Augen verändert sich die Welt auf eine so erstaunliche, wundervolle und bewegende Weise – und er verpasst es einfach. Und nicht nur das: Er verpasst auch die Chance, selbst verändert zu werden, ja Heilung zu erfahren.

Eine eigentümliche Geschichte ist das hier, liebe Leser! Alles ist andersherum wie es eigentlich sein müsste. Die Sünderin tut das richtige, der Schriftgelehrte Simon, der der eigentlich gerecht ist, tut das falsche. Und Jesus tut erstmal gar nichts.

Zwei Männer sitzen beieinander. Eine Frau kommt hinzu. Sie ist verändert. Bevor sie dorthin kam, wusste sie, was für ein Leben sie geführt hat. Und sie war bereit sich zu ändern. Deswegen ist sie gekommen. Sie musste nicht mit Jesus sprechen und sie musste ihm nicht stundenlang zuhören. In dem Augenblick, in dem sie erfährt, dass Jesus da ist, ist ihr alles klar. Es ist ihr bewusst, dass sie eine Sünderin ist. Es ist ihr klar, dass sie sich ändern möchte. Und dass Jesus der ist, der ihr Leben verändern kann.

Simon dagegen ist sich treu geblieben. Er hat sich nicht verändert. Er ist immer noch der alte. „Ich will so bleiben wie ich bin." Du darfst, Simon! Schlaf weiter, Simon! Stell dir einmal vor, Simon, du hast mit Gott an einem Tisch gesessen und er hat dir etwas neues gezeigt. Neue Möglichkeiten für Dein Leben! Das war dir zu neu, zu anders, zu fremd. Schade, Simon! Was hast du da verpasst!

Durch die ganze Bibel, liebe Gemeinde, zieht sich ein großes Thema. Im AT und NT heißt es: Hoffnung auf Veränderung. Die Israeliten hofften, dass Gott ihren Weg begleitet und er erwählte sie zu seinem Volk und machte aus den Israeliten ein großes und mächtiges Volk. Die Beter der Psalmen baten Gott um Veränderung ihrer schlechten Situation oder dankten ihm für sein positives Eingreifen. Die Menschen zur Zeit des Neuen Testaments gingen Jesus entgegen oder folgten ihm, weil sie auf Veränderungen hofften in ihrem Leben. Viele missverstanden ihn als neuen politischen Veränderer und viele verstanden ihn gar nicht. Aber die Menschen, von denen die Texte des Neuen Testaments berichten, wollten Veränderung.

Manchmal musst du dich auf was Neues einlassen. Nein! Manchmal darfst du dich auf was Neues einlassen. Die Sünderin wäscht Jesus nicht die Füße, weil sie muss. Sie tut es aus Dankbarkeit, weil sie weiß, wer er ist und dass er ihr Leben neu machen kann. Sie tut ja Dinge, die sie wahrscheinlich noch nie so in ihrem Leben gemacht hat. Sie tut es, weil sie weiß, was in diesem Augenblick wirklich wichtig ist. Und jetzt ist die Zeit gekommen, das und nichts anderes zu tun.

Sind wir nicht alle ein bisschen wie Simon? Die wir unser Leben recht zufrieden leben und uns gewöhnen an den Alltag und an die Angenehmheiten des Lebens? Und sollten wir nicht so sein wie die Frau, die aufwacht und ihr Leben ändert, wenn es Veränderung braucht?

Und woran merkst du, dass du dich ändern musst? Woher sollst du denn wissen, wann es wichtig ist, sich zu ändern?

Manchmal wünschst du dir selbst Veränderung, ob von Gott gewollt oder nicht. Dann merkst du selbst, dass da ein Entschluss in dir reift. In vielen Gesprächen stelle ich immer wieder fest, da ist oft verdeckt, oft unausgesprochen ein Wunsch, eine Sehnsucht nach Veränderung.

Verändert werden wollen – Lukas 7

Aber viele haben Angst davor. Sich selbst zu verändern ist nicht einfach.

Einen anderen verändern zu wollen, insbesondere den eigenen Ehepartner – das geht immer schief. Die größte Hemmschwelle scheint aber zu sein: Was denken die anderen? Die erwarten doch eine bestimmte Rolle von mir, ein bestimmtes Verhalten. Wie bringe ich das denen bloß bei? Wie schwer kann da Veränderung werden!

Dabei – ich sage es Ihnen ganz offen – den Wunsch nach Veränderung haben und den Schritt dann nicht wagen – das ist ein furchtbares Gefängnis! Unzufrieden, ja vielleicht unglücklich sein und keine Konsequenzen ziehen. Es nicht wenigstens probiert zu haben!

Die Sünderin weiß, dass sie sich ändern muss. Sie tritt in das Haus von Simon und ist schon verändert als sie Jesus begegnet. Simon hätte in seinem Leben eine Menge zu ändern. Seine Selbstgerechtigkeit, seine lieblose Haltung könnte er aufgeben und seine Vorurteile. Er könnte offen sein und neugierig, Jesus wirklich kennenzulernen. Er könnte ein anderer Mensch werden. Stattdessen ist er nur daran interessiert, sich seine Urteile bestätigen zu lassen. Wenn er nur merken würde, wie er ist!

Die Geschichte, die uns Lukas hier erzählt, ist eigentlich so spannend wie ein Krimi. Ich frage mich die ganze Zeit und vielleicht geht es dir auch so: Wann wird der Pharisäer Simon endlich merken, dass es hier um ihn geht?

Der Krimi steigert sich in seiner Handlung von einem Höhepunkt zum anderen und lange kann es ja nicht mehr dauern. Oder doch?

Verändert werden wollen – Lukas 7

1. Der Pharisäer Simon hat Jesus zum Essen eingeladen. Ist er neugierig auf Jesus, will er ihn wirklich kennenlernen? Offenbar nicht. Er sitzt mit Gott an einem Tisch und merkt es nicht.
2. Die Frau kommt herein. Er kennt sie eigentlich. Nun aber ist sie völlig verwandelt. Wie reagiert Simon? Spürt er, dass sie durch Jesus verändert ist? Nichts von alledem. Distanziert und geradezu voller Kälte sieht er nur das, was er zu kennen glaubt: eine wertlose Frau. Dass Jesus sich von ihr berühren lässt, macht Jesus auch wertlos. Denn wäre Jesus ein Prophet, wüsste er ja, was für eine Frau ihn da anrührt. Damit fällt Simon das Urteil über Jesus und stellt sich sogar über ihn.
3. Jetzt erzählt ihm Jesus ein Gleichnis, dass ihm deutlich machen soll, wie arm Simon eigentlich ist, weil er im Gegensatz zur Frau keine Liebe hat. Simon antwortet richtig, bezieht das Gleichnis aber nicht auf sich. Ja, wann merkt er's denn endlich?
4. Nun geht Jesus von der Bildrede in die Wirklichkeit über. Er stellt Simons Verhalten dem der Sünderin gegenüber. Es wird deutlich, dass Simon eigentlich gar nichts für Jesus getan hat, während die Frau Jesus in unüberbietbarer Weise als Gast geehrt hat. Jesus spricht Simon direkt an. Merkt er jetzt, um wen es hier wirklich geht? Nein!
5. Und so sagt Jesus in letzter Zuspitzung: Die Frau hat viel Sünde, aber auch viel Liebe, deswegen werden ihre Sünden vergeben. Du hast wenig Sünde, aber auch wenig Liebe. Du, Simon, hast einen großen Mangel an Liebe! Und Simon? Simon ahnt noch immer nicht, dass er eigentlich der schwierigere Fall ist, weil er gar nicht erkannt hat, wie schlimm es um ihn steht. Er lebt genauso verloren und fern von Gott wie zuvor. Weil er glaubt, dass alles in Ordnung sei.

Woran erkennst du, dass du dich ändern musst?, war die Frage.

Verändert werden wollen – Lukas 7

Ich glaube, Gott wird dir das sagen. Es wird auf dich zukommen und dir klar machen, wenn du dich ändern musst. Und was er von dir erwartet. Das einzige, was du tun kannst, ist: hören, ob er dir was sagt. Und du musst offen sein für sein Wort.

Willst du denn verändert werden von Christus?

Christus kann uns ganz unterschiedlich verändern. Manch einer braucht eine persönliche Einladung. Wie Zachäus, bei dem sich Jesus einlädt. Manch eine muss zuhören, was er erzählt. Wie Maria. Manch eine braucht eine Rüge wie Martha, damit sie versteht. Mancher muss geheilt werden, wie die vielen Kranken im Neuen Testament. Und manch einer muss ihn sehen und berühren dürfen wie der Lieblingsjünger Thomas, der Beweise brauchte, um zu glauben.

Das aber ist ganz wichtig: Gott liebt dich wie du bist. Du musst dich nicht ändern. Wenn du aber Gott zurückliebst, wirst du dich nach seinen Geboten richten. Und vielleicht merkst du dann, dass du dich doch ändern musst.
Sehen wir uns einmal andere an! Sind sie wirklich so wertlos, wie allgemein gesagt wird? Ich denke da an Ausländer, die mir in ihrer Hilfsbereitschaft oft viel freundlicher vorkommen als die egoistischen mürrischen Deutschen.
Oder das komische, wenn ich Besuche in der Gemeinde mache. Eigentlich will ich da etwas geben. Aber dann wird mir alles mögliche angeboten, man erkundigt sich nach meiner Arbeit, am Schluss bekomme ich noch etwas mit als „Wegzehrung". Habe ich jetzt etwas gegeben oder habe ich nicht viel mehr bekommen? So geht es mir auch bei Krankenbesuchen. Das Leuchten in den Augen des Kranken oder Sterbenden mag mir

selbst mehr geben, als ich schenken konnte. Wenn ich genau hinschaue, dann stelle ich fest: Andere können so viel geben! Ich kann so viel von anderen lernen, wenn ich offen für sie bin. Was hätte Simon alles von der Frau lernen können! Zum Beispiel, dass Veränderung gut sein kann oder wie man Liebe lebt.

Sich auf Traditionen, auf Bewährtes und Althergebrachtes zu berufen bei Christus bringt wenig. Gerade er hat immer wieder mit Traditionen gebrochen, Gesetze umgangen, Menschen für ein neues Leben in der Liebe gewonnen. Nicht Auge um Auge und Zahn um Zahn, sondern: Hat dich jemand auf die eine Backe geschlagen, so halte ihm auch die andere hin. Jesus hat Fischer zu Menschenfischern gemacht und er hat die Ausrede „Ich habe einen Beruf" oder „Ich muss mich um meine Eltern kümmern" nicht gelten lassen. „Wer seine Hand an den Pflug legt und sieht zurück, der ist nicht geschaffen für das Reich Gottes." (Lk 9,62)
Es geht darum, Liebe zu leben! Nicht nur, über das Liebe-Leben nachzudenken.

Wenn du willst, kannst du dich ändern. Und wenn du wirklich willst, kannst du dich ändern lassen. Gott wird dir dabei entgegengehen – das sagt unsere Geschichte heute. Manchmal löst erst Gott solche Veränderungen aus und manchmal merkst du selbst, dass du dich ändern musst. Liebe leben!
Sich zu ändern ist nicht leicht, aber mit dir, an deiner Seite ist Gott. Wie es heißt im Psalm 139: „Erforsche mich, Gott, und erkenne mein Herz; prüfe mich und erkenne, wie ich's meine. Und sieh, ob ich auf bösem Wege bin, und leite mich auf ewigem Wege." AMEN.

Gottes Liebe fühlen

Es war nach dem zweiten Weltkrieg. Juden, die die Hölle überlebt hatten, erinnerten sich. Da war ein Kloster gewesen in Frankreich. Dort hatten sie Unterschlupf gefunden vor den Nazis. Ohne das Kloster, ohne die Nonnen würden sie heute nicht mehr leben. Was für ein Gefühl! Noch am Leben zu sein! Ja, sozusagen, ein zweites Leben geschenkt bekommen zu haben! Rettung angesichts der Feinde! Ein berauschendes Gefühl!

Könnte man davon nicht etwas zurückgeben, dachten sich die Juden, die in diesem Kloster etwas Wundervolles auf ganz besondere Weise gefühlt hatten – nämlich die Liebe Gottes? Und so beschlossen sie, zu diesem Kloster zu fahren und ihren Dank in Worte zu kleiden. Sie wollten das Kloster ehren, die Nonnen. Sie wollten sich bedanken für das Geschenk der gefühlten Liebe Gottes zu ihnen. Und so machten sie sich auf den Weg.

An einem Morgen versammelten sie sich vor dem Kloster. Und sie waren nicht alleine gekommen. Von ihrer Geschichte hatten viele Menschen gelesen und gehört. Es waren Journalisten anwesend, Leute von Radio und Fernsehen, Schaulustige und tiefberührte Menschen. Man klingelte an der Pforte und fragte nach der Oberin und den Nonnen.

Die Oberin erschien, die Nonnen kamen mit ihr heraus, und sie fragte, womit sie helfen könne. Ein wenig verwirrt war sie wegen der Vielzahl der Menschen. Und einer der Überlebenden trat vor und sprach: Wir leben. Weil Ihr uns hier versteckt habt. Heute sind wir gekommen, um Euch zu danken. Heute sind wir hier, um Euch zu feiern, weil Ihr uns gerettet habt. Wir sind so dankbar!

Gefilmt und über Mikrophone in alle Welt hinaus übertragen diese feierlichen Worte.

Da machte die Oberin einen Schritt nach vorne und sprach freundlich: Jetzt müsst Ihr uns aber sagen, wer Ihr seid und woher Ihr kommt! – Die Juden jetzt etwas unruhig: Aber das ist doch ganz klar: Wir sind die Juden, die Ihr während des Krieges versteckt habt!

Da lächelte die Oberin: Oh, das ist schön! Aber woher hätten wir das wissen sollen? Ihr habt Euch ja nicht vorgestellt! Vor dem Krieg haben wir nämlich Kommunisten versteckt. Während des Krieges Juden. Und nach dem Krieg Nazis.

Gottes Liebe ist größer als wir uns vorstellen können. Und sie ist nicht begrenzt auf ein Volk, eine Nation oder nur ganz bestimmte Menschen. Gott liebt alle: die Ausländer, die Anderen, die Verzweifelten und die Glücklichen, die Fremden und Dich.

Einige Menschen wissen das schon lange. Die Oberin und die Nonnen haben es gewusst und sie haben auch gewusst, wie sie diese Liebe weitergeben konnten. Eine Liebe, die andere fühlen durften. Die heute dankbar sind für diese gefühlte Liebe.

Gottes Liebe fühlen. Ich hoffe so sehr für dich, das du schon mindestens einmal diese Liebe Gottes fühlen durftest.
Du bist geliebt von Gott. Du bist da weil er dich wollte. Und weil er wollte, dass du seine Liebe weitergibst an andere. Gottes Liebe fühlen – das ist ein Geschenk, das ist sein Geschenk an Dich! AMEN.

Das Böse mit Gutem überwinden – Römerbrief 12,17-21

Liebe Brüder und Schwestern im Herrn, schreibt uns der Apostel Paulus heute Morgen, vieles liegt mir auf der Zunge. Heute aber möchte ich Euch nur das Wesentliche schreiben. Weisungen für euer Leben! Damit es gut und weise werde. Merkt auf! Wenn Euch jemand böses tut, dann schlagt zurück. Wenn Ihr Gutes tut, dann seid immer auch auf Euren Vorteil bedacht! Rächt euch nicht selbst, sondern sorgt dafür, dass ihr eine einflussreiche Persönlichkeit zum Freund habt. Oder nehmt Euch einen gerissenen Anwalt! Habe Vertrauen in Deine Freunde, aber schließe Dein Geld weg und pass auf Deine Frau auf! Sei anständig, wo du anständig sein musst, weil man dich beobachtet und sonst schau, was du für dich rausschlagen kannst. Habe Mitleid mit anderen, aber lass dich nicht ausnützen Wenn dein Feind Hunger hat, verkaufe ihm Lebensmittel! Und, noch eines, liebe Brüder und Schwestern: Was immer Ihr Eurem Nächsten tut, lasst Euch nicht dabei erwischen!

Liebe Leser,
ganz so hat es der Apostel Paulus natürlich nicht den Römern geschrieben, aber so würde es ja viel besser zur Menschheit passen und nicht erst heute. Immer schon sind Menschen auch auf Ihre Hoffnungen und Wünsche ausgerichtet. Den anderen nicht vergessen: ja, das geht schon. Aber den anderen übervorteilen, selbst auf der Strecke bleiben, gar nicht nach den eigenen Wünschen oder Hoffnungen schauen – das ist doch ein bisschen zu viel verlangt. Wir sind ja keine Heiligen!

Und ist es das, was das Christentum uns abverlangt? Völlige Selbstaufgabe? Nur an den anderen denken, aber nie an sich selbst?

Das Böse mit Gutem überwinden – Römerbrief 12,17-21

„Wir wollen, dass Sie Ihr gutes Recht bekommen!" So wirbt eine Rechtschutzversicherung um ihre Kunden. Man muss schon bei Verträgen ganz schön aufpassen. Überall wird doch mit allen Mitteln gepokert: im Handel, im Berufsleben, in der Gesellschaft. Wer da nicht aufpasst, hat ganz schnell ganz schlechte Karten! Wir wollen doch unser gutes Recht bekommen. Das ist doch nicht zuviel verlangt! Jeder muss seinen Maschendrahtzaun schützen oder die Qualität des Jägersteaks einfordern. Dann verklagen wir lieber Nachbarn und Verwandte als miteinander zu reden. – Aber das ist das andere Extrem. Und ganz schnell befinden wir uns auf dieser Straße, wenn wir immer nur versuchen, das Beste für uns herauszuholen. Wer immer Recht behalten will, der verliert. Der verliert den Blick für den anderen, für die andere Sichtweise, der verliert das Sich-Mitsorgen, das Mitfühlen, der verliert die Liebe. Die Klägerin um den Maschendrahtzaun ist eine einsame Frau geworden. Geschwister, die sich vor Gericht um die Erbschaft gestritten haben, sind nun bitter verfeindet. Wer nicht mit dem anderen redet, zieht sich zurück, igelt sich ein, wird einsam und verliert den Kontakt zu den Menschen.

So ist der heutige Text zu verstehen. Er ist in eine Situation hinein gesprochen, in der es den Menschen der römischen Gemeinde immer mehr um sich selbst ging und immer weniger um andere Menschen. Da geht es nicht um Selbstaufgabe oder um das Begraben der eigenen Wünsche, sondern um ein angemessenes „An-sich-selbst-denken" und zugleich „Auf-den-anderen-zugehen". Nicht mehr ist verlangt, aber auch nicht weniger.
Den Lesepredigttext finden wir im Römerbrief: *Vergeltet niemand Böses mit Bösem. Seid auf das Gute bedacht gegenüber*

Das Böse mit Gutem überwinden – Römerbrief 12,17-21

jedermann. Ist's möglich, so viel an Euch liegt, so habt mit allen Menschen Frieden. Rächt Euch nicht selbst, meine Lieben, sondern gebt Raum dem Zorn Gottes; denn es steht geschrieben (5. Mose 32,35): Die Rache ist mein; ich will vergelten spricht der Herr.

Vielmehr, wenn Dein Feind Hunger hat, gib ihm zu essen; hat er Durst, gib ihm zu trinken. Wenn Du das tust, so wirst du feurige Kohlen auf sein Haupt sammeln. Lass dich nicht vom Bösen überwinden, sondern überwinde das Böse mit Gutem.

„Feurige Kohlen auf dem Haupt des Feindes sammeln" meint „den Feind beschämen." Beschämen mit einer eigenen, uneigennützigen Handlung. Ihn so behandeln, wie er es nicht vermutet hätte. Über seinen eigenen Schatten springen, auf den Feind zugehen – das kann wirklich etwas verändern, kann das alte Feindbild in mir und ihm aufbrechen.

In dem Ort, in dem ich einst wohnte, war ein alter Mann, der mit allen Krach hatte. Er war mürrisch, vermutete, er werde von jedem gemieden und gehasst und war sehr launisch. Bald gingen ihm alle aus dem Weg. Gerade dann ist es wichtig, auf einen solchen Menschen zu zugehen. Nur im wieder und wieder gemachten Versuch, auf den Verstockten, Einsamen zu zugehen, kann man eine positive Veränderung herbeiführen. Natürlich gibt es für eine solche Veränderung keine Garantie. Aber ohne das auf den anderen zugehen, gibt es garantiert keine positive Veränderung. Jesus sagt es in der Bergpredigt so: „Vertrage dich mit deinem Gegner, solange du mit ihm noch auf dem Weg bist!" (Matthäus 5,25a) Dahinter steckt sehr viel Weisheit. Man hat mehr gewonnen, wenn man einen Menschen für sich gewonnen und in einer Sache verzichtet hat.

Das Böse mit Gutem überwinden – Römerbrief 12,17-21

Von einem alten chinesischen Kaiser wird berichtet, dass er seine Feinde alle vernichten wollte. Später sah man ihn mit seinen Feinden speisen und scherzen. „Wolltest du nicht die Feinde vernichten?" fragte man ihn. „Ich habe sie vernichtet", gab er zur Antwort, „denn ich machte sie zu meinen Freunden!"
So hat es der Kaiser geschafft, das Böse mit Gutem zu überwinden, indem er seine Feinde gespeist hat! Da war der Kaiser klüger als jene beiden russischen Bauern, die sich um Lappalien streiten, deren Streit mehr und mehr eskaliert und die am Ende Haus und Hof durch einen Brand verlieren. „Versäumst du den Funken zu löschen, so wirst du der Flamme nicht Herr", heißt in der Geschichte von Leo Tolstoj.

Das Böse mit Gutem zu überwinden: Das ist nun nicht nur eine Sache von Vernunft und Klugheit. Es ist vor allem eine Frage, ob wir Christen sind, ob die Liebe Gottes in uns wohnt. Wo die Liebe Gottes wohnt, kann das Böse keinen Platz mehr haben. Wo die Liebe wohnt, da ist Barmherzigkeit, da vergibt man sich nichts, wenn man jemanden vergibt.

Letztes Endes kann nur Gott selbst das Böse in aller Welt und in aller Form überwinden. Wir aber können unseren Teil dazu beitragen, indem wir nach Gottes Weisungen leben. Wir können als Erwachsene unseren Kindern und schwierigen Mitmenschen die Liebe Gottes vorleben. So können wir als Mitarbeiter Gottes dazu beitragen, dass das Böse überwunden wird.
Menschen das geben, was sie nicht zu hoffen wagten.
Was sie nicht mehr erwartet haben. Womit sie nicht mehr rechneten. Schenken ohne Bedingungen. Miteinander reden. Aufeinander zugehen. Füreinander da sein.
Lieben. Einfach nur lieben. AMEN.

Gott lieben

Beziehung zu Gott – Lukas 13,22-30

Wie gehen wir eigentlich mit Gott um?

Das, liebe Gemeinde, ist die Frage heute. Wie gehen wir mit Gott um? Diese Frage beleuchtet eine Beziehung.
Die Beziehung von Mensch zu Gott. Darum soll es uns heute gehen. Denn wie wir mit Gott umgehen, zeigt, ob wir „gläubig" sind. Und dieses „gläubig sein" gestalten, liebe Gemeinde, das zeigt unseren Umgang mit Gott auf. Wie gehen wir mit Gott um? Darum geht es heute in unserem Predigttext, den wir im Lukas-Evangelium finden:
Und Jesus ging durch Städte und Dörfer und lehrte und ging seinen Weg durch Jerusalem. Es sprach aber einer zu ihm: Herr, meinst du, dass wenig selig werden? Jesus sprach zu ihnen: Ringet danach, dass ihr durch die enge Pforte eingeht. Denn viele werden, das sage ich euch, danach trachten, wie sie hineinkommen, und werden's nicht können. Von da an, wenn der Hausherr aufgestanden ist und die Tür verschlossen hat und ihr dann anfangt, draußen zu stehen und an die Tür zu klopfen und zu sagen: Herr, tu uns auf! wird er antworten und zu euch sagen: Ich kenne euch nicht, wo ihr her seid. So werdet ihr dann anfangen zu sagen: Wir haben von dir gegessen und getrunken, und auf unseren Gassen hast du gelehrt. Und er wird zu euch sagen: Ich weiß nicht, wo ihr her seid: weichet alle von mir, ihr Übeltäter! Da wird sein Heulen und Zähneklappern, wenn ihr sehen werdet Abraham und Isaak und Jakob und alle Propheten im Reich Gottes, euch aber hinausgestoßen. Und es werden kommen vom Osten und vom Westen, vom Norden und vom Süden, die zu Tische sitzen werden im Reich Gottes. Und siehe, es sind Letzte, die werden die Ersten sein, und sind Erste, die werden die Letzten sein.

Beziehungen haben. – Darum dreht sich doch eigentlich unser ganzes Leben. Fast niemand lebt nur für sich selbst. Wir alle leben in Beziehung zu anderen Menschen. Wir definieren unsere eigene Person immer im Gegenüber zu anderen Menschen. Wenn wir sagen: Der Junge ist besonders intelligent – dann meinen wir das „besonders intelligent" in Abgrenzung zu anderen Menschen. Wäre dieser Junge der einzige Mensch auf der Welt, wäre eine solche Beschreibung ziemlich unsinnig.
Beziehungen gestalten unser Leben. Wir haben Beziehungen zu guten Freunden, zu Tieren, auch zu Gegenständen und leider auch zu Menschen, die uns völlig unsympathisch sind. Da kann eine Beziehung auch ganz schön anstrengend sein.
Beziehungen bestimmen unser Leben. Und es hängt immer davon ab, <u>wie wir</u> mit dem anderen umgehen.
Wie gehst du mit deinem besten Freund um?
Du erzählst ihm, was dich belastet, was dir wichtig ist. Du lässt dir manchmal gehörig den Kopf von ihm waschen, auch wenn Kritik wehtut. Warum eigentlich? Warum nimmst du von ihm Kritik an und denkst ernsthaft über seine Antwort nach?
Weil du ihm glaubst, dass er's gut mit dir meint.
Müsste unsere Beziehung zu Gott nicht genau so sein? Dass ich ihm vertraue, dass er's gut mit mir meint?

Beziehung haben zu Gott, heißt also gläubig sein.
Wie machen wir das eigentlich, dieses gläubig sein? Ich denke, viele von uns – und ich mache das oft auch so – viele von uns fahren zweigleisig. Einige von Ihnen kennen dieses Wort „zweigleisig" vielleicht aus der Beziehungssprache. Man könnte auch sagen: Wir beschreiten zwei Wege.
Der eine ist: Wir glauben so ganz generell an Gott (ohne uns genau festlegen zu wollen und ohne uns von anderen festlegen

zu lassen, was das genau heißt) und wir leiten daraus ab, dass wir mit unserem allgemein guten Willen eines Tages sowieso gerettet werden, also in das Reich Gottes dürfen.

Der zweite Weg ist der, dass wir ab und zu etwas tun. Dass wir wirklich an die anderen denken und uns sorgen und kümmern. Vielleicht, dass wir sogar selbst mit anpacken. Nicht nur Geld spenden, sondern selbst Brote schmieren für Obdachlose oder Essenspakete packen für Arme oder Kleider abgeben. Manchmal, an wenigen Lichtpunkten unseres Lebens, gehen wir den zweiten, den aktiven Weg.

Aber wie oft machst du dir's bequem und glaubst einfach so ganz generell und nett vor dich hin? Glaube kann verdammt anstrengend sein oder auch schön und leicht und angenehm. Wenn wir uns anschauen, wie Gott mit uns Menschen umgeht – man kann das in den Geschichten mit Christus sehr deutlich sehen – dann sind viele Antworten hart, jedenfalls gar nicht Friede, Freude, Eierkuchen. So wie es heute im Text steht: Erste werden letzte sein, nicht alle werden gerettet. Heulen und Zähneklappern.

Unser Gott ist ein „unangenehmer" Gott, der uns das Leben gar nicht leichter macht. Liebe deinen Nächsten wie dich selbst und geh deinem Feind entgegen – das ist viel schwerer als es sich einfach zu machen und sagen: Schlag einfach zurück und hau drauf.

Schon immer in der Geschichte hat es Leute gegeben, die keine Beziehung zu anderen wollten. Man kann es auch so sagen: Wer nicht miteinander spricht, wer nicht aufeinander zugeht, der will Krieg, der will draufhauen dürfen, ganz gleich, ob es sinnvoll ist oder nicht.

Beziehung zu Gott – Lukas 13,22-30

Dabei – und das müssen sich alle Christen sagen lassen von Gott – sind wir zur Liebe berufen.
Eine Begegnung sollte letzten Endes Verständnis wecken, oder zumindest Hass vermeiden. Denn sonst erreicht man nur die nächsthöhere Ebene von Unverständnis und Hass. Und wo soll uns das hinführen?

Zur Liebe berufen! Das klingt so hoch. Aber es meint zunächst ganz einfach: wir sind berufen, Beziehungen zu haben und die sollen wir so freundlich wie möglich versuchen. Wir sollen aufeinander zugehen. So einfach ist das eigentlich. – Ich war vor vielen Jahren in Namibia als Vikar tätig. Dort gibt es drei lutherische Kirchen, zwei schwarze und eine weiße Deutschsprachige. Interessant war für mich folgendes. Wo immer Probleme auftraten, war eines ganz klar: Die Leute hatten nicht miteinander geredet. Warum nicht? Sie hatten gar kein Interesse zu reden – das hätte nur ihre eigene Position in Frage gestellt und damit vielleicht auch ihre Persönlichkeit. Christus ist immer auf die Menschen zugegangen und hat mit ihnen geredet. Klar, dass es in Beziehungen auch klare Worte geben muss, dass Kritik und Verletzungen unvermeidlich sind.
Das ist in jeder Beziehung so. Du wirst immer wieder enttäuscht. Man kann das nicht abstellen, das Verletzen und das Verletztwerden. Das einzige, was wir tun können, ist daran arbeiten. An uns selbst. Wir müssen genau das tun. An unserem Aufeinanderzugehen arbeiten. Dazu sind wir von Gott berufen. Zur Nächstenliebe. Nächstenliebe heißt für mich persönlich:
1. Auf den anderen zugehen,
2. den anderen verstehen wollen.
Das erste geht ja noch. Das zweite ist schon sehr unangenehm. Dazu muss ich erst mal eine andere Meinung neben der meinen

gelten lassen. Das ist nicht leicht. Und dann muss ich mich auch noch fragen, ob der andere mit seiner Meinung nicht auch noch recht hat. Das fällt wirklich schwer.

Mutter Theresa hat gesagt: Nach einer Begegnung mit dir muss es dem anderen besser gehen. Das ist für mich die dritte Bedeutung von Nächstenliebe:

1. Auf den anderen zugehen,
2. den anderen verstehen wollen,
3. Nach einer Begegnung mit dir muss es dem anderen besser gehen. Du musst ihm gut tun.

Geht es anderen Menschen nach einer Begegnung mit mir gut? Wenn ich mir selbst diese Frage stelle, dann kriege ich nur Tränen in die Augen. Weil mir natürlich klar ist, dass mir das so selten gelingt. Gut, wir Menschen werden enttäuscht und wir enttäuschen andere. Aber das muss unser Ziel sein: dem anderen gut zu tun. Denn wir sind von Gott zur Liebe berufen.

Wie gehen wir mit Gott um? Das war die Ausgangsfrage.
Ich denke, wir alle wissen sehr wohl, was Gott von uns erwartet. Es steht für uns besonders im Neuen Testament, obwohl gerade das Nächsten- und Fremdenliebesgebot seinen Ursprung im Alten Testament hat. Entsprechen wir also Gottes Erwartungen? Reicht das, was wir tun? Sind wir gläubig genug? Gerade wir, die wir in die Kirche gehen und Predigtbücher lesen, müssen uns diese Frage gefallen lassen.

Die, die heute und zu anderen Gottesdiensten nicht gehen, möchten sich diese Frage nicht gefallen lassen von Gott. So gehen viele Menschen heute mit Gott um. Gott interessiert sie nicht. Aber uns interessiert Gott und sein Reich. Und deswegen die Frage: Sind wir gläubig genug?

Beziehung zu Gott – Lukas 13,22-30

Du kennst das: Wenn du einen anderen nicht magst. Den auch noch verstehen müssen, auf den auch noch zugehen, dem auch noch gut tun. Das darf doch wirklich nicht wahr sein. Und trotzdem: Gott hat uns zur Nächstenliebe berufen. Auch dazu, was mir schwer fällt.

Und heute? Was können wir heute an diesem Tag noch ganz konkret tun, um die Nächstenliebe zu leben?

Mache Frieden mit nur einem Menschen, den du verletzt hast! Da gibt es einige. Jedenfalls fallen mir ein paar ein, die ich um Verzeihung bitten müsste für Verletzungen, die ich ihnen zugefügt habe. Geh du heute nur auf einen einzigen Menschen zu – er kann dir auch besonders nahe stehen und das ist oft viel schwieriger – und söhne dich mit ihm aus! Das ist ganz wichtig für Gott. Weil es zeigt, dass du Gott und seine Erwartungen an dich ernst nimmst.
Söhne dich heute mit einem Menschen aus!
Ist das zu viel verlangt?

AMEN.

Du gehörst zu mir – Johannes 1,35-42

Du gehörst zu mir!
Unser ganzes Leben sind wir unterwegs, um diese Worte aus dem Mund eines anderen Menschen zu hören. Du gehörst zu mir! Wie schön klingt das!
Diese Worte – Du gehörst zu mir! – diese Worte schenken Liebe, Vertrauen, Heimat. Da wollen wir sein, in der Liebe. Das soll mit uns sein, Vertrauen. Da wollen wir hin, in die Heimat. Liebe, Vertrauen, Heimat – offenbar alles Werte, die wir schätzen, derer wir bedürfen, um ein sinnvolles Leben zu führen. Nach diesen Werten sehnen wir uns. Und nach diesen Worten sehnen wir uns erst recht: Du gehörst zu mir!

Den Text dazu finden wir im Johannesevangelium:
Jesus ging an Johannes und zwei seiner Jünger vorbei und Johannes sagte: Siehe, das ist das Lamm Gottes. Die beiden Jünger hörten seine Worte und folgten Jesus. Jesus aber wandte sich um und sah, wie sie ihm folgten, und fragte sie: Was sucht ihr? Sie aber antworteten ihm: Meister, wo ist dein Herberge? Er sagte zu ihnen: Kommt und ihr werdet sehen! Sie kamen und sahens und blieben an diesem Tag bei ihm. Es war aber um die zehnte Stunde. Einer von den beiden, die Johannes zugehört hatten und Jesus gefolgt waren, war Andreas, der Bruder des Simon Petrus. Der fand zuerst seinen Bruder Simon und sagte zu ihm: Wie haben den Messias gefunden. Und er führte ihn zu Jesus. Als Jesus ihn sah, sprach er: Du bist Simon, der Sohn des Johannes, du sollst Kephas heißen; das bedeutet „Fels".

Hast Du Jesus gefunden in deinem Leben?
Bist du ihm nachgefolgt? Mehrmals oder immer wieder?
Oder hast du jemand anderen gefunden, dem du dich an-

schließen wolltest, zu dem du dazugehören wolltest. Dazugehören wollen. Wir wollen dazugehören. Zu einem Menschen, der uns liebt, bedingungslos. Zu einer Gruppe mit unseren Interessen, zu einem Freundeskreis. Zu einer Gemeinde, zu einer Nation, zu einer Familie.
Ist es dir schon einmal so gegangen, dass du jemanden nur gesehen und gleich gedacht hast: Zu dem will ich gehören?

Das passiert ja so selten. Dass man jemand sieht und sagt: Ja, zu diesem Menschen will ich eine besondere Beziehung haben. Diesen Menschen will ich nicht verlieren, niemals wieder, nie. Das gibt es selten: Man geht in eine Kirche, der Pfarrer predigt, die Menschen der Gemeinde begrüßen dich und du denkst: Hier fühl ich mich wohl, hier bin ich zu Hause, hier will ich bleiben.

Es geht uns selten so, dass wir genau wissen: Ja, hier bin ich richtig. Dieser Mensch tut mir gut. Da ist einer, der weiß wirklich, was wichtig ist für mich. An den will ich mich binden. So ein klares Wissen, so eindeutig, so sicher. Das ist außergewöhnlich. Für die meisten Entscheidungen hast du Jahre deines Lebens gebraucht, du hast dich durchringen müssen. Manche Entscheidung war verzweifelt, ein Ja vielleicht, aber mit einem ganz großen Fragezeichen dabei. Ist das wirklich richtig? Ist das wirklich gut für mich? Wieviel Rücksicht muss ich nehmen auf andere? Wer ist noch alles mitbetroffen? Welche Konsequenzen hat meine Handlung, für mich, für meine Nächsten?

Gerne nehmen wir Reißaus vor einer schweren Entscheidung, in dem wir uns flüchten in solche Überlegungen: An wen, an was muss ich alles denken, bevor ich die Entscheidung fälle.

Und so entscheiden wir uns oft gar nicht, sondern leben einfach vor uns weiter hin. Verpassten tolle Möglichkeiten, großartige Chancen, aber auch Gefahren und Ärgernisse.

Der Text ist eine Berufungsgeschichte. Sie klingt ganz banal, da ist keine besondere Emotion drin. Aber so ist das eben mit dem geschriebenen Wort. Wir hören gerade in den biblischen Geschichten oft keine Emotion heraus. Aber da ist ganz viel. Dieser Text beschreibt eine ganz unglaublich wundervolle Situation. Johannes erkennt Jesus als Gottes Sohn. Die Jünger folgen Jesus nach. Jesus hinterfragt ihr Handeln und ihre Antwort ist fest und klar. Als sie einen weiteren Mann zu ihm bringen, nimmt Jesus ihn sofort in den Jüngerkreis auf. Als ich die Worte dieses Textes gelesen habe, musste ich weinen. So viele klare Entscheidungen. Und eigentlich sagen alle nichts anderes als: Du gehörst zu mir!

Ich wünschte, ich könnte mich manchmal nur genauso klar entscheiden. Genauso deutlich wissen: Ja, hier gehöre ich her. Die Menschen sehen Jesus und folgen ihm nach. Sie vertrauen Johannes, der ihn das Lamm Gottes nennt. Sie vertrauen Jesus, ohne dass sie viel von ihm wissen.

Sich auf etwas einlassen. Sich auf jemand einlassen. Der sagt: Du gehörst zu mir!
Für mich gibt es nur einen, der das so deutlich sagt, über Jahre hinweg. Gott sagt es zu mir, Gott sagt es zu dir:
Du gehörst zu mir!
Es tut sooo gut, das zu hören!
Es mag das oft sagen und oft überhören wir es vielleicht.

Du gehörst zu mir – Johannes 1,35-42

Heute sagt er es zu dir, deutlich und klar. Als Einladung an dich möchte er seine Worte verstanden wissen.
Komm mit und ich trage dich!
Lies meine Worte und verstehe!
Sei bei mir und fühle dich geborgen!
Komme zu mir und spüre, dass du zu Hause bist!
Öffne deine Augen und dein Herz und siehe, bei mir ist deine Heimat! Fürchte dich nicht, spricht Gott, denn ich bin bei dir!

Wer kann uns solche Worte schon schenken auf der Welt?
Kennst du jemanden, der das zu geben vermag?
So viel Geborgenheit, so viel Vertrauen und Nähe, so viel Liebe, bedingungslos.

Fürchte dich nicht, spricht Gott, denn ich bin bei dir.
Du gehörst zu mir.

AMEN.

Gott finden

„Entschuldigung", sagte ein Fisch aus dem Ozean zu einem anderen. „Du bist älter und erfahrener als ich und kannst mir wahrscheinlich helfen. Sag mir, wo kann ich die Sache finden, die man Ozean nennt? Ich habe vergeblich überall danach gesucht."
„Der Ozean", sagte der ältere Fisch, „ist das, worin du jetzt gerade schwimmst."
„Das? Aber das ist ja nur Wasser. Ich suche den Ozean", sagte der jüngere Fisch enttäuscht und schwamm davon, um anderswo zu suchen.

Ich habe viele Menschen kennengelernt, die Gott erfahren haben und Menschen, die Gott nicht erfahren und nach ihm suchen und ihn nicht finden. „Ich kann ihn nicht sehen", haben einige gesagt, „also gibt es ihn nicht. Wo soll er denn sein?"
Was soll man da als Theologe sagen? Gottesbeweise gibt es nicht. Oder doch?

Erwarte nicht von Gott, dass er sich dir beweist! Das hat er gar nicht nötig. Und doch tut Gott genau das jederzeit. Du musst nur deine Augen aufmachen! Du musst nur hinhören! Du musst nur mit dem Herzen sehen und hören wollen! Zuviel verlangt?

„Ich kann ihn nicht sehen", berichtet auch der katholische Theologe Anthony de Mello, „Wo soll er denn sein?" Anthony de Mello erzählt weiter: „Was sollte ich da sagen? Die Abendsonne sandte goldene Strahlen in die überdachte Terrasse. Viele Vögel saßen auf nahen Bäumen und sangen vergnügt ihr Lied. In den Blättern der Bäume konnte man den leichten Wind sehen und hören. ... und doch konnten diese Menschen dasitzen und sagen, sie hätten Gott nicht gefunden!"

Soll man das glauben? Mir schien es vielmehr so, dass es Menschen gibt, die Gott gar nicht finden wollen. Weil sie – wenn sie ihn gefunden hätten – zugeben müssten, dass es etwas gibt, was größer ist als sie. Weil das bedeuten würde, dass sie nicht allein mächtig und unabhängig sind, sondern abhängig sind von der Macht eines anderen. Und sie wollen doch selbst für alles verantwortlich sein. Bloß nicht Gott finden!
Sonst muss man nachher noch etwas verändern am eigenen Verhalten, im Umgang mit anderen Menschen, an sich selbst. Und das ist unangenehm. Man müsste zugeben, dass man nicht immer Recht hat, dass man Fehler gemacht hat in der Vergangenheit. Dass andere Menschen auch wichtig sind. Dass man eben nicht alles aus sich selbst heraus schaffen kann. Sondern einen braucht, der mir hilft, der mir nahesteht, der mich trägt in den schweren Stunden des Lebens, durch die Dunkelheiten hindurch. Und der mir auch das Gute schenkt.

Man kann Gott überall suchen. Man kann in ferne Länder gehen, auf Berge steigen, mit dem Flugzeug fliegen. Aber du musst all das nicht tun. Denn Gott ist mit dir, wo immer du bist. Wo immer du hingehst, du bist nicht allein.
Auf der Suche nach Gott denkt der Mensch zu viel, überlegt zu viel, redet zu viel. Worte, Worte, Worte. Lärm, Lärm, Lärm. Sei still und sieh dich um! Nur hinschauen: ein Stern, eine Blume, ein welkendes Blatt, ein Vogel, ein Stein.
Der katholische Theologe Anthony de Mello sagt es so: „Wenn du einen Baum betrachtest und einen Baum siehst, hast du in Wirklichkeit <u>nicht</u> den Baum gesehen. Wenn du einen Baum betrachtest und ein Wunder siehst, dann endlich hast du einen Baum gesehen!" AMEN.

Die Welt ist nicht genug – 2. Korintherbrief 6

Sehen Sie auch die Quiz-Sendung „Wer wird Millionär"? Es ist ja spannend, mitzuraten. Was hätte man gewusst? Wie weit wäre man gekommen? Und selbst der wohlhabendste und zufriedenste Mensch wird sich irgendwann die Frage stellen: Was würde ich mit einer Millionen Euro machen? Oder mit 10 Millionen? Es gibt so viele Wünsche, die man sich erfüllen könnte! Das wäre schon toll! Einmal einkaufen und nicht drauf achten müssen, was es kostet! Nie mehr arbeiten! Party ohne Ende! Feiern bis zum Abwinken!

Aber wann hätte man genug? Wann wäre man endlich so zufrieden, dass man keinen Wunsch mehr hat, dass man wunschlos glücklich ist? – Wahrscheinlich nie. Der Traum, das eigene Leben selbst bestimmen zu können, nie mehr von anderen abhängig zu sein, dieser Traum ist zu groß und zu schön. Die Frage „Wann haben wir genug?" oder „Wann sind wir zufrieden?" spielt eine sehr wichtige Rolle in unserem Leben. Es geht nämlich dabei eigentlich um die Frage, was uns ausreicht, glücklich zu sein. Was ist das Wichtigste? Geld? Oder Macht? Oder Liebe? Sind das die größten Verführungen im Leben?

Jesus steht in der Wüste, allein, scheinbar verloren und dem Teufel ausgeliefert. Er hat 40 Tage gefastet, nichts gegessen. Er ist hungrig. Leise kommt der Teufel auf ihn zu und versucht Jesus mit Macht und Reichtum zu verführen. Im Matthäusevangelium, Kap. 4, im achten Vers heißt es über die Versuchung Jesu: „Dann führte ihn der Teufel auf einen sehr hohen Berg, zeigte ihm alle Reiche der Welt und ihre Herrlichkeit und sagte zu ihm: Das alles will ich dir geben, wenn du niederfällst und mich anbetest." Aber der Teufel hat nichts verstanden. Jesus ist Gott. Niemand ist mächtiger als er. Jesus lebt ewig. Es gibt keinen größeren Reichtum als diesen. Und Jesus antwortete dem Teufel: „Weg mit dir, Satan, denn es steht geschrieben: Du sollst den Herrn, deinen Gott, anbeten und ihm allein dienen."

Diese klare Antwort findet in unseren Tagen kaum noch ein Ohr. Der Text klingt für viele alt und abgestanden und furchtbar fromm, auch wenn er seine Aktualität nicht im mindesten eingebüßt hat. Deswegen bedeutet er für viele nichts mehr. Überhaupt können heute viele angeblich nichts mehr mit Jesus anfangen, aber an übermenschliche Kräfte wollen sie doch glauben. Und deswegen erfinden sich die Menschen moderne Märchen. Was gibt es alles für Figuren in den großen Kriminalgeschichten, in Comics und im Kino: Hercule Poroit, Miss Marple, Sherlock Holmes, Superman, Batman, Rambo, Winnetou und James Bond. Das sind die Geschichten, die heute IN sind, die mitreißen, obwohl ihre Abenteuer natürlich alle quatsch sind und die noch nicht mal 'ewiges Leben' bieten können, sondern nur selbst unverletzbar sind. Jesus bietet viel mehr als das, aber er hat eben kein Superman-Kostüm an und ist kein bekennender Martini-Trinker.

Jesus ist vielen Menschen heute einfach zu viel. Er ist unsterblich und kann allen helfen. Und kann auch noch ewiges Leben schenken. Daran muss man schon glauben können und das ist vielen zu anstrengend. Also übersetzt man Jesus in die moderne Welt und macht in smart und charmant. Dabei reduziert man ihn zu einer billigen Märchen-Figur, aber mehr verkraften viele Menschen heute auch gar nicht mehr. Der James-Bond-Film von 1999 hatte sogar einen wahrhaft christlichen Titel. Er hieß: „Die Welt ist nicht genug". Denn das ist wahr: Die Welt ist nicht genug. Deshalb interessieren wir uns für Jesus. Deshalb sind wir Christen. Weil wir sicher sind, dass es noch mehr gibt, als nur diese sehr beschränkte Welt.

Die Welt ist nicht genug
Nichts konnte Jesus von seinem Vater trennen. Keine Not, nicht der Hunger, nicht der Durst, der in der Wüste wie Feuer in der Kehle brennt. Keine Verführung konnte Jesus von seinem Vater weglocken, von dem wegreißen, an den Jesus sein Herz gehängt hat. Jesus hatte nur an seinem Vater genug.

Die Welt ist nicht genug
Natürlich ist die Welt Gottes Schöpfung und wir leben gerne darin mit ihren vielen Annehmlichkeiten. Aber das ist nicht genug. Andererseits gibt es viele Menschen, denen genau das genug ist. Dazu gehören viele, die heute nicht mehr in die Kirche gehen. Ihnen ist es genug am Sonntag zu Hause auszuschlafen, sich um 11 Uhr ein Brötchen zu schmieren, verschlafen durch den Tag zu wanken, den Fernseher einzuschalten, Computer zu spielen, in den nächsten Ferien einmal in die USA zu reisen und später einmal zu sterben. Diesen Menschen reicht das. Das ist ihnen genug. Ist dir das genug?

Die Versuchungen, die Verführungen heute liegen im Reichtum. „Wer wird Millionär?" oder „Wer heiratet den Millionär?" – das sind Sendungen, in denen Menschen bereit sind, sich zu verkaufen, um ein kurzes Glück zu ergattern. Denn das kann nicht auf lange Sicht wirklich glücklich machen. Viel leichter ist es, sich Gott einfach anzuvertrauen und zu wissen, dass er uns nicht alleine lässt und wir bei ihm das ewige Leben ererben. Wer reich ist, führt ein angenehmes Leben – das stimmt. Leider nur mit Sicherheit auf dieser Welt. Reichtum bringt niemand in das Reich Gottes. Im Gegenteil: Wenn der Reichtum nur für das eigene Wohlergehen angehäuft und der Nächste nicht mitbedacht wird im eigenen Leben, der entfernt sich sogar von Gott. Denn Gott möchte, dass wir den Nächsten lieben. Er hat uns die Welt geschenkt, aber nicht um sie auszubeuten, sondern um auf ihr verantwortungsvoll zu leben in einem fürsorglichen Miteinander. Das bringt uns in das Reich Gottes. Und das ist gut so, denn: **Die Welt ist nicht genug**.

Paulus schreibt im 2. Brief an die Korinther von der Bewährung der Glaubenden: *Siehe, jetzt ist die Zeit der Gnade, siehe, jetzt ist der Tag des Heils! Und wir geben niemand irgendeinen Anstoß, ... sondern in allem erweisen wir uns als Diener Gottes: in großer Geduld, in Leiden, in Nöten, in Ängsten, in Schlägen, in Gefängnissen, in Verfolgungen, in Mühen, in Wachen, in Fasten, ... in ungeheuchelter Liebe, durch das Wort der Wahrheit, durch die Kraft Gottes, mit den Waffen der Gerechtigkeit zur Rechten und zur Linken, in Ehre und Schande: als Verführer und doch wahrhaftig; als Unbekannte und doch bekannt; als Sterbende, und siehe, wir leben; ... als die nichts haben, und die doch alles haben.*

Aus dem Text des Apostels lernen wir eine andere Art von Versuchung kennen. Versuchung kann bestehen in Angst, in Anfechtung, in Furcht um das eigene Leben und um das Leben derer, die einem nahe stehen, die einem lieb sind. Das letzte Jahrhundert war eine Zeit dieser Anfechtung: zwei Weltkriege, diktatorische Herrschaft, der kalte Krieg, Atomtests. Dazu die bis heute andauernde Verfolgung von Christen in aller Welt, vor allem in Afrika und Asien. Paulus und die ersten Christen erlebten das in Hülle und Fülle. Und auch heute noch werden

Christen verfolgt, gefoltert und hingerichtet. Gute Freunde von mir in Indonesien und Ägypten leben in ständiger Angst. Was ist das für ein Leben? Und doch antwortet Paulus auf dieses von ihm erfahrene Leid mit einem, für mich ganz, starken Satz: „Siehe, jetzt ist die Zeit der Gnade, siehe, jetzt ist die Zeit des Heils." Er sagt diesen Satz mitten in das Leid hinein. Auch wenn er sterben muss, ist er nicht verloren.
Er lebt weiter. Das ist es, woran wir Christen glauben. An die Auferstehung Jesu und an unsere eigene Auferstehung. Wie Paulus es sagt: „Wir sind Sterbende, und siehe, wir leben."

Bonhoeffers letzte Worte vor seiner Hinrichtung im Konzentrationslager Flossenbürg muten ähnlich an. Er sagte wenige Minuten vor seinem Tod: „Das ist das Ende – für mich der Anfang des Lebens." Paulus und Bonhoeffer – zwei Menschen, die ihr Leben im Dienst der größten Macht, in der Macht Gottes, verbracht haben und ihren Weg in der Ewigkeit weitergehen. Zwei Menschen, die wussten, auf wen sie sich wirklich verlassen können. Auf Gott allein. Auf die mächtigste Macht, die es überhaupt gibt. Wer an Jesus glaubt, der kann sich so getragen fühlen, dass auch die schwersten Zeiten ihm weniger anhaben, als den Menschen, die ihre ganze Last an Leiderfahrungen selbst tragen müssen. **Die Welt ist nicht genug**.

Aber „Was ist uns genug?", war die Frage zu Anfang unserer Überlegungen. Die Antwort ist ganz sicher: Die Welt allein ist nicht genug. An Jesus zu glauben aber ist genug. Denn wer an ihn glaubt und auf ihn vertraut, für den ist immer die Zeit der Gnade und die Zeit des Heils. Denn er ist aufgehoben in der Liebe Gottes. Er wird sterben, und siehe, er wird das ewige Leben haben. AMEN.

Frieden jetzt. Nie wieder Krieg – Jesaja 2,1-5

Den Lesepredigttext finden wir im Buch Jesaja, Kapitel:
Dies ist's, was Jesaja, der Sohn des Amoz, geschaut hat über Juda und Jerusalem: Es wird zur letzten Zeit der Berg, da des Herrn Haus ist, fest stehen, höher als alle Berge und über alle Hügel erhaben, und alle Heiden werden herzulaufen, und viele Völker werden hingehen und sagen:
Kommt, lasst uns auf den Berg des Herrn gehen, zum Hause des Gottes Jakobs, dass er uns lehre seine Wege und wir wandeln auf seinen Steigen! Denn von Zion wird Weisung ausgehen und des Herrn Wort von Jerusalem. Und er wird richten unter den Heiden und zurechtweisen viele Völker. Da werden sie ihre Schwerter zu pflugscharen und ihre Spieße zu Sicheln machen. Denn es wird kein Volk wider das andere das Schwert erheben, und sie werden hinfort nicht mehr lernen, Krieg zu führen. Kommt nun, ihr vom Hause Jakob, lasst uns wandeln im Licht des Herrn!

Frieden jetzt. Nie wieder Krieg,
propagierte die deutsche Friedensnobelpreisträgerin Berta von Suttner am Ende des 19. Jahrhunderts und die Menschen besuchten begeistert zu Tausenden ihre Vorträge. Dann kam das Jahr 1914 und die Menschen zogen, oft mit genauso großer Begeisterung, in den Krieg. Und sie machten die Hölle auf Erden fünf Jahre lang. Fünf lange Jahre. Dann kam eine Pause, in der der soziale Frieden schief hing bis der nächste Weltkrieg losbrach mit neuen schrecklichen Waffen. Und als hätten die Menschen noch nicht genug gehabt vom letzten Krieg oder ihn gar vergessen, töteten sie sich diesmal gegenseitig sieben Jahre lang.

Frieden jetzt. Nie wieder Krieg – Jesaja 2,1-5

„Zwei Männer hatten ein Loch in die Erde gemacht", schreibt der deutsche Schriftsteller Wolfgang Borchert, der das berühmte Stück „Draußen vor der Tür" verfasst hat. „Vor sich hatten sie ein Gewehr. Das hatte einer erfunden, damit man damit auf Menschen schießen konnte. Meistens kannte man die Menschen gar nicht. Man verstand nicht mal ihre Sprache. Und sie hatten einem nichts getan. Aber man musste mit dem Gewehr auf sie schießen. Das hatte einer befohlen. Und damit man recht viele von ihnen erschießen konnte, hatte einer erfunden, dass das Gewehr mehr als 60 mal in der Minute schoss. Dafür war er belohnt worden."

Vielleicht muss der Mensch ja Krieg führen, denke ich mir manchmal, weil ihm das Leben auf der Erde sonst zu langweilig wird. Der deutsche Schriftsteller Kurt Tucholsky schrieb in den 30iger Jahren einen bitter-bös-zynischen Aufsatz über die Menschen, Zitat: „Die Menschen verbringen ihr Leben am liebsten zu Klumpen geballt. Die Menschen hassen die anderen Klumpen, weil es die anderen sind. Und sie hassen die eigenen Klumpen, weil es die eigenen sind!"

Und, wenn wir dann einmal Frieden haben, dann ist es oft gar kein Frieden oder nur ein halber. Überall in der Welt haben wir hier und dort einen brüchigen, wackeligen Frieden mit viel Angst und mit viel Hass dahinter. Wann wird dort Frieden nicht nur ein Wort sein, sondern ein Gefühl, das in den Herzen ein Zuhause finden kann?
In Wahrheit ist der Konflikt, die Rachsucht, die Wut, die Trauer mit dem Ende des Krieges nicht am Ende. Frieden soll jetzt sein, aber der Krieg schwelt in den Herzen weiter.

Frieden jetzt. Nie wieder Krieg.
Welch ein Traum! Welch eine Vision, die Jesaja hier entwirft! Welch ein grandioses, wundervolles, leuchtendes Zukunftsbild! Alle Menschen, alle Nationen, Religionen und Völker kommen am Ende der Zeit zum Gottesberg. Sie kommen freiwillig und gerne, weil sie teilhaben wollen an Gottes heilvollem Handeln.

Menschen machen sich auf den Weg. Menschen, die man bisher nicht auf der Seite Gottes sah. Menschen, die man verloren geglaubt hat. Menschen, die man nicht mehr zu überzeugen gehofft hatte. Alle sind sie auf dem Weg zu Gott.
Und alle Menschen bearbeiten ihre Waffen: Die Schwerter werden zu Pflugscharen, die Spieße zu Sicheln. Hier ist wohl das Recycling erfunden worden! Und das ist bemerkenswert: Schon damals wurde das Abrüsten zu einem Umrüsten. Das Recycling des Alten Israel ist nicht anders als bei uns heute. Was wäre nun, wenn die Völker wirklich zum Gottesberg Zion aufbrechen würden? Wenn sie zurückkehren würden zu Gott?
Wenn Frieden möglich wäre zwischen Einheimischen und Fremden? Wenn deutlich würde, Gottes Heil gilt allen Menschen? Wenn endlich Frieden wäre und die Menschen nicht mehr lernen würden, wie Kriege zu führen sind? Was wäre dann? Dann wären wir, so sagt es der erste Vers von Psalm 126, erlöst und dann werden wir sein wie die Träumenden.

Frieden jetzt. Nie wieder Krieg.
Aber ist der Frieden auf der Welt nicht nur fromme Utopie, eine Illusion, jenseits jeder politischen Realität? Und diese Realität ist nicht zu übersehen. Sie heißt in unseren Tagen: Afghanistan, Indien, Nordkorea, Irak. Ist alles, was wir vollbringen können, nicht nur die „Abwesenheit" von Krieg?

Frieden jetzt. Nie wieder Krieg – Jesaja 2,1-5

In der abendländischen Geschichte bezeichnet der Begriff „Frieden" nicht einen andauernden Zustand, der ab und zu von Streitereien und Kriegen unterbrochen wird. „Frieden" im Abendland meint vielmehr eine mehr oder weniger kurzfristige Unterbrechung des Krieges. Krieg war damals also der Normalzustand des menschlichen Lebens. Und wie ist es heute? Vielleicht reden wir uns nur ein, wir müssten alle friedlich sein, obwohl das Gegenteil anscheinend normal wäre. „Vivere pugnare est" heißt ein Sprichwort im Lateinischen. Übersetzt heißt dies: Um zu leben, müssen wir kämpfen.

Frieden jetzt. Nie wieder Krieg.
Dabei gibt es den Krieg auch noch im Kleinen, in der Schule, in der Familie, überall wo Menschen sich begegnen, wo Tiere sich gegenüberstehen, wo Pflanzen um das Überleben kämpfen. Ja, auch Pflanzen haben untereinander Krieg. Nur können wir das Schreien des Grashalmes nicht hören, wenn ein großer Baum dem Kleinen und Schwächeren das Wasser und die Sonnenstrahlen wegnimmt.

Und auch in der Ehe kann es grausame Schlachten geben. In New York fragte ein katholischer Priester in einem Gottesdienst, was die anwesenden Gottesdienstbesucher bei dem Begriff „Gott" denken würden. Anschließend wurden die Gottesdienstteilnehmer gebeten nach vorne zu kommen und zu sagen, was sie als erstes gedacht hätten. Eine Frau kam nach vorne an das Mikrophon, schaute nach oben und sagte mit verzweifelter Stimme: „Oh Gott, warum hast Du mir einen solch furchtbaren Ehemann gegeben?"

Und dann gibt es noch so viele Menschen, die mit sich selbst einen Krieg im Herzen führen. Diese Kämpfe sind vielleicht die Schlimmsten. Wenn man sich allein gelassen fühlt, wenn man nicht mehr weiter weiß und sich mit den eigenen Gedanken im Kreis dreht.

Aber Gott selbst lässt seit dem Anfang der Welt seinen Frieden, seine liebende, Heil schaffende Zuwendung in der Welt lebendig werden. Wir haben dies vernommen in den Worten und gesehen in den Taten Jesu.
Und da, wo der Mensch sich seiner tödlichen Vergiftungen, in den Hassgefühlen, in den Vorurteilen, in den Streitgelüsten, in den Umweltverschmutzungen (= Krieg gegen die Natur) und anderswo, bewusst wird und sich zurechtweisen lässt, da schafft Gott wieder ein Stückchen Heil in der Welt.

Frieden jetzt. Nie wieder Krieg.
Wir dürfen uns nicht irre machen lassen durch das Leid, die Tränen und den Tod. Dafür gibt es auch gar keinen Grund. Denn bei Gott ist Segensfülle und Trost zu allen Zeiten. Und wir können auf sein heilendes Handeln schon in dieser Welt vertrauen. Der Predigttext sagt es uns: Undenkbares, Unvorstellbares wird dort denkbar und vorstellbar, wo Menschen sich allein Gott verpflichtet wissen. Und Gottes Handeln zielt auf die Bewahrung des Lebens. Dieses Wissen hat dann aber auch Auswirkungen auf das eigene gegenwärtige Verhalten, das voller freudiger Erwartung versucht das Erwartete schon jetzt zu beginnen.

Unsere menschliche Initiative darf nicht ausbleiben, wenn es auf der Erde anders, wenn es besser werden soll. Wir Menschen sind zwar nur kleine Lichter, aber auch wir tragen Verantwortung, ob es in unseren Tagen auf der Erde leuchtet. Wir sind dazu von Gott berufen, den „Weg des Friedens", so Lukas

Frieden jetzt. Nie wieder Krieg – Jesaja 2,1-5

1,79, voranzugehen, damit die ganze Welt den Weg zur Gotteserkenntnis findet. Der schwarze Menschenrechtler Martin Luther King sagte: „Ich habe einen Traum" vom Frieden unter den Menschen. Und die so jung getötete Anne Frank hinterlässt uns ihr Testament mit den Worten: „Wie herrlich ist es, dass niemand zu warten braucht, um damit zu beginnen, die Welt langsam zu verändern."

Zuerst also müssen wir Christen Frieden mit Gott suchen und finden. Denn wenn wir Frieden mit Gott haben, haben wir Frieden mit uns selbst. Und erst dann können wir Frieden mit den anderen haben und auf den Weltfrieden zuarbeiten.
Und wenn wir auf diesen Frieden zuarbeiten, müssen wir drei Dinge bedenken:
1. Die Weisung von Gott, dass wir Christen Frieden schaffen sollen, ist mehr als nur eine Grundsatzerklärung. Wir dürfen sie nicht nur zur Kenntnis nehmen und dann wieder zur Tagesordnung übergehen wollen. Diese Weisung Gottes hat Folgen für unser eigenes Leben.
2. Die Weisung Gottes zielt auf Leben, auf die Förderung von Leben. Wo diese Weisung ernst genommen wird, verbietet sich jede Methode im menschlichen Miteinander, die auf Zerstörung des anderen ausgerichtet ist. Dies gilt für Waffen und für zerstörerische Worte. Wer dieser Weisung Gottes nicht nachkommt oder gegen sie verstößt, hat Jesus Christus offensichtlich nicht verstanden.
Der Prophet Jesaja und das alttestamentliche Israel träumten von einem solchen Miteinander. Wir träumen heute auch davon. Damals zog der Prophet die Konsequenz aus dem Traum und forderte seine Hörerinnen und Hörer auf, das, was sie von den anderen erträumen, für sich selbst schon jetzt in die Tat

umzusetzen. Sich anstecken zu lassen von dem, was sie sich ersehnen.

Lassen auch wir uns davon anstecken! Lassen wir uns hineinnehmen in die Aufforderung: Kommt, lasst uns wandeln im Licht des Herrn!

Frieden jetzt. Nie wieder Krieg.
Der Gottesberg Zion wird zum Mittelpunkt der Welt. Wir sind zu Gott unterwegs. Er hat Herrschaft über alle Völker. Alle Heiden werden herzulaufen. Nicht als Unterdrückte, sondern gerne und freiwillig.

Dann wird Gott durch seine Barmherzigkeit eine Welt des Friedens in uns und mit anderen Menschen schaffen. Gott wird dem, von den Menschen geschaffenen, Unfrieden ein Ende setzen. Die Menschheit wird wieder in einen Zustand der Unschuld versetzt werden.

Gott wird wieder alles zurechtrücken wie am Anfang der Schöpfung. Ein neues Paradies wird kommen. Dann – dann wird es keinen Krieg mehr geben. Es wird Frieden sein. Nie wieder Krieg.

AMEN.

Liebe von innen

Kennen Sie Anna?
Anna denkt viel nach und philosophiert über Gott und die Welt, die Menschen und Liebe, Lachen, Angst, Freude und Trauer. Das, was Anna mit ihren 6, 7 Jahren zu sagen hat, ist so poetisch und so intelligent, ja weise, dass ihr Freund Fynn ein Buch über sie geschrieben hat. 1978 in Deutschland erschienen, hat dieses Buch bereits drei Jahre später eine Auflage von einer Millionen Exemplare erreicht.
Warum so viele Menschen dieses Buch lesen wollten?
Vielleicht weil das Leben von Anna tief berührt, wenn man weiß, dass sie von ihren Eltern geschlagen wurde, von zu Hause wegrannte, von Fynn aufgelesen wurde, mit acht Jahren von einem Baum stürzte und starb.
Vielleicht weil ihre Antworten einleuchten, tiefgründig und poetisch sind, eine Genialität besitzen.
Aber hören Sie selbst einen Ausschnitt aus diesem Buch mit dem Titel „Hallo, Mister Gott, hier spricht Anna" – hören Sie, wie Anna mit Fynn über Gott spricht:

Sie schwieg einen Moment. Nachdenklich. Später schien es mir, als habe sie in diesem Augenblick ihre Kindheit verloren, aber das war wohl bloß ein sentimentaler Gedanke. Sie sagte: „Fynn. Mister Gott hat uns nicht lieb." Sie zögerte. „Bestimmt nicht, verstehst du? Bloß Leute können liebhaben . ... Ich hab dich lieb, Fynn, und du hast mich lieb."
Ich legte den Arm um sie.
Sie sagte: „Du hast mich lieb, weil du Fynn bist, so wie ich Anna. Und ich lieb Mister Gott, aber er mich nicht."
Das war ein Tiefschlag. Verdammter Mist, dachte ich. Warum musste das passieren. Jetzt hatte sie ihr Vertrauen, ihre Sicherheit verloren. Aber ich täuschte mich. Hier war nichts verloren.

Anna wanderte sicher wie eine Nachtwandlerin auf gefährlichem Weg. Sie sagte: „Er hat mich nicht so lieb wie du, es ist bloß anders, nämlich millionenmal größer."

Sie sagte: „Fynn, du hast mich lieber als irgendwer sonst, und ich hab dich auch lieber als irgendwer sonst. Aber mit Mister Gott ist das anders. Siehst du, Fynn, Leute lieben von außen rein, und sie können von außen küssen, aber Mister Gott liebt dich innen drin und kann dich von innen küssen, darum iss es anders. Mister Gott is nich wie wir. Wir sind bloß ein bisschen wie er. Aber nich sehr vie!."

Anna hatte Blei in Gold verwandelt. Alle weisen Definitionen des Gottesbegriffes waren bei ihr überflüssig. Gnade, Liebe, Gerechtigkeit dienten als schwache Stützen zur Beschreibung des Unbeschreibbaren. Anna brauchte solche Stützen nicht ....

„Fynn, wie heißt das, wenn ich sagen will, ich denk das anders als du?"

Ein paar Minuten probierten wir herum, dann fanden wir das Wort, das sie suchte: Standpunkt.

„Fynn, das ist der Unterschied. Alle Leute haben verschiedene Standpunkte, aber Mister Gott nicht. Mister Gott steht auf allen Punkten."

Anna denkt nach. Anna philosophiert. Sie sagt etwas mit ganz einfachen Worten. Aber darin steckt die poetische Wahrheit, die wir auch aus der Bibel kennen. Gott liebt die Menschen „innen drin" und er kann sie „von innen küssen".

Erfahrung mit Gott, Leben mit Gott – bedeutet, seine Liebe spüren, Befreiung spüren, Befreiung zu neuem Leben. Das ist Auferstehung – schon jetzt. Im Alltag! Den Alltag neu leben, anders leben, bewusst leben.

Gottes Liebe spüren – durch Küsse von innen – bedeutet Geborgensein in seiner Liebe, Getragensein in Freude und Glück, in Schmerz und Trauer, in Hoffnung und Zweifel, in allem, jeden Tag neu.
Vertrau einfach darauf, dass Gott dir nahe sein will, mit dir gehen will! Fühle dich geliebt!

Gott, so hat Anna auch gesagt, hat nicht einen Standpunkt, er steht auf allen Punkten – auch auf deinem. Er versteht dich. Anna spricht von der Liebe Gottes zu den Menschen. Sie sagt, ER ist uns überlegen. Wir Menschen haben einen begrenzten Horizont. Wir haben unseren Standpunkt und Schluss. Gott versteht alle Menschen, er will dich verstehen. Den anderen verstehen wollen – das ist eine Form der Nächstenliebe. Sie bleibt bei uns Menschen ein Versuch, sie ist nie fertig und abgeschlossen. Aber: Den anderen verstehen wollen – das ist der erste Schritt zur Nächstenliebe. Das ist es, was Gott von uns möchte. Es ist nicht immer ganz einfach, diesen ersten Schritt selbst zu machen. Aber vertrau darauf, dass Gott dir dabei hilft, weil Gott dich liebt – von innen drin.

AMEN.

Ein Freund fürs Leben – Johannes 4,19-26

Welches Verhältnis hattest du zu deinem Vater?
Wie hast du die Beziehung zu deinem Partner gestaltet?
Wie gehst du mit einem guten Freund um?

Wie die Beziehung sich gestaltet zu einem guten Freund und zu Gott, darum geht es heute. Wie geht Christus mit uns um und welche Beziehung haben wir zu ihm?

Der Lesepredigttext steht im Johannesevangelium:
Die Samaritanerin sagte zu Jesus: 'Herr, ich sehe, dass du ein Prophet bist. Unsere Väter haben auf diesem Berg angebetet, und ihr sagt, in Jerusalem sei die Stätte, wo man anbeten soll.'
Jesus sagte zu ihr: 'Glaube mir, es kommt die Zeit, in der ihr weder auf diesem Berge noch in Jerusalem den Vater anbeten werdet. Ihr betet an, was ihr nicht kennt; wir aber beten an, was wir kennen; denn das Heil kommt von den Juden.
Aber es kommt die Zeit, ja sie ist schon da, in der die wahren Anbeter den Vater im Geist und in der Wahrheit anbeten werden; denn auch der Vater will Menschen haben, die ihn so anbeten. Gott ist Geist, und die ihn anbeten, die müssen ihn im Geist und in der Wahrheit anbeten.'
Da sagte die Frau zu ihm: 'Ich weiß, dass der Messias kommt, der Christus genannt wird. Wenn der kommt, wird er uns alles verkündigen.' Jesus sagte zu ihr: 'Ich bin's, der mit dir redet.'

Jesus ist auf Menschen zugegangen und hat zu ihnen Beziehungen aufgebaut. Mit der Samaritanerin spricht er schon eine Weile, als wir in das Gespräch mit dem heutigen Text einsteigen. Beleuchten wir die Szene einmal näher und sehen wir, wie er mit ihr umgeht.

Ein Freund fürs Leben – Johannes 4,19-26

Die Samaritanerin sagt zu ihm: Du bist ein Prophet. Und mir ist der Glaube wichtig. Und mich beschäftigt, wo man beten soll. Und dann kommt von Jesus eine lange Belehrung: 1. Es gibt keinen Ort, wo man beten soll. 2. Ihr Samaritaner habt keine Ahnung, wen ihr anbetet. 3. Wir Juden wissen aber, wen wir anbeten. 4. Wir Juden wissen es deshalb, weil das Heil von den Juden kommt und deswegen müssen wir es ja wissen. 5. Es gibt keinen Ort, sondern nur eine Geisteshaltung, in der man beten soll. Nämlich aufrichtig und wahrhaftig.

Das Gebet kann man nicht an einen Ort binden und sagen, es geht nur da. Es geht vielmehr darum, dass du aufrichtig betest, weil es dir wirklich wichtig ist.

Das haut Jesus der Samaritanerin um die Ohren: drei Antworten gibt er ihr und die sind nicht angenehm: Ihr habt keine Ahnung von eurem Gott, ihr betet falsch, weil ihr nur an den Ort, aber nicht an den Inhalt des Gebetes denkt und von den Juden kommt das Heil und nicht von den Samaritanern. Das knallt Jesus ihr um die Ohren und das ist schwer zu verdauen. Vielleicht versteht man's auch auf Anhieb nicht oder will es nicht verstehen wollen. Wie auch immer, die Samaritanerin weicht aus. Sie sagt: wenn der Christus kommt, dann wird er uns die richtige Antwort geben und das werden wir dann machen. Und Jesus sagt zu ihr: Ich bin der Christus.

Wie geht Gott mit uns um?
Du kennst das. Wenn du betest und um etwas bittest. Wenn du dir etwas wünschst. Von ganzem Herzen.
Und Gott antwortet dir nicht.
Oder du kannst seine Antwort nicht hören. Oder du verstehst sie nicht.

Ein Freund fürs Leben – Johannes 4,19-26

Oder sie fällt ganz anders aus als du es dir wünschst. Gottes Antwort kann hart sein.

Wenn einer schwer krank ist und wir um Heilung beten und die Heilung bleibt aus. Als wollte Gott dann sagen: das kann ich dir nicht geben. Oder wenn ein geliebter Mensch von uns geht, den wir gern noch ein bisschen behalten hätten.
So manche Antwort, die Gott uns gibt, passt uns nicht in den Kram.
Dann kann ich mich auflehnen und die Antwort nicht wahrhaben wollen. Und ich kann hadern mit meinem Schicksal. Und ich kann Gott anklagen wie das viele Psalmbeter getan haben. Wie Hiob und Jona und Mose. Ich habe das Recht, zu klagen. Aber die Antwort Gottes steht. Und ich muss lernen, damit umzugehen.

Oft ist die Antwort, die Gott uns gibt, auch eine Frage. Eine Frage an dein Leben, an dich, ob du noch richtig denkst. Ob du dich an Gottes Maßstäbe oder lieber an deine eigenen Maßstäbe hältst.
Jeder von uns hier hat ja sein eigenes Gottesbild. Einen politischen oder feministischen oder ökologischen oder einen ohnmächtigen Gott. Und jeder von uns hat auch eine eigene, selbstausgesuchte Ethik.

Der eine begeht Ehebruch und sagt sich: Das Gebot „Du sollst nicht ehebrechen!" kann ich gerade nicht brauchen. Und „Du sollst nicht lügen!" ist in diesem Zusammenhang auch nicht so gut.
Der andere sagt, ich konnte noch nie etwas mit meinen Eltern anfangen. Warum sollte ich die besonders ehren?

Ein Freund fürs Leben – Johannes 4,19-26

Der nächste will ein gutes Geschäft machen und streicht aus seiner Ethik das Gebot der Sonntagsruhe. Und so sucht sich jeder und jede von uns das raus, was gerade angenehm ist und sich leicht umsetzen lässt. Warum sich das Leben unnötig schwer machen beim Versuch alle Gebote Gottes zu halten!

Wie gehen wir heute mit Gott um?
Nehmen wir ihn noch ernst? Halten wir uns an all das, was er uns sagt? Oder neigen wir nicht alle dazu, uns immer wieder nur das rauszusuchen, was wir sowieso gut finden, was wir mögen und was uns leicht fällt?
Aber das ist falsch. Man muss es eigentlich so sagen: wer's leicht haben will, der ist in der Kirche falsch. Der sollte lieber Buddhist werden, wo es nur um ein paar nette Regeln und viel Toleranz geht. Toleranz ist wichtig, wenn man niemand zu nahe treten will. Gott tritt uns aber sehr nahe. Er will uns packen, im tiefsten Herzen ergreifen und uns klar machen, was wirklich wichtig ist.
Da ist es gut, dass so viele Taufscheinchristen zu Hause bleiben und nicht mehr in die Kirche gehen. Denn die wollen nur nette Antworten haben. Die wollen ihr eigenes Leben, ihr Denken und Handeln nicht hinterfragt und kritisiert sehen. Aber genau das tut Christus. Er rüttelt uns wach, wenn wir in der Gewöhnung einschlafen. Christus tritt an uns heran und stellt unsere Meinung in Frage. Und er kann richtig ungemütlich sein.

Christus gibt uns heute eine solch ungemütliche Antwort, die einen einfach umhaut. Von den Juden kommt das Heil. Von den Juden kommt das Heil? Wenn wir nach Israel sehen in den Nachrichten: Kann ich da noch sagen: Von den Juden kommt das Heil?

Ein Freund fürs Leben – Johannes 4,19-26

In der Heiligen Schrift sind die Juden das auserwählte Volk. Wer diese Aussage aus der Bibel raus schneiden möchte, handelt so, als würde er von den 10 Geboten 9 abziehen. Wir können das nicht. Jesus war Jude und er ist nicht aus dem Judentum ausgetreten. Wer das vergisst oder nicht sehen will, der verabschiedet sich selbst aus dem Christentum. Die Juden sind das auserwählte Volk. Das bleibt.

Aber man darf nicht vergessen, dass Gott selbst in den Berichten der Heiligen Schrift auch wütend auf die Juden war, weil sie sich von ihm abgewendet und anderen Göttern und Götzen zugewandt haben. Der Tempel in Jerusalem ist zerstört worden, die Juden wurden aus ihrem eigenen Land verbannt, mussten ins Exil. Die Geschichte der Juden ist bis heute eine Geschichte der Verfolgung und Ausgrenzung. Auch für sie ist Gott nicht ein angenehmer Gott, der sie nur auf den Kopf tätschelt und alle ihre Handlungen gutheißt.

Was jetzt in Israel geschieht und in Palästina, ist das noch das Heil, das von den Juden ausgeht? Ist das, was viele Israelis machen – Erziehung zum Hass und systematische Bekämpfung von Feinden – ist das so von Gott gewollt?

Diese Frage kann nicht positiv beantwortet werden.

Gewiss, die Juden haben den Gott des Alten Testaments und dieser Gott zeigt sich oft rachsüchtig. Er zürnt, er schickt die Sintflut, er vertreibt aus dem Paradies. Und viele Gesetze unterstreichen die Einstellung: Auge um Auge, Zahn um Zahn. Wie du mir, so ich dir.

Aber es gibt auch die Gebote der Nächsten- und Feindesliebe. Und beide stehen gerade im Alten Testament.

Ein Freund fürs Leben – Johannes 4,19-26

Und wer nur den Hass sät, schaltet die Liebesgebote aus.
Die Juden dürfen das genauso wenig tun, wie wir nicht vergessen dürfen, dass sie Gottes auserwähltes Volk sind. Unser Leben ist immer mehr als nur einseitig. Wir müssen uns gefallen lassen von Gott gefragt zu werden, ob wir noch richtig denken und handeln. Genauso wie die Israelis sich gefallen lassen müssen, dass Gott ihre Handlungsweise kritisch hinterfragt. Unser gemeinsamer Gott ist ein kritischer Gott, ein fragender Gott und ein fordernder Gott. Nicht Friede, Freude, Eierkuchen stehen im Vordergrund.

Wir haben keinen Beliebigkeitsgott, der sich nach unseren Wünschen richtet. Sondern: Gott lieben, den Nächsten lieben, dem Feind entgegengehen, seine Meinung von Christus ändern lassen, umdenken, und vergeben. Das wünscht sich Gott von uns, das wünscht sich Gott für uns. Und wer so handelt, wird Friede und viel Freude erfahren.

Ich habe zu Beginn der Predigt gefragt: Welche Beziehung hast du zu Christus? Ist es die Beziehung wie zu einem guten Freund? Sollte sie so nicht sein? Und lässt du dir nicht von einem guten Freund ab und zu die Wahrheit sagen, auch wenn sie weh tut? Lässt du dir nicht manchmal den Kopf wieder richtig drehen von einem guten Freund?
Und sollte Christus dir nicht ein solch guter Freund sein können?

Kritik an der eigenen Person hinzunehmen, das fällt nicht leicht. Aber von einem wirklich guten Freund lässt man sie sich sagen. Warum? Weil man hofft, dass er es gut meint.

Ein Freund fürs Leben – Johannes 4,19-26

Bei Gott können wir uns 100%ig darauf verlassen, dass er es gut meint mit uns.

Nimm Christus doch an als göttlichen Freund!
Dein Leben wird sicher schwieriger, weil du deine Augen bei deinen Problemen nicht einfach schließen kannst, weil er dir die Augen öffnet. Aber dein Leben wird auch reich, weil du bewusster leben wirst.
Und weil du dir sicher sein kannst: Bei allen harten und schmerzhaften und unangenehmen Antworten, die er dir gibt: Gott meint es gut mir dir!

Er liebt dich wie ein Vater,
er geht dir entgegen in Christus,
er begleitet dich mit seinem Geist.

Willst du nicht einen Freund haben, der es dein Leben lang gut mit dir meint?

AMEN.

Mit Gott fängt Dein Leben neu an – Lukas 5

Fische fängt man nachts und im flachen Wasser.

Liebe Leser, im Lesepredigttext für heute geht es um Enttäuschung und Erfolg, um Frust und Neuanfang. Die Geschichte steht bei Lukas im fünften Kapitel:

Es geschah aber, als die Volksmenge auf Jesus andrängte, um das Wort Gottes zu hören, dass er an dem See Genezareth stand. Und er sah zwei Schiffe am See liegen; die Fischer aber waren aus ihnen ausgestiegen und wuschen ihre Netze. Er aber stieg in eins der Schiffe, das Petrus gehörte, und bat ihn, ein wenig vom Land hinauszufahren; und er setzte sich und lehrte die Volksmengen vom Schiff aus. Als er aber aufhörte zu reden, sprach er zu Simon Petrus: Fahre hinaus auf die Tiefe, und lasst eure Netze zu einem Fang hinab! Und dieser antwortete und sprach zu ihm: Meister, wir haben uns die ganze Nacht hindurch bemüht und nichts gefangen, aber auf dein Wort will ich das Netz hinab lassen. Und als sie dies getan hatten, umschlossen sie eine große Menge Fische, und ihr Netz riss. Und sie winkten ihren Gefährten in dem anderen Schiff, dass sie kämen und ihnen hülfen; und sie kamen, und sie füllten beide Schiffe, so dass sie zu sinken drohten.

Als aber Simon Petrus es sah, fiel er zu den Knien Jesu nieder und sprach: Geh von mir hinaus, denn ich bin ein sündiger Mensch, Herr. Denn Entsetzen hatte ihn erfasst und alle, die bei ihm waren, über den Fischfang, den sie getan hatten; ebenso aber auch Jakobus und Johannes, die Söhne des Zebedäus, die Gefährten von Petrus waren. Und Jesus sprach zu Petrus: Fürchte dich nicht! Von nun an wirst du Menschen fangen. Und als sie die Schiffe ans Land gebracht hatten, verließen sie alles und folgten ihm nach.

Fische fängt man nachts und im flachen Wasser.
Meister, wir haben die ganze Nacht gearbeitet, und nichts gefangen. Eine frustrierende Erfahrung. Die ganze Nacht gearbeitet und doch stehen sie mit leeren Händen da. War es das eigene Unvermögen, der falsche Ort, die falsche Zeit, trotz jahrelanger Erfahrung und vollem Einsatz, oder war es einfach nur Pech? Was werden die Familien sagen, wenn sie mit nichts nach Hause kommen?

Alles Mögliche getan und doch hat es sich nicht gelohnt. So ist das Leben, sagt man dann, und daran hat sich bis heute nichts geändert.

Herr Schulz war über Jahrzehnte in seiner Firma ein gefragter Mann, weil er immer 100prozentigen Einsatz zeigte. Kurz nach seinem 53. Geburtstag teilt man ihm mit, sein Einsatz werde in der Firma nicht länger gebraucht.

Frau Meier ist jetzt über 70. Ach wissen sie, sagt sie, damals hatte ich so viele Pläne. Ich habe sie immer auf später verschoben, aber jetzt hat es doch auch keinen Sinn mehr.

Peter hat dieses Mal für die Arbeit gelernt, und zwar wirklich. Aber vor lauter Nervosität kriegt er nichts aufs Papier. Der Kopf scheint völlig leer. Die Mühe hätte ich mir auch sparen können, denkt er.

Wir haben die ganze Nacht gearbeitet und nichts gefangen. Die Netze bleiben leer. Das Leben ist nicht fair singt der Musiker Herbert Grönemeyer in einem Lied zum Tod seiner Frau.

Fische fängt man nachts und im flachen Wasser.
Das Leben ist nicht fair. Persönliche Erkenntnis angesichts enttäuschter Hoffnung. Wer wollte ihm widersprechen. Auch in der Kirche bleiben wir von solchen Erfahrungen nicht verschont.

Mit großem Einsatz wird für eine Veranstaltung geworben, eingeladen und doch findet kaum ein fremdes Gesicht den Weg dorthin. Die Gruppen werden kleiner, der Gottesdienstbesuch geht zurück, das Geld wird knapper und manche prophezeien schon das baldige Ende der Kirche. In der Kirche scheint uns vieles zwischen den Fingern zu zerrinnen.

Fische fängt man nachts und im flachen Wasser.
Das ist unsere Erfahrung.
Fahrt hinaus, wo es tief ist, sagt Jesus, und werft eure Netze aus. Aus der Sicht eines Fischers eine völlig unsinnige Aufforderung. Fische fängt man nachts und im flachen Wasser. Und doch sagt Petrus: Auf dein Wort, Meister, will ich die Netze auswerfen. Und sie fahren hinaus, werfen die Netze aus und machen einen unglaublichen Fang. In dieser Geschichte geht es um Zutrauen, um Vertrauen, ja um Glauben.

Trotz seiner langjährigen Erfahrung als Fischer, trotz der frustrierenden Erfahrung der vergangenen Nacht fährt Petrus hinaus, versucht es. Das allein ist schon ein großer Schritt. Es ist schwer den Frust zu überwinden, das eigene Scheitern, die Selbstzweifel zurückzulassen, die Frage nach der Schuld und den Schuldigen zurückzulassen, es noch einmal zu versuchen, wieder hinauszufahren.

Was bleibt, wenn es wieder schief geht?

**Fische fängt man nachts und im flachen Wasser.
Das ist unsere Erfahrung.**
Fahre hinaus, wo es tief ist, sagt Jesus. Ist das Vertrauen stark genug für das Wagnis, wieder hinauszufahren, auf Erfolg zu hoffen, damit das Leben weitergehen kann? Petrus und seine Kollegen wagen es, machen den Fang ihres Lebens, erleben plötzlich Fülle und Reichtum.

Und Petrus macht nicht nur eine wunderbare Gotteserfahrung, er gewinnt auch eine Selbsterkenntnis, die sein ganzes bisheriges Denken und Leben umwirft:

Der Mensch Petrus erkennt seine Grenzen, seine eigene Begrenztheit. Sein Wissen, seine Erfahrung, all das was ihm so sicher war, steht ihm deutlich vor Augen, aber plötzlich wird etwas anderes sichtbar. Der Misserfolg, seine Selbstzweifel, sie behalten nicht das letzte Wort. Er erlebt Fülle, die er sich nicht selbst verdankt, die mit seinem Wissen und seiner Erfahrung nicht zu begreifen ist. Er erlebt, dass Leben mehr ist als das eigene Vermögen oder Unvermögen. Ich bin ein sündiger Mensch. Ich habe Grenzen und Fehler. Ich bin angewiesen auf Erfolge, die mir geschenkt werden. Petrus entdeckt sein Leben in Gottes Hand.

**Fische fängt man nachts und im flachen Wasser.
Mit Gott – fängt man sie auch am hellen Tag in der Tiefe.**
Fahre hinaus, wo es tief ist, sagt Jesus zu Petrus. Glaube, Vertrauen wird hier sichtbar als eine Herausforderung. Noch einmal hinausfahren, wenn ich nicht weiß, ob die Kraft noch reicht. Noch einmal hinausfahren, wenn die Angst vor erneutem Scheitern mich gefangen nimmt. Noch einmal hinausfahren, wenn alle Erfahrung sagt, es hat keinen Sinn.

Die Geschichte vom Fischzug des Petrus erzählt von unvorhergesehener Fülle, wo grade noch nichts mehr zu erwarten war. Es ist eine Geschichte, die Mut macht. Sie fahren hinaus und es geschieht das Unerwartete: Ein überwältigender Fang. Eine umwerfende Erfahrung, die zeigt: Es lohnt sich dem Wort Jesu zu vertrauen.

Fische fängt man nachts und im flachen Wasser.
Mit Gott – fängt man sie auch am hellen Tag in der Tiefe.
Dieser Fang ist Gnade, ist Geschenk Gottes.

Fahre hinaus, wo es tief ist, sagt Jesus zu Petrus. Es geht um das Leben an diesem Punkt. Keine Kraft mehr, sagen die leeren Hände, Unsinn sagt die Erfahrung. Und doch wagen sie es.

Die Gnade macht Mut zu Hoffnung. Gnade lässt sich nicht zur Strategie machen, auch nicht in der Kirche, und doch gibt sie dem Leben eine neue Dimension. Wir leben aus einem Grund, den wir nicht selbst gelegt haben, jeden Tag. Wir erleben ein Geschenk, das wir uns nicht selbst verdanken. Wo die Gnade sichtbar, spürbar wird, erleben wir etwas von Gottes Hand, die uns und alles Leben hält. Auf sein Wort hin kann ich wieder hinausfahren, Altes neu versuchen, Neues versuchen, neu leben.

Fische fängt man nachts und im flachen Wasser.
Mit Gott – fängt man sie auch am hellen Tag in der Tiefe.
Fürchte dich nicht, sagt Jesus zu Petrus. Von nun an wirst du Menschen fischen. Und sie brachten die Boote an Land, verließen alles und folgten ihm nach. Für Petrus wird diese Erfahrung zu Lebenswende. Die Gnade, die tiefer greift als Vermögen und Verstehen verändert sein ganzes Leben.

Wenn wir uns auf die Worte Jesu einlassen, wenn wir über unseren Schatten springen, dann werden auch wir solche Glaubenserfahrungen machen. Nicht immer geschieht dabei ein riesiges Wunder. Aber es stellt sich eine große Gewissheit ein. Und das ist das Wesentliche: Die Gewissheit, auf dem richtigen Weg zu sein. Die Gewissheit, dass Gott da ist. Manchmal geschieht dies in einem großen Augenblick, manchmal wächst diese Gewissheit ganz langsam. Bei jedem ist das anders.

Bis heute gilt uns als Kirche, als Menschen, als Gemeinde diese Aufforderung Jesu. Fürchtet euch nicht. Fahrt los und fischt. Diese Welt ist Gottes Welt, die aus seiner Gnade lebt. Es gibt etwas zu finden, zu entdecken. An welchem Ort wir Gott nahe sein und unser Leben immer wieder neu als Geschenk aus seiner Hand nehmen können, das muss jeder und jede im Laufe seines Lebens herausfinden. Und da können wir ganz gelassen sein. Wo Gott uns haben will, da hat er schon Mittel und Wege, uns das klar zu machen.

Fahr hinaus, wo es tief ist, und wirf Dein Netz aus! Und freue Dich! Denn **mit Gott fängt Dein Leben neu an!**

AMEN.

Hercule Poirot träumt von Gott – Johannes 10,1-10

Kennen Sie Agatha Christie, liebe Leserin, lieber Leser? Die berühmte englische Krimi-Autorin? Nach einer Erhebung der Weltorganisation UNESCO steht Agatha Christie mit der Auflage ihrer Bücher – zwei Milliarden Exemplare – an dritter Stelle nach der Bibel und den Werken Shakespeares. Und aus der Bibel hat sie viele Ideen und Motive geschöpft. Johannes müsste dann wohl ihr Lieblingsevangelist sein. Denn sie schreibt wie er. Am Anfang ihrer Bücher gibt sie den Lesern ein Rätsel auf. Und am Ende löst sie es selbst in der Figur ihres Meisterdetektivs Hercule Poirot. Der mit seinem Gehilfen Captain Hastings und seinen kleinen grauen Zellen immer auf der Suche nach der Wahrheit ist.

Man kann sich sogar richtig schön ausmalen, wie Hercule Poirot und sein Freund Hastings sich ein Blatt mit diesem Text von Johannes heute vor Augen halten:
„Was soll das, Poirot? Ich versteh' keinen Ton."
„Es ist ein Rätsel, mein Freund!"
„Na gut, aber was sollen wir damit machen?"
„Wir müssen es natürlich lösen!"
„Aber es ist zu kompliziert. Ich verstehe einfach den Sinn nicht. Da steht drin: Er ist die Tür, aber er ist zugleich auch der Hirte. Und wenn er durch die Tür geht, die er ja selbst ist, dann folgen ihm alle. – Aber das widerspricht sich doch!"
„Langsam, langsam, Hastings. Sie verzetteln sich ja wie immer. Zunächst einmal ist festzustellen, dass die Sprache biblisch ist. Und nach dem Stil zu urteilen, würde ich sagen, der Evangelist Johannes hat ihn geschrieben."
„Woher wollen Sie das wissen, Poirot?"
„Na, hören Sie mal, Hastings, haben Sie noch nie in der Bibel

Hercule Poirot träumt von Gott – Johannes 10,1-10

gelesen. Das ist ungeheuer spannend. Da stehen alle Fragen der Welt drin! Und alle Antworten!"

„Und, was kann man nun daraus schließen, dass Johannes den Text geschrieben hat?"

„Nun, Johannes hat mit Symbolen gearbeitet. Also mit Bildern, die mehr aussagen als es zunächst scheint. Ich sehe drei Bilder: Jesus – der Hirte, Jesus – die Tür, und das Bild, das hier mit den Worten umschrieben ist: 'zur Weide führen'. 'Zur Weide führen' heißt soviel wie satt machen. Das sagt der Text ja auch selbst: 'Sie sollen alles in Fülle haben'. Das Bild des Hirten ist auch klar. Es ist ein alttestamentliches Motiv und kommt sehr oft vor. Der Psalm 23 ist das wohl berühmteste Beispiel. Das Motiv von der Tür dagegen ist mir nicht bekannt. Jedenfalls haben alle drei Bilder letztlich nur eine Aussage: Es geht um die Beziehung zwischen Gott und den Menschen. Natürlich muss man das noch näher untersuchen." Hastings fiel ihm ins Wort: „Die Schafe sind die Gläubigen, das ist klar. Aber, Poirot, wer sind denn die Diebe und die Räuber?"

„Nun, Johannes schreibt symbolhaft, sagten wir. Es hat also eine tiefere Bedeutung. – Lassen Sie mir ein bisschen Zeit zum Nachdenken. Meine kleinen grauen Zellen brauchen jetzt ein wenig Ruhe, um zu erfassen, was gemeint sein könnte."

„Soll ich – in der Zwischenzeit einen Tee aufsetzen, Poirot?"

„Pssst!"

„Na gut", sagte Hastings leise, „dann gehe ich raus und sehe nach der Gartentür. Sie war nur angelehnt. Ich glaube die Klinke ist kaputt. Ich werde sie reparieren."

Als Hastings nach getaner Arbeit zurückkam, fand er Poirot im Sessel schlafend vor.

„Sie haben nicht nachgedacht, Poirot, Sie sind eingeschlafen!", bemerkte Hastings schadenfroh. Poirots kleine Äuglein öffneten sich.

„Das ist richtig, Hastings. Nachgedacht habe ich nicht. Aber ich habe etwas geträumt!", sagte er bedeutungsvoll. „Etwas sehr Merkwürdiges. Und doch – ich glaube des Rätsels Lösung liegt in diesem Traum!"

„Ach je, werden Sie auf Ihre alten Tage noch Traumdeuter?"

„Nein, Hastings", schmunzelte Poirot, „ein alttestamentlicher Joseph bin ich gewiss nicht. – Doch bevor Sie das Haus verließen, nannten Sie den Grund dafür. Sie sagten, die Gartentür sei nur angelehnt und Sie wollten sie reparieren."

„Ja, und?"

„Ach Hastings, manchmal kommen Sie mir vor wie die Jünger von Jesus: die haben auch nie verstanden, um was es ging. – Sie sagten, die Gartentür sei nur angelehnt. Davon habe ich geträumt."

„Von der Gartentür?", fragte Hastings irritiert.

Poirot bedachte ihn mit einem verächtlichen Blick, begann dann aber, seinen Traum zu erzählen.

„In meinem Traum stand ich hier am Fenster. Da kam ein Mann vorbei und sagte, er habe mir etwas mitgebracht. Lange sprach er auf mich ein und erzählte von den Vorteilen des neuen Lexikons. Nach zwei Stunden ging er. Ich musste feststellen, dass er mir viel von meiner kostbaren Zeit geraubt hatte. Dann kam ein anderer. Der sagte, er habe etwas für mich. Er zeigte mir stundenlang schöne Bilder in einem Katalog und versprach, wenn ich einiges davon kaufe, dann würde ich glücklich werden. Ich würde mein Leben bereichern. Auch dieser Mann ging wieder weg. Ich stand immer noch hier am Fenster. Plötzlich – stand er neben mir. Ich erkannte ihn nicht

gleich. 'Wie sind Sie hereingekommen?', fragte ich. 'Die Tür ist verschlossen, ich habe sie nicht aufgemacht.'
'Ich bin die Tür', sagte er.
Ich war erstaunt, Hastings, verwirrt. 'Sie sind die Tür?'
'Ich habe dir nichts mitgebracht', sagte er. 'Denn du hast schon alles. Mein Vater hat dir das Leben geschenkt. Mein Geist begleitet dich, wo immer du bist. Ich führe dich auf die Weide und sorge für dich. Ich bin bei dir, wenn du mich brauchst.'
'Du bist die Tür', sagte ich langsam, noch immer verwundert.
'Ich bin die Tür', sprach er, 'Wenn jemand durch mich hereinkommt, wird er gerettet werden und wird ein- und ausgehen und Weide finden.'
'Wie – öffne – ich – die Tür, Herr?', fragte ich. Und jetzt kommt's, Hastings!
Er lächelte und sagte: 'Du brauchst nicht einmal auf die Klinke zu drücken: Gottes Tür ist nur angelehnt'."
„Ja, lieber Himmel, Poirot, und was heißt das jetzt?", rief Hastings ungeduldig aus.
„Hastings, hören Sie denn überhaupt nicht zu? Es ist doch ganz einfach! Die Lösung heißt: Gottes Tür ist nur angelehnt! – Schauen Sie nicht so ungläubig. Ich erkläre es Ihnen ja. Bevor ich eingeschlafen bin, dachte ich darüber nach, was wir außer acht gelassen hatten, so dass der Text uns nicht verständlich wurde. Was hatten wir übersehen? Meistens übersieht man etwas von Anfang an. Also sah ich mir den Text erneut an. Er beginnt sehr abrupt. Jesus greift einige Menschen sofort an und nennt sie Diebe und Räuber. 'Wer ist gemeint?', fragten Sie. Und die Antwort ist eine Frage: Woran schließt der Anfang des 10. Kapitels an?"
„An das Ende des neunten Kapitels?", fragte Hastings unsicher.

„Genau. Ausgezeichnet, Hastings. An das Ende des neunten Kapitels. Und um was geht es da? Um die Auseinandersetzung zwischen Jesus und den Pharisäern. Das sind die geistlichen Führer des jüdischen Volkes. Und sie hassen Jesus natürlich, weil er sagt, dass er Gottes Sohn ist. Das würde für die Pharisäer bedeuten, dass sie ihren ganzen geistlichen Führungsanspruch über das Volk verlieren und ihre Existenzgrundlage auch. Denn ihre geistliche Führungsposition bringt ganz gut Geld ein. Also können wir daraus schließen: Jesus nennt die Pharisäer Diebe und Räuber, weil sie das Volk verführen und von Gott wegbringen. Und das weiß Jesus deswegen so sicher, weil er ja die Tür ist, das heißt der einzige Weg zu Gott."

„Na gut, aber jetzt erklären Sie mir doch, Poirot, was das mit Ihrem Satz zu tun hat: Gottes Tür ist nur angelehnt!"

„Nun das, Hastings, ist die Auslegung. Was bedeutet es für uns? Denn wir müssen doch bei jedem biblischen Text nach der Bedeutung für uns selbst fragen. Und die Antwort, die ich für mich aus diesem Text ziehe, ist: Jesus ist die Tür. Und, obwohl ich mit dieser wunderbaren Wahrheit nicht jeden Tag etwas anfange, fühle ich mich merkwürdig reich und beschenkt. Es ist doch im Leben wie in meinem Traum. Es kommen viele Menschen. Die wollen uns was verkaufen, die stehlen uns die Zeit, die wollen uns verführen. Die lenken nur vom Wesentlichen ab. Und da ist einer. Der bringt nur sich selbst. Aber darin liegt das ganze Heil. Und zu ihm zu kommen, ist ganz einfach. Denn ich brauche nicht einmal auf die Klinke zu drücken: Gottes Tür ist nur angelehnt."

Hastings sah seinen Freund, den Meisterdetektiv, erstaunt an: „Poirot, das war ja eine Predigt!"

Ja, lieber Leser, das war eine Predigt. Und zwar, weil Poirot nicht nur herausgefunden hat, warum der Text damals so geschrieben wurde und um was es eigentlich geht. Sondern, weil Jesus ihm im Traum begegnet ist und der Meisterdetektiv sich von ihm anrühren ließ. Er hat den Text nicht nur logisch verstanden, sondern ihn auch auf sich wirken lassen. Er hat zu einer tieferen Erkenntnis gefunden, nämlich dass Gott uns nahe ist, und was das für ihn, Hercule Poirot, und für jeden Menschen bedeutet.

Jesus Christus öffnete allen Menschen die Tür in das Haus seines Vaters.
Gottes Tür ist angelehnt – und wir müssen nur durch sie hindurchgehen.

AMEN.

„Ich bin ein Fuchs", sagte der Fuchs.
„Komm und spiel mit mir!", schlug ihm der kleine Prinz vor ...
„Ich kann nicht mit dir spielen", sagte der Fuchs. „Ich bin noch nicht gezähmt!"
„Ah, Verzeihung!", sagte der kleine Prinz. Aber nach einiger Überlegung fügte er hinzu: „Was bedeutet das: 'zähmen' ?" ...
„Das ist eine in Vergessenheit geratene Sache", sagte der Fuchs. „Es bedeutet: sich 'vertraut machen'."
„Vertraut machen?"
„Gewiss", sagte der Fuchs. „Du bist für mich noch nichts als ein kleiner Knabe, der hunderttausend kleinen Knaben völlig gleicht. Ich brauche dich nicht, und du brauchst mich ebensowenig. Ich bin für dich nur ein Fuchs, der hunderttausend Füchsen gleicht. Aber wenn du mich zähmst, werden wir einander brauchen. Du wirst für mich einzig sein in der Welt. Ich werde für dich einzig sein in der Welt ..."

Gott möchte in deinem Leben einzig sein. Wie du für ihn einzig bist. Du bist nicht einer oder eine von Milliarden Menschen, die ihm nichts bedeuten. Du bist sein Kind. Du bist da, weil er dich liebt. Weil er wollte, dass du existierst. Gott möchte mit dir eine lebenslange Beziehung haben. Eine lebenslange Beziehung wird euch beide reich machen.

Beziehungen machen das Leben reich, sie erfüllen es. Aber für Beziehungen, für Freundschaften muss man auch etwas tun. Eine lebendige Freundschaft ist nie abgeschlossen. Genauso wie beständige Liebe oder die Ehe nie fertig ist. Glückliche Partnerschaft muss erarbeitet werden, jeden Tag neu. Wenn man sich zu lange ausruht auf dem Polster der getanen Arbeit, auf dem Polster des Erreichten, dann bricht das Fundament irgendwann zusammen. Die Beziehung zu Gott müssen wir ebenso pflegen. Gott liebt uns und er kennt uns. Aber er möchte, dass wir uns für ihn bewusst entscheiden. Er möchte, dass wir uns ihm 'vertraut machen'.

„Was muss ich da tun?", sagte der kleine Prinz.
„Du musst sehr geduldig sein", antwortete der Fuchs. „Du setzt dich zuerst ein wenig abseits von mir ins Gras. Ich werde dich so verstohlen, so aus dem Augenwinkel anschauen, und du wirst nichts sagen. Die Sprache ist die Quelle der Missverständnisse. Aber jeden Tag wirst du dich ein bisschen näher setzen können …" ….
So machte denn der kleine Prinz den Fuchs mit sich vertraut.

Und so kann unser Leben auch ein einziges sich mit Gott 'vertraut machen' sein. Umso länger und umso mehr wir ihn unser Leben führen und begleiten lassen, umso mehr wir ihm unser Leben anvertrauen, umso vertrauter werden unsere Schritte miteinander sein. Dieses 'mit Gott vertraut sein' in deinem Leben wird dich halten und tragen in dunklen Zeiten und schweren Tagen. In glücklichen Stunden und hellen Momenten aber wirst du dankbarer und fröhlicher sein als andere. Weil ein Leben mit Gott ein bewussteres Leben ist, ein Leben, das mit allen Sinnen dankbar empfängt und größere Freude empfindet.

'Mit Gott' auf dem Weg des Lebens 'zu' Gott zu gehen – das macht das Leben erfüllt. Nicht jeder ist bereit, sein Leben Gott anzuvertrauen, nicht jeder ist bereit, sich mit Gott 'vertraut zu machen', nicht jeder ist bereit, sein Leben von Gott begleiten und führen zu lassen. Bist du bereit dazu?

Leuchtender Glaube – 2. Korintherbrief 4,6-10

Einen Menschen, der wirklich an Gott glaubt, kann man daran erkennen, dass er leuchtet!

Denn Gott, der dem Licht gebot, aus der Finsternis hervorzuleuchten, er hat es auch in unseren Herzen licht werden lassen, damit wir erleuchtet werden mit der Erkenntnis der Herrlichkeit Gottes im Angesicht Jesu Christi. Wir haben aber diesen Schatz in irdenen Gefäßen, damit die überragende Kraft von Gott sei und nicht von uns. Wir werden überall bedrängt, aber nicht erdrückt; wir kommen in Verlegenheit, aber nicht in Verzweiflung; wir werden verfolgt, aber nicht verlassen; wir werden niedergeworfen, aber wir kommen nicht um; wir tragen allezeit das Sterben des Herrn Jesus am Leib umher, damit auch das Leben Jesu an unserem Leib offenbar wird.

Liebe Leser, was mag das für ein Schatz sein, von dem Paulus spricht? Lesen wir noch einmal nach: *Denn Gott ... hat es auch in unseren Herzen licht werden lassen, damit wir erleuchtet werden mit der Erkenntnis der Herrlichkeit Gottes im Angesicht Jesu Christi ...* Aha, wenn durch uns Erleuchtung entsteht, dann haben wir die Herrlichkeit Gottes begriffen. Und das ist dann der Schatz, den wir in uns tragen.

Wie ist das genau zu verstehen?

Es war einmal ein reicher Mann, dem es zwar äußerlich gut ging, sein Leben aber als sinnlos und unerfüllt ansah, der fragte einen alten Mönch, wie er denn Gott in seinem Leben finden und dazu die selbe glaubensgewisse Lebenshaltung gewinnen könnte, wie er, der Mönch, sie hatte, obgleich er doch kaum Eigentum in dieser Welt besaß. Gar zu gern wollte er, wie jener alte Klosterbruder, ganz frei werden für die Erkenntnis Gottes und für ein ihm wohlgefälliges Leben. Da sprach der Mönch zu ihm: „Tue, was immer dir zu tun vor die Hände kommt und hilf denen, die dich brauchen, so wirst du Gott finden."

Da machte sich der Mann auf, durchzog viele Länder, überquerte alle sieben Meere und sah überall Menschen, manche in Freude und Wohlstand, die meisten aber in Unglück und Leid und viele, denen es sogar am Nötigsten fehlte. Da er genug von den Dingen des Lebens hatte, teilte er überall reichlich aus, sprach hier ein tröstendes, ermutigendes Wort und ließ da ein paar Geldstücke zurück, wenn er weiter zog. Als er so einige Jahre in der Fremde gewesen war, prüfte er sich und fragte, ob er in seiner Erkenntnis Gottes irgendwie weiter gekommen wäre, aber er musste verneinen. Da kehrte er traurig zurück in seine Heimat, in seine Stadt. Und er machte sich auf zu dem alten Mönch, erzählte ihm, was er erlebt und dass er Gott in der Fremde nicht gefunden hätte. Da sprach der weise Mönch: „Wer hat dir gesagt, dass du in die Welt hinausziehen sollst? Hier, an dem Ort, an den Gott dich gestellt hat, tue, was immer dir zu tun vor die Hände kommt und hilf denen, die dich brauchen, so wirst du Gott finden."

Da fing der Reiche an in seiner Stadt mit offenen Augen umherzugehen und er tat auch da und dort die Hände auf, gab den Armen, tröstete die Traurigen und linderte das Leid der Bekümmerten. Er tat also ganz genau das, wie er auch in der Fremde, in den vielen fernen Ländern, getan hatte, durch die er gewandert war. Nun aber geschah etwas, was draußen in der Welt nicht geschehen war: Die anderen Menschen in seiner Heimat, die ihn kannten, die Reichen wie er, die Wohlhabenden und auch die, denen eben genug zum Leben geschenkt war, versuchten nach ihren Möglichkeiten es ihm gleich zu tun. Die Reichen gaben dabei mehr, die nicht ganz so Wohlhabenden weniger, alle aber soviel sie konnten.

Und jetzt begriff der reiche Mann, worin er Gott erkennen und wie er ein ihm wohlgefälliges Leben führen konnte: Dort, wo Gott ihn hingestellt hatte, in dem ihm bestimmten Leben sollte er das tun, was er vermochte: Von seiner Habe austeilen, damit er anderen ein Beispiel gäbe. Menschen in Trauer Trost zusprechen, damit andere genau so taten. Denen helfen, die sich allein nicht helfen konnten, damit andere sich sein Verhalten zum Vorbild nahmen.

Da erkannte der reiche Mann, worin wir die Herrlichkeit Gottes sehen können und wie ein Leben aussieht, das Gott gefällt: Wenn durch uns nicht nur dem einen oder anderen Trost oder Hilfe zuteil wird, sondern wenn wir mit unserer Güte, unserer Liebe und auch unseren Gaben den Mitmenschen einen Anstoß geben, ebenso zu tun, so gütig zu sein und so zu lieben wie wir.

Einen Menschen, der wirklich an Gott glaubt, kann man daran erkennen, dass er leuchtet!

Lieber Leser, aus dieser kleinen Geschichte können wir ablesen, was unser Text meint: *Denn Gott, der dem Licht gebot, aus der Finsternis hervorzuleuchten, er hat es auch in unseren Herzen licht werden lassen, damit wir erleuchtet werden mit der Erkenntnis der Herrlichkeit Gottes im Angesicht Jesu Christi.* Wenn uns Gottes Licht aufgegangen ist, dann gehört es nicht unter einen Scheffel, nicht in unsere eigenen vier Wände, auch nicht zuerst in die Fremde, sondern in die Nähe, unter die Menschen, die mit uns leben, neben uns leiden oder auch wie wir anderen dienen und helfen könnten. Dort wird unser Licht am meisten bewirken. Dort kann es auch andere Menschen anzünden, dass auch sie wieder ihr Herz und ihre Hilfe für die Mitmenschen entdecken, die sie brauchen. So entsteht eine Kette aus Licht zu neuem Licht.

Einen Menschen, der wirklich an Gott glaubt, kann man daran erkennen, dass er leuchtet! Und dieses Leuchten weiterschenkt!
Ich bin typisch deutsch und gerne ein Theoretiker. Alles muss zunächst gut durchdacht sein. Will ich helfen, wie kann ich helfen, will der andere diese spezielle Hilfe, die ich geben kann überhaupt, wie viel Zeit und Geld brauche ich, um diese Hilfe zu geben, wann habe ich genug Zeit, um diese Hilfe zu geben, ist der andere wahrhaft würdig, meine Hilfe zu empfangen? Ich denke solange darüber nach, was und wann es richtig ist zu helfen, dass, wenn ich helfen will, meine Hilfe gar nicht mehr gefragt ist, das Problem sich von selbst gelöst hat oder inzwischen eine ganz andere Hilfe nötig wäre. Vielleicht geht es Ihnen manchmal auch so.
Ich packe mich hier an der eigenen Nase, der Theologe kann durchaus auch mal als schlechtes Vorbild taugen, ich bräuchte nicht so viel zu denken. Es würde oft schon ausreichen, für den anderen da zu sein. Dasein und zuhören. Das kann schon ein Leuchten sein.

Einen Menschen, der wirklich an Gott glaubt, kann man daran erkennen, dass er leuchtet! Und dieses Leuchten weiterschenkt!
Wenn der reiche Mann nun damit begänne, den anderen Reichen in seiner Stadt vorschreiben zu wollen, wem sie von ih-

Leuchtender Glaube – 2. Korintherbrief 4,6-10

rem Wohlstand abgeben und wie viel sie an Arme verschenken müssten ... Was würde geschehen? Oder wenn er irgendwann meinte: Jetzt habe ich aber genug getan. Für den Rest meines Lebens will ich das Meine auch für mich allein verwenden und mir einen guten Tag machen ... Wie ginge das weiter?

Einen Menschen, der wirklich an Gott glaubt, kann man daran erkennen, dass er leuchtet! Und dieses Leuchten weiterschenkt!
Immer wieder neu will die Liebe gelebt werden. Immer wieder neu muss unser Licht sich an der Flamme der Liebe Gottes entzünden. Immer wieder neu muss durch uns das Licht der Erkenntnis Gottes weitergegeben werden. So wirkt Gott durch uns in seiner Welt. Und er lässt nicht ab, auch heute sein Werk an den Menschen zu tun, wo wir nicht aufhören, uns von seiner Liebe erwärmen und anzünden zu lassen.

Werden wir uns unseres Leuchtens durch Gottes Liebe bewusst! Leuchten wir! Schenken wir dieses Leuchten weiter!

Oder wie Mutter Teresa gesagt hat: Nach der Begegnung, dem Gespräch, der Zeit mit Dir, soll es dem anderen gut gehen.
Vielleicht jeden Tag durch eine gute Tat, und sei sie auch noch so klein. Verzagten beistehen, Schwache schützen, Traurige trösten, Hoffnungslose ermutigen, Kranke stärken – wir können so viel tun und brauchen nichts als Zeit und ein wenig Nähe, die wir dem anderen entgegenbringen.

Dass dies durch uns geschieht, das schenke und dazu segne uns Gott. AMEN.

Leben genießen

Hunger haben nach Gott – Lukas 9,10-17

Eine Frage, die uns eigentlich ständig beschäftigt, die uns keine Ruhe lässt. Nach was haben wir alles Hunger? Was sind unsere Wünsche? Was brauchen wir, damit wir unser Leben ein Glückliches nennen können? Was müssen wir dafür haben?

Ich habe einen ungeheuren Hunger nach Zeit und Ruhe. Ich möchte einmal richtig viel Zeit haben. Das Gegenteil vom Beruf eines Pastors oder Verlegers: Den ganzen Tag herumrennen und tun, und sprechen und machen und denken und schreiben. Und dann am Abend auf der Bettkante sitzen und wissen: Ich habe doch nur die Hälfte erreicht. Pastor Tietz hat einmal gesagt: „Man läuft immer mit einem schlechten Gewissen herum. Man könnte immer mehr tun."

Was hatten wir uns für dieses Jahr wieder alles vorgenommen? Wieviel wollten wir erreichen, uns Wünsche erfüllen, was wollten wir alles schaffen? Jetzt eine Rückblende: Sind wir zufrieden mit dem bisher Erreichten? Oder müssen wir jetzt Überstunden einlegen, um das Erstrebte doch noch hinzukriegen?

Wünsche! Nach was haben wir alles Hunger! Überlegen Sie einmal einen Augenblick, was Ihr größter Wunsch ist! Was Sie am Liebsten haben möchten!

Über Wünsche sagte Oscar Wilde einmal: „Es gibt nur zwei Tragödien im menschlichen Leben: Das, was man sich wünscht, nicht zu bekommen, und das, was man sich wünscht, zu bekommen."
Wünsche haben, das ist „Hunger haben nach etwas". Hunger nach was?

Hunger haben nach Gott – Lukas 9,10-17

Der Text für heute steht im Lukas-Evangelium:
Die Apostel kamen zurück und erzählten Jesus, wie große Dinge sie getan hatten. Und er nahm sie zu sich und er zog sich mit ihnen allein in die Stadt zurück, die heißt Betsaida. Als die Menge das merkte, zog sie ihm nach. Und er ließ sie zu sich und sprach zu ihnen vom Reich Gottes und machte gesund, die der Heilung bedurften. Aber der Tag fing an, sich zu neigen. Da traten die 12 zu ihm und sprachen: Lass das Volk gehen, damit sie hingehen in die Dörfer und Höfe ringsum und Herberge und Essen finden; denn wir sind hier in der Wüste. Er aber sprach zu ihnen: Gebt ihr ihnen zu essen! Sie sprachen: Wir haben nicht mehr als 5 Brote und 2 Fische, es sei denn, dass wir hingehen sollen und für alle diese Leuten Essen kaufen. Denn es waren etwa 5000 Mann. Er sprach aber zu seinen Jüngern: Lasst sie sich setzen in Gruppen zu je 50. Und sie taten das und ließen alle sich setzen. Da nahm er die 5 Brote und 2 Fische und sah auf zum Himmel und dankte, brach sie und gab sie den Jüngern, damit sie dem Volk austeilten. Und sie aßen und wurden alle satt; und es wurde aufgesammelt, was sie an Brocken übrigließen, 12 Körbe voll.

Was ist das für ein wunderliches Bild, lieber Leser? Da sitzen Menschen zusammen, 5.000 an der Zahl, die haben den ganzen Tag nichts gegessen. Und nun haben sie Hunger. Das wenige, was da ist, wird verteilt und am Ende der Mahlzeit wird mehr eingesammelt als vorher ausgeteilt worden war.

Hunger haben nach
Ja, nach was hatten die Menschen Hunger? Offensichtlich nicht nach Broten und Fischen. Denn die wurden ja wieder eingesammelt. Des Rätsels Lösung? Die Menschen hatten nach et-

was ganz anderem Hunger als nach Essen. Sie hatten einen Hunger, den Sie auch gut kennen, sonst würden Sie den Text hier nicht lesen.

Wir haben Hunger nach Gottes Wort. Wir haben Hunger nach Gemeinschaft, nach Vergebung unserer Schuld, nach einem neuen Leben. Wir haben Hunger nach Liebe und Hoffnung für unser Leben. Wir haben Hunger. Wir haben Hunger nach Gott in unserem Leben.

Hunger haben nach
Ich war einmal sehr dünn. Dann begann ich zu studieren. Acht Jahre lang. Das hat mich verändert. Geistig, geistlich, aber auch körperlich. Viel Schreibtischarbeit, kaum Bewegung. Außerdem liebe ich es zu essen und bin überdies faul. Sport ist nicht my cup of tea.
Als ich in meine erste Gemeinde in Deutschland kam, galt ich als eingefleischter Junggeselle. Bald hatte sich eine Vielzahl von älteren Frauen eingefunden, die mich im Wechsel täglich versorgten mit zwei Dingen: Schnapps aus dem eigenen Garten und Kuchen. Sie können sich vorstellen, was das für eine Wirkung hatte!

Aber ich weiß, ich kann so viel essen wie ich will und immer noch Hunger haben. Weil ich nicht das Richtige gegessen habe. Weil ich Hunger habe nach etwas ganz anderem. Hunger kann man auf viele Sachen haben.
Ich habe oft Hunger nach Reisen in ferne Länder. Und wenn ich zwei Wochen dort war? Bin ich dann satt? Nein. Der Hunger verändert sich nur. Vorher habe ich Hunger nach einem Land, später habe ich Hunger, wiederzukommen.

Hunger haben nach Gott

Du kannst alles in dich hineinstopfen – und dich doch so leer fühlen und so verloren. Du kannst alles besitzen, was dein Herz begehrt und was die Gesellschaft glücklich nennt – und dich verlassen und hoffnungslos fühlen. Auf einem Fest, zu dem du eingeladen worden bist, da können alle fröhlich sein und du fühlst dich irgendwie nicht wohl, kriegst keinen Anschluss. Alle sind gutgelaunt, aber du nicht. Aber genau so geht es einem manchmal. Ich kann mich vollstopfen mit Köstlichkeiten und mit bestem Wein betrinken, aber ich merke, dass ich nicht satt werde davon. Im Gegenteil – ich betrüge und belüge mich nur selbst damit. Ich versuche etwas zu tun, was gar nicht geht.

Von Christus wissen wir aber, dass er mir mehr gibt als nur Brot. Das sagt unsere Geschichte heute. Was Christus uns gibt, kann nicht mit allem Brot der Welt aufgewogen werden.

So erinnert die Speisung der 5.000 an die Geschichte von Maria und Marta. Marta kocht Essen für Jesus und ihre Schwester Maria. Und Maria sitzt zu Jesu Füßen und hört ihm zu, weil sie weiß, worauf es in diesem Moment wirklich ankommt. Man kann Hunger haben nach Essen. Und man kann Hunger haben nach Worten, Erkenntnissen.

Die Geschichte erinnert auch an Johannes 4, wo eine Frau am Brunnen nach Wasser schöpft und Jesus sich ihr offenbart. „Ich kann dir Wasser geben", sagt er zu ihr. Wasser, das den Durst „für immer" löscht. Und sie versteht. Er kann ihr Wasser des Lebens geben.
Du kannst kanisterweise Wasser trinken, aber immer noch Durst haben. Durst und Hunger haben nach Gott!

Als der Arzt Prof. Breitenbach gestorben war, gingen seine Söhne daran, das Erbe ihres Vaters getreu seinem letzten Willen unter sich zu verteilen.
Da waren alte Möbel, schwere Teppiche, und Bilder. Und dann war da noch ein Schrank mit vielen Erinnerungsstücken. Behutsam öffneten die Brüder die Schubladen und holten alles heraus. Als sie die unterste Schublade herauszogen, stutzten sie. In grauem Seidenpapier eingewickelt, lag da ein ziemlich großes steinhart gewordenes halbes Brot!
Die alte Haushälterin erzählte den erstaunten Söhnen die Geschichte dieses Brotes: In der schweren Notzeit nach dem 1. Weltkrieg war der alte Herr einmal krank gewesen. Zu der Erkrankung war ein allgemeiner Erschöpfungszustand getreten, so dass die behandelnden Ärzte etwas von kräftiger Nahrung murmelten und dann entmutigt die Achseln zuckten. Gerade in jener kritischen Zeit hatte ein Bekannter ein halbes Brot geschickt.
So sehr sich der Professor auch darüber freute, er aß es nicht. Er wusste, dass im Nachbarhaus die Tochter des Lehrers krank war und Hunger litt. Er sagte damals: „Was liegt schon an mir altem Mann? Das junge Leben dort braucht es nötiger", und so brachte die Haushälterin das halbe Brot den Lehrersleuten.
Wie sich später herausstellte, hatte auch die Lehrerstochter das Brot nicht behalten, sondern an eine alte Witwe weitergegeben, die in einer Dachkammer ein Notquatier gefunden hatte. Die alte Frau trug es zu ihrer Tochter, die nicht weit von ihr mit ihren beiden Kindern in einer Kellerwohnung Zuflucht gefunden hatte. Diese Tochter erinnerte sich daran, dass ein paar Häuser weiter der alte Arzt krank war, der eines ihrer Kinder kürzlich bei schwerer Krankheit behandelt hatte, ohne etwas dafür zu verlangen. Sie nahm das halbe Brot unter den Arm

und ging damit zur Wohnung des Doktors.
Wir haben es gleich wiedererkannt, schloss die Haushälterin. Als der Professor das Stück Brot wieder in den Händen hielt und von dessen Weg hörte, sagte er: „Solange noch diese Liebe unter uns ist, habe ich keine Furcht um uns." Das Brot hat er aber nicht gegessen. Zu seiner Haushälterin sagte er stattdessen: „Wir wollen es gut aufheben, und wenn wir einmal kleingläubig werden, dann schauen wir es uns an."

Was ist da passiert?
Da ist nicht nur ein halbes Brot zu den hungernden Menschen gekommen. Da ist Liebe gekommen und Fürsorge. Gott ist gekommen in diesem Brot als Liebe. Niemand musste von diesem Brot essen und doch sind alle satt geworden. Weil es mehr war als Brot zum Essen.
Vielleicht ist das, was in dieser Geschichte erzählt wird, auch bei der Speisung der 5.000 passiert. Dass alle sich gesagt haben: Ich brauche es nicht so sehr wie dieser da. Der hat bestimmt einen furchtbaren Hunger, ist er doch seit drei Tagen unterwegs, um Jesus zu sehen und zu hören. Und andere hatten noch etwas zu essen dabei und gaben es auch weiter.
Und das Wunder der Geschichte bliebe doch, denn das würde bedeuten, dass alle 5.000 verstanden haben, um was es wirklich ging. Um die Liebe zum Nächsten. Und dass jetzt das Zuhören wichtiger ist. Und Jesus mehr geben kann als nur einfach Brot.
Christus hat die Jünger gelehrt, im Gebet zu bitten: „Unser tägliches Brot gib uns heute." Auch wir sprechen diese Bitte im Vater Unser. Sie soll uns in Zukunft daran erinnern, dass wir Christus um das bitten sollen, was uns im Leben so sehr fehlt: Brot des Lebens, das nur er geben kann. Wein, mit dem nur er heilen kann. Hunger, den nur er stillen kann. AMEN.

Genießen

Wohnst du noch oder lebst du schon?
Lebst du noch oder genießt du schon?

Das Wort „Leben" hat zwei Bedeutungsebenen. Leben – als Grundfunktion: existieren, wohnen, hausen, Da-Sein; und Leben – als Qualität. Lebensqualität. Andersherum. Wer verzichtet, verzichten muss, büsst Lebensqualität ein. Wirklich? Ein Freund von mir trinkt keinen Alkohol. Leidet er deswegen? Büsst er dadurch Lebensqualität ein? Oder holt er sich diese Lebensqualität woanders zurück?

Ich habe eine Allergie gegen frische Früchte. Ich kann keine Äpfel, keine Birnen, Kirschen, Ananas, Zitronen essen. Ich habe eine Nussallergie: Ich kann keine Walnüsse, Haselnüsse, Caswehkerne zu mir nehmen. Ich habe eine Allergie gegen zu scharfe Gewürze. Vermisse ich Lebensqualität? – Der Umfang meines Bauches spricht eine andere Sprache! Die entgangenen Genüsse hole ich mir anderswo wieder herein. Alkohol, Schokolade, Lakritz und so wenig körperliche Bewegung wie möglich. Selbst zu meinem Auto fahre ich mit dem Auto!

Lebensqualität drückt aus: Leben ist mehr als existieren. Und: Wer nicht genießen kann, lebt gar nicht. Wer am Genuss vorbei lebt, ist undankbarer, kann sich weniger freuen, weniger bewusst leben.

Lebst du noch oder genießt du schon?

Ein Mann kommt zu einem Arzt, sein Wunsch: Ich möchte 100 Jahre alt werden. Kann ich das, bin ich körperlich gesund genug dazu?

Genießen

Der Arzt fragt: Trinken Sie? – Nein.
Rauchen Sie? – Nein.
Spielen Sie häufig um viel Geld in Casinos?
Aber nein, wo denken Sie hin!
Haben Sie häufig und ausdauernd Sex?
Aber nein, ich habe überhaupt keine Laster!
Der Arzt: Wieso wollen Sie dann 100 Jahre alt werden?

Der Arzt fragt nicht, ob der Patient zu viel von einer Sache genießt, sondern ob er überhaupt etwas davon für sich in Anspruch nimmt. Und der Patient tut nichts, was ihm irgendwie rein körperlich ein bisschen schaden könnte, auch wenn gelegentliches Alkohol-Trinken durchaus ein Genuss sein kann.

Es geht hier um die Menge. Wie viel ist zu wenig, wie viel ist gut, wie viel ist zu viel?

Lebst du noch oder genießt du schon?
Genießt du noch oder übertreibst du schon?

Guter Gott, wir wollen dir danken, dass wir leben! Ja, für unser Leben danken wir dir. Es ist schön, zu leben. Trotz aller Kümmernisse und Sorgen. Trotz aller Schwierigkeiten und manch hoffnungsloser Stunde. Das Leben ist schön.
Und wir wollen dir danken, dass wir genießen dürfen. Manchmal genießen wir auch, indem wir bewusst verzichten. Und dadurch unser Leben neu erfahren können. Oder uns die Augen aufgehen für die kleinen Dinge. Die Sonne zu sehen, ihre Wärme zu fühlen. Einen frischen Tag einatmen zu dürfen. Danke.
AMEN.

Gefangen in der Liebe Gottes – 1. Könige 19,1-8

Liebe Leser, heute haben wir eine eigentümliche Geschichte! Isebel kündigt an, Elia zu töten. Elia flieht in die Wüste, in Furcht um sein Leben. Dort setzt er sich in den Schatten eines Strauches und wünscht sich, zu sterben. Der alttestamentliche Text beginnt mit einem Donnerschlag: die Ankündigung der Tötung Elias. Aber das ist noch nicht der Höhepunkt, denn es kommt noch eine Steigerung. Elia fürchtet sich und flieht. Doch das Fliehen führt zu nichts. In der Wüste setzt er sich erschöpft auf den Boden.und gibt auf: „Es ist genug, so nimm nun, Herr, meine Seele."

Der Diener Gottes ist gefangen.
Elia sitzt in einer doppelten Falle. Jeder Mensch ist von den Menschen um ihn herum abhängig. Dass sie ihm freundlich geneigt sind, zumindest dass sie friedlich sind und ihm nicht zürnen. Wie lange braucht es oft, bis wir erreichen, gemocht, ja geliebt zu werden?
Und wie leicht ist es, einen Menschen zu verletzen und seine Zuneigung zu verlieren. Lieben und Verzeihen sind die höchsten Werte menschlichen Lebens, wie uns Jesus gezeigt hat und wie wir es aus unserer Erfahrung kennen. Wir alle wissen das. Und doch: Hassen oder nur „Nicht-Lieben" ist so einfach. Ein unbedachtes Wort, ein Handeln ohne Herz und Verstand zerstört oft mehr, als uns aufzubauen gelungen ist in jahrelanger Arbeit.
Isebel trachtet Elia nach dem Leben. Aber Elia läuft nicht nur vor den Menschen davon, in die Einsamkeit der Wüste. Elia läuft auch vor Gott weg. Warum? Ist Elia nicht der Prophet Gottes und damit zugleich sein wichtigster Diener in dieser Zeit? Ist er denn nicht Sprachrohr im aktiven Dienst? Hat denn gerade er kein Gottvertrauen?

Gefangen in der Liebe Gottes – 1. Könige 19,1-8

Jedenfalls müssen wir feststellen: Von Gott ist in diesen Versen der Furcht und der Flucht nicht die Rede. Und auch sein Schuldbekenntnis legt Elia ab als Mensch, nicht als Gottesmann: „Ich bin nicht besser als meine Väter", sagt er.

Elia gibt auf. Elia gibt sich selbst auf, und wünscht sich den Tod. Elia ist allein. In der Wüste, abgeschnitten von den Menschen. Und abgeschnitten von Gott, so scheint es.

Der Diener Gottes ist gefangen.
Im Schlaf hat Elia eine Vision, würden wir heute sagen. Zweimal fordert ihn ein Engel auf, zu essen und zu trinken. Beides mal ist geröstetes Brot und Wasser vorhanden. Beides mal folgt Elia der Anweisung des Engels. Zwei Wunder, könnte man auch sagen. Es ist aber nicht wichtig zu wissen, ob Elia nur einen, in seiner Situation, schönen Traum hatte oder nicht. Wichtig ist, dass danach ein Wunder geschieht. Sei es das dritte in Folge oder das erste, es ist so unglaublich, so wundervoll, dass es uns tief berühren kann, wenn es uns in seiner ganzen Bedeutung klar wird. Halten wir uns das Bild noch einmal vor Augen: Ein Mensch liegt in der Wüste, der mit seinem Leben abgeschlossen hat. Erschöpft, nach großer Verzweifelung, gleichgültig, dem Tod ohne Widerstand entgegensehend, ja, den Tod herbeiwünschend, mit einem Wort: hoffnungslos.

Wir alle kennen solche Augenblicke auch. Wir wissen uns manchmal selbst in der Wüste liegend, verzweifelt, ohne Hoffnung, vom Mut verlassen. Die Älteren von uns kennen diese Momente des Lebens noch viel besser, weil sie um so viele Erfahrungen reicher sind. Ja, man kann auch reich sein an schlechten Erfahrungen, an Traurigkeiten, an Hoffnungslosigkeiten, an Zeiten, die weder glücklich noch zufriedenstellend waren.

Gefangen in der Liebe Gottes – 1. Könige 19,1-8

Gerade in diesen Tagen sind wir wieder in einer Zeit, die uns mit Sorgen und Ängsten erfüllt. Im Beruf, in der Politik und in unserem privaten Leben, das von unserem Arbeitsplatz und von wirtschaftlichen und sozialpolitischen Entscheidungen ganz erheblich bestimmt wird. Dass uns da die Worte Hiobs trösten können: „Haben wir Gutes empfangen von Gott und sollten das Böse nicht auch annehmen?" (2,10) oder der Gedanke des Predigers, dass alles seine Zeit habe (3,1-8), ist unwahrscheinlich. Aber sie machen uns nachdenklich. Sie machen uns nachdenklich und erinnern uns daran, dass wir die fetten Jahre vielleicht schon hinter uns haben. Jedenfalls fühlen sich heute manche von uns wieder so, wie sich Elia fühlte, bevor er einschlief. Am Boden zerstört, verzweifelt.

Und dieser Mensch (und nun kommt das so unglaubliche Wunder, von dem ich vorhin schon sprach) dieser Mensch wacht auf, steht auf und geht wieder.

Hier haben wir einen zweiten Hiob. Ein Mensch, gerade noch in höchster Not, in tiefster Verzweifelung, steht auf und geht seinem Gott entgegen, der, wie wir nun wissen, da war. Dieses Dasein spielt eine ganz entscheidende Rolle. Dasein für einen anderen, ob es nun von Gott ausgeht oder von einem Menschen, dasein für einen anderen, ist lieben. Die Liebe, die uns von Gott ohne Gegenleistung entgegengebracht wird, schenkt uns immer, und immer wieder Hoffnung, ja Mut zu leben.

Der Diener Gottes ist gefangen.
Vor vielen Jahren habe ich in England studiert und in einem Wohnheim der anglikanischen Kirche gelebt. In der Nacht arbeitete ich oft im Studierzimmer des Gebäudes. Neben mir saß lange Zeit jeden Abend ein Muslim und bereitete sich auf sein Examen für Europäisches Recht vor.

Gefangen in der Liebe Gottes – 1. Könige 19,1-8

Er erzählte mir einmal, der Islam sage seinen Kindern: Entschuldige niemals Deine Fehler mit der Zeit, die eben nun mal schlecht sei, und damit, dass es anderen auch nicht besser gehe. Wenn Du wirklich willst, wenn Du hart arbeitest, wirst Du erreichen, was Du möchtest. Auch, wenn ich ältere Menschen frage, was sie über ihr Leben denken und wie das Motto dazu lauten könne, höre ich immer wieder die Antwort:
Mache immer das Beste aus allem!
Vielleicht wird mein Leben nicht so, wie ich es mir gewünscht, erträumt habe und doch kann ich aus fast allen Situationen heraus irgendetwas machen, was sinnvoll und gut ist.
Verstehen Sie mich, bitte, nicht falsch. Ich sage nicht, man schafft immer alles. Ich sage auch nicht, alles ist ganz einfach. Aber ich sage: Wer wirklich will und zu Gott betet und auf ihn hofft, der wird es schaffen.
Und Sie dürfen auch nicht denken, ich würde Ihnen vorwerfen, nicht hart genug zu arbeiten. Ich habe nur oft das Gefühl, wir in Deutschland neigen zum Überpessimismus. Und das erinnert mich wieder an Elia.

Der Diener Gottes ist gefangen.
Allerdings ist der Diener Gottes gefangen: in der Liebe Gottes. Diese Gefangenschaft ist in der Tat wundervoll. Gottes Nähe ist Liebe und Gott ist uns nahe zu allen Zeiten, an allen Orten, auch, wenn es uns oft so nicht scheint. Er ist und bleibt uns treu. Jesus Christus spricht in Mt 28,20: „Und siehe, ich bin bei euch alle Tage bis an das Ende der Welt."

Ich glaube, wir spüren Gottes Nähe oft nicht, weil wir sie nicht wahrnehmen, weil wir zu unruhig und gehetzt sind in unserem Leben.

Gefangen in der Liebe Gottes – 1. Könige 19,1-8

Ich bin so konzentriert, richtig zu singen im Gottesdienst – und das fällt mir schwer, denn so musikalisch bin ich nicht – dass ich gar nicht merke, wie Gott zu mir aus diesem Lied spricht. Ich bin so bemüht, die richtigen Worte im Gebet zu finden, dass ich seine große Nähe kaum verspüre. Die Form, das Drumherum, macht oft mehr aus als der Inhalt. Aber das ist falsch.

Das demütig sein vor Gott darf nicht dazu führen, dass ich furchtvoll in der Ecke sitze und mich aus lauter Angst fallen lasse, wie Elia es tat. An Gott zu glauben, bedeutet, ihm zu vertrauen, sich von ihm führen zu lassen.

Darin begegnet uns Gottes Nähe.

Der Diener Gottes ist gefangen.
In der Liebe Gottes.

Nach unseren Begabungen und Talenten sind wir alle Diener Gottes. Und alle, die wir Gott dienen, in der Gemeinde und in der Familie, im Beruf und in der Freizeit, sind in seiner Liebe gefangen. Wie schön, dass wir uns darauf verlassen dürfen! Was für eine süße, köstliche, wohltuende Gefangenschaft!

Der Diener Gottes ist gefangen.
In der Liebe Gottes.

AMEN.

Du bist heute ein neuer Mensch – Markus 1,40-45

Liebe Lesegemeinde!
Ein unheilbar Kranker kommt zu Jesus und bittet um Heilung. Haben wir das richtig verstanden? Ein unheilbar Kranker. Das bedeutet eigentlich: keine Hoffnung mehr auf Heilung haben zu dürfen. Keine Chance mehr zu haben, je wieder zu werden, wie man vorher war: gesund, normal, heil.
Menschen, die von Aussatz befallen waren, gehörten nicht mehr zur Gesellschaft. Sie gehörten eigentlich auch nicht mehr zur Menschheit. Denn schwere Krankheiten grenzen aus, damals wie heute, machen Menschen zu Ausgestoßenen. Aussatz bedeutete zu Jesu Zeiten „absolute Gottesferne", die nur noch mit dem Tod gleichzusetzen war. Wenngleich mit dieser Krankheit nicht Lepra gemeint ist, so war sie doch lebensbedrohlich. Wir können sie heute vielleicht mit Aids vergleichen. Aussatz bedeutete, zweimal sterben zu müssen. Einmal, indem man von den anderen, der gesunden, normalen Gesellschaft ausgegrenzt wurde und somit den Kontakt zu den Mitmenschen verlor. Denn Aussatz machte den Menschen zur „Unperson" vor Gott und der Gesellschaft. Und dann, weil man letzten Endes, nach einem langen schmerzhaften Leiden, gestorben ist.
Aussatz war, so sagt es die Bibel, die Folge von Sünde. Diese Krankheit ist in der Bibel Zeichen der Abwendung von Gott bei besonderen Gestalten der Heilsgeschichte: bei Mose, bei Mirjam, bei Elia, bei Azarja und bei Hiob.
Die Sünde zu überwinden, die Krankheit zu beseitigen und somit den Frieden zwischen Gott und den Menschen wiederherzustellen – das vermag Gott im Alten Testament nur selber und im Neuen Testament Jesus oder seine Jünger, die den Auftrag in der Nachfolge haben.

Todkrank sein, einsam und Gott fern sein: Das ist das Schlimmste, was einem Menschen passieren konnte damals.
Da kommt Jesus zu dem Kranken. In Jesus erscheint dem Aussätzigen der mit-leidende Gott: Jesus lässt sich rühren von dem Glauben, den der Kranke hat. Jesus lässt sich rühren von dem Vertrauen, dass der Aussätzige in ihn setzt.
Und Jesus spricht den Kranken rein, er berührt ihn, er heilt ihn. Die Aussichtslosigkeit ist weggewischt wie die Tränen über die erfahrenen Schmerzen. Die Hoffnung hat gewonnen. Der Glaube hat gesiegt. Die Liebe, in der Person Jesu, hat geheilt.

Sei rein! Du bist heute ein neuer Mensch!
Wir Menschen aber haben Krankheiten. Ich meine die Lähmungen, die von der Seele ausgehen. Ich bin wie ans Bett gefesselt, nichts geht mehr, festgenagelt bin ich, erstarrt. Wer hat das nicht schon erlebt oder muss es gerade wieder durchmachen oder kennt einen Nächsten, dem es so geht? Nämlich, dass nichts mehr geht – ein Krankheitsbild unserer Tage, das häufiger wird und jeden betrifft, mehr oder weniger stark.
Ängste, Depressionen, Versteinerungen.
Ängste – jeder hat sie. Vor dem Leben, vor dem Sterben, vor dem Unbekannten und inzwischen oft auch vor dem Bekannten. Dann glauben wir mit den Pflichten des Lebens nicht mehr fertig zu werden. Manchmal fehlt uns da einfach das Gottvertrauen.
Depressionen – in New York erklärte mir ein Bekannter stolz, er habe Fortschritte gemacht. Sein Psychoanalytiker habe ihm mitgeteilt, er solle jetzt „nur noch" dreimal die Woche kommen. In New York und in den großen Städten Amerikas gelten Depressionen als völlig normal und es ist genauso normal zu

Analytikern und Psychiatern zu gehen und davon in aller Öffentlichkeit zu berichten.

Das mag uns komisch anmuten, aber es hat auch etwas gutes: viele Amerikaner haben ihre Probleme als Teile ihrer gegenwärtigen Identität angenommen und sie wissen, dass sie Hilfe brauchen. Nehmen die Depressionen aber zu, dann werden sie zu Versteinerungen. Das kann, poetisch formuliert, so enden: „Ein Mensch ging unter den Zug. Er hielt es nicht mehr aus hier. Er hielt die anderen nicht mehr aus. Er hielt sich selbst nicht mehr aus. Er konnte sich selbst nicht mehr ertragen, er schaffte sich sein Ich vom Hals, er konnte nicht mehr leben wollen." (Traugott Giesen)

Sei rein! Du bist heute ein neuer Mensch!

Wir helfen uns selbst nur, wenn wir auf unser Herz hören. Wenn wir sehen und fühlen wollen, wie es wirklich um uns steht! Wenn wir unsere Krankheiten wahrnehmen und anerkennen. Erst dann können wir wirksam gegen sie ankämpfen oder lernen, mit ihnen zu leben.

Erst dann kann Gott uns helfen und „uns heilen".

Dabei können die Worte „Gott heilt" zweierlei heißen und das muss hier deutlich gesagt werden. Einmal kann es heißen: Gott heilt ganz. Das bedeutet, er rottet die Krankheit aus und verwandelt den Kranken in einen Gesunden. Oder: „Gott heilt", indem er Trost spendet und Geborgenheit. Manche Krankheiten und Schäden – das wissen wir alle – können nicht mehr geheilt werden. Uns Menschen wachsen die Arme und Beine nicht nach, wenn wir sie bei einem Unfall verlieren. Wie es bei Lurchen und ganz kleinen Tieren der Fall ist. Unser Körper ist einfach zu kompliziert gebaut dafür.

Du bist heute ein neuer Mensch – Markus 1,40-45

Aber Gott kann uns berühren mit seiner Nähe und mit seinem Trost. Dann können wir Geborgenheit in seiner Nähe erfahren. Dann können wir lernen unsere Krankheit anzunehmen und mit ihr zu leben. Das ist sicherlich das Schwerste: unsere Krankheiten anzunehmen. Und es kann sehr, sehr lange dauern, bis wir das schaffen. Aber auch das ist eine Art von Heilung, die Gott an und in uns vollzieht. Denn dann können wir – mit der Krankheit – neu und befreit leben.

Es gibt da eine Geschichte, die ganz belanglos zu sein scheint im Vergleich mit schweren Krankheiten. Aber in ihr steckt ein wahrer Kern: „Ein Mann, der sehr stolz auf seinen Rasen war, stand eines Tages plötzlich vor einer mit Löwenzahn übersäten Wiese. Alle Versuche, den Löwenzahn loszuwerden, scheiterten. Der Löwenzahn kam immer wieder. Schließlich schrieb er an das Landwirtschaftsministerium. Er zählte auf, was er alles versucht hatte, und schloss mit der Frage: Was soll ich jetzt tun? Nach einer Weile kam die Antwort: Wie wäre es, wenn Sie versuchten, ihn schön zu finden und den Löwenzahn zu lieben?" (Anthony de Mello)
Manchmal hilft es uns mehr, unsere Krankheit anzuerkennen und anzunehmen als mit allen möglichen Mitteln gegen sie anzukämpfen.
Wie der Mann, um den ich mich kümmerte, schreibt der katholische Theologe Anthony de Mello, und der blind geworden war und der erst wieder lächeln konnte, als er seine Blindheit angenommen hatte. Seine Sehkraft war natürlich für immer verloren. Aber wie freundlich und gelassen wurde er! Wie schön wurde sein Lächeln! Er bezauberte die Menschen, die ihn sahen und mit ihm sprachen, mehr als zuvor als er noch sehen konnte.

Wenn wir unsere Krankheiten annehmen, dann können wir wieder leben, dann können wir neu leben mit der Hilfe Gottes!

Sei rein! Du bist heute ein neuer Mensch!
Jesus heilt auf ungeheure Weise: mit wenigen Worten und Berührungen. Was ist da in dem Aussätzigen passiert?
Da muss eine Befreiung begonnen haben. In den Sinn und zu Bewusstsein mag dem Kranken der Knoten aus fremder und eigener Schuld gekommen sein, der ihn gefesselt und gelähmt hat. Wir laden im Laufe unseres Lebens alle viel Schuld auf uns. Und, wenn Jesus uns davon befreit, ist auch dies eine Heilung. Dann reinigt er uns von dem Bösen und das ist Vergebung und Heilung zugleich.
Und es kann ja so vieles sein, was den Menschen belastet.
Ein gescheitertes Leben, eine kaputte Familie, Versagensängste, Schuld an Bösem, Mitschuldigkeit.
Aber Gott ist da, er ist mit uns, er ist immer und überall bei uns. Und er heilt uns.
Er rührt uns an. Er berührt uns. Er erfasst und ergreift uns tiefer als jeder Mensch das vermag. Und in dieser Berührung mit ihm sehen wir unsere Ängste und können sie verlieren. Wenn wir uns von ihm helfen lassen, verlieren wir das, was uns bisher gelähmt hat.

Die Theologen zur Zeit Jesu waren da anderer Meinung: Schuld muss Schuld zeugen, Schuld muss Schuld bleiben. Erst später wird Vergebung möglich sein, wenn überhaupt.
Aber Jesus hält dagegen: Jetzt, heute ist ein neues Anfangen dran! Du bist nicht nur bestimmt von Schuld, von Krankheit, sondern du bist auch erleuchtet von Auferstehungskraft, vom Willen zum Wandel, von Hoffnungslicht.

„Ja – Schuld wirft Schatten, aber das neue Leben kommt von vorn und zieht Dich zu neuen Ufern, befreit Dich. Vielleicht musst Du lange weinen, damit endlich jene Erstarrung weggeschwemmt wird. Vielleicht musst Du dein lähmendes Hassen endlich zur Versöhnung werden lassen. Vielleicht musst Du um Vergebung bitten – Du wirst wissen, wen. Vielleicht." (Traugott Giesen)

Sei rein! Du bist heute ein neuer Mensch!
Durch die Worte und die Berührungen Jesu ist der Mensch nicht auf einen Schlag geheilt, aber Jesus setzt einen heilenden Prozess in Gang, in dem sich der Mensch wiederfindet, sich neu findet, sich neu geboren vorfindet. In diesem Prozess lernt er neu lieben, lernt er neu lachen, lernt er neu leben. Das ist die unglaublich befreiende Tat Jesu am kranken Menschen: unsere Heilung.
Dass Jesus uns reinigt, uns mit seiner Kraft aufrichtet, uns das Leben „neu-leben" lehrt – das ist die Vergebung der Schuld, das ist das Heilmachen des Menschen, das ist die Befreiungstat Gottes an uns.
Lassen auch wir uns von Jesus anrühren und heilen!
Hören wir auf das, was Jesus heute zu uns sagen würde:
„Sei rein! Der Tag wartet auf dich! Sei fröhlich und voller Freude! Du bist heute ein neuer Mensch! Das Alte ist vergangen, ein neues Leben ist dir und anderen geschenkt!"

AMEN.

Rettung ins Licht – Apostelgeschichte 12,1-11

Liebe Gemeinde,
die wundersame Errettung des Petrus aus dem Gefängnis: Das ist eine Geschichte des Neuen Testaments, die nicht ganz unbekannt ist und trotzdem eine ganz besondere Spannung hat, weil sie etwas von uns selbst erzählt.

Wer von uns kennt nicht das Gefängnis, ein Ort der im Finstern liegt, wer von uns kennt nicht das Gefängnis von Trauer, Schmerzen, Einsamkeit, Krankheit oder dem Gefühl, nicht verstanden zu werden? Oder das Gefühl in der Schule oder in einer Gruppe bewusst von anderen gemieden oder bekämpft zu werden? Kennt nicht eine jede und ein jeder von uns diese Dunkelheiten des Lebens, diese dunklen Zeiten, diese Räume der Nacht?

Petrus befand sich in Gefangenschaft und genauso befinden wir uns manchmal in Gefangenschaft. Gefangen in Ohnmacht, in Angst, in Alpträumen, in Schmerz. Man kann auch in Reichtum gefangen sein, wie man von Lady Di, von der Prinzessin gefangen im goldenen Käfig, sprach. Und man kann auch in der Liebe gefangen sein, wie das Wort eines Schriftstellers es sagt: „Liebe ist ein Raum ohne Notausgang."

Petrus ist gefangen. Er sitzt in einem dunklen abgeschotteten Verlies. Er ist angekettet. Zwei Wachen liegen neben ihm. Zwei weitere stehen vor der eisernen Tür. Es gibt kein Entkommen. Und, wenn man sich diese Szene vor Augen hält, kann es eigentlich auch keine Hoffnung geben.

**Und siehe, der Engel des Herrn kam herein,
und ein Licht erleuchtete den Raum**

Durch die ganze Bibel hindurch zieht sich die Überzeugung, die Erde sei der Ort der Dunkelheit und Finsternis, aber Gott zeigt sich uns im Licht.

Er bringt das Licht auf die Erde. So heißt es in der Schöpfungsgeschichte: „Und Gott sprach: Es werde Licht, und es ward Licht." Gott kann nie gesehen werden im Alten Testament, es sei denn, er zeigt sich als Licht oder in der Person eines Engels. Ein Engel ist eine strahlende Gestalt. Ein Engel bringt ein Leuchten in die Welt, in unsere Herzen. „Der Herr ist mein Licht, er rettet mich. Vor wem sollte ich mich fürchten?" heißt es in Psalm 27.
Im Neuen Testament folgen die drei Weisen einem großen Licht, einem Stern, zum Friedefürst. Und Gott schenkt sich uns selbst in Jesus Christus, der sich als das „Licht der Welt" bezeichnet.

Und siehe, der Engel des Herrn kam herein, und ein Licht erleuchtete den Raum
Ein geliebter Mensch ist von uns gegangen, und wir können nicht begreifen warum – das ist Dunkelheit. Wir haben eine schwere Krankheit erfahren müssen, die Schmerzen quälen uns, wir kämpfen gegen sie an und erleben doch immer wieder Rückschläge – das ist Dunkelheit.
Wir zweifeln an Gott, weil uns immer wieder etwas nicht gelingen will oder unsere Wünsche nicht erfüllt werden – dann fühlen wir uns einsam und unverstanden und verzweifelt, auch wenn Gott gerade dann nicht von uns lässt – und auch das scheint uns Dunkelheit zu sein.
Manche Dunkelheit wird nicht von Sonne oder Licht von außen abgelöst. Manche Dunkelheit wird nur von innen erhellt.

Rettung ins Licht – Apostelgeschichte 12,1-11

Ein Blinder wird nicht wieder sehen können – aber ein liebevolles Wort macht sein Herz leuchtend. Ein Kranker wird weiterhin Schmerzen ertragen müssen, aber es tut gut, wenn einer da ist, der mit-leidet und ihm so hilft, die Schmerzen zu tragen, auszuhalten. Ein Einsamer wird sich immer wieder einsam fühlen, aber in der Hoffnung auf Gott auch immer wieder begleitet und getröstet sein.

Wir sind geborgen bei Gott. So können wir, frei mit der Schriftstellerin Marie Luise Kaschnitz, sagen:
„Einer fällt – in die Grube,
jemandem in die Hände, einem zur Last,
oft auf die Nase, auch auf die Knie,
vielen in die Rede, manchem auf die Nerven, aus allen Wolken,
– immer aber in Gottes Hand."

**Und siehe, der Engel des Herrn kam herein,
und ein Licht erleuchtete den Raum**
Das Gefängnis, in dem wir leben, das Gefängnis der Krankheit, der Einsamkeit, der Ohnmacht, der Angst, wird uns nicht abgenommen.
Unser Leben hat viele helle Räume. Aber es hat auch diese dunklen Seiten. Und wir können die dunklen Seiten nicht einfach abschütteln und hinter uns lassen und glauben, es seien nur noch rosige Tage vor uns. „Alles hat seine Zeit", weinen und lachen hat seine Zeit, lieben und hassen, sich freuen und traurig sein. Das Dunkel wird nicht von uns genommen.
Aber Gott trägt uns durch die Finsternis hindurch. So wie es in Psalm 23 im vierten Vers heißt: „Und ob ich schon wanderte im finstern Tal, fürchte ich kein Unglück; denn du bist bei mir, dein Stecken und Stab trösten mich."

Und manchmal kommt Gott auch in einer anderen Gestalt zu uns. In der Gestalt eines Engels oder vielleicht in der Gestalt von Zeit. Oder ganz einfach: in der Gestalt von Leben oder von Erkenntnis.
Erkenntnis, Leben, Zeit – sie alle können heilen. Und Heilung kommt von Gott.
Ich war gerade eine lange Zeit krank. Es hätte auch ganz aus sein können. Wenige Minuten, die über Leben oder Tod entscheiden. Alles aus oder alles beim Alten und doch anders und neu. Nach vier Stunden bin ich aus der Bewusstlosigkeit erwacht. Glück? Schicksal? Zufall? Ich fühlte mich – und fühle mich – von Gott zurückgeholt ins Leben. Als ich aufwachte, leuchtete die Abendsonne ins Krankenhauszimmer.

**Und siehe, der Engel des Herrn kam herein,
und ein Licht erleuchtete den Raum**
Die Erde ist dunkel, Gott aber ist das Licht. Und wir Christen sollen auch leuchten. So heißt es in der Bergpredigt: „Ihr seid das Licht der Welt ... Euer Licht soll den Menschen leuchten, damit sie eure guten Taten sehen und euren Vater, der in den Himmeln ist, rühmen." Aber wie sollen wir das Licht sein?

Dazu gehört nicht viel.
Wir sind schon kleine Lichter, wenn wir versuchen, niemanden bewusst zu verletzen und freundlich mit jedermann umgehen. Als kleine Lichter bringen wir dann ein großes Leuchten in die Welt. Lasst uns also Lichter werden!

AMEN.

Fürchte Dich nicht, denn ich bin bei Dir – Jesaja 43,1-7

Lieber Leser!
„Fürchte dich nicht, denn ich bin bei dir!"
Manchmal hat das vielleicht ein Mensch zu uns gesagt: Pass auf, wenn du irgendein Problem hast, mit dem du nicht weiterkommst, wenn du nicht mehr weiter weißt, was auch immer passiert: Ruf' einfach an und ich komme.
Was auch immer passieren mag, ich werde für dich da sein.

Wenn du diesen Satz schon mal gehört hast, dann hast du eine wundervolle Erfahrung mit diesem Menschen gemacht. Denn dann hast du etwas erlebt, was so schön klingt, dass du vielleicht geweint hast und tief ergriffen warst. Dass einer dir sagt: Du – ich bin für dich da, wenn du mich brauchst. Hab keine Angst!

Fürchte dich nicht, denn ich bin bei dir!
Bei der Trauung in der Kirche, wenn zwei Menschen sich für's Leben binden, da gibt es eine Formel, die heisst: „in guten wie in bösen Tagen". Und sie meint, in „guten wie in bösen Tagen" wollen wir füreinander einstehen, zueinander stehen, dem anderen beistehen, wenn er oder sie nicht mehr weiter kann, am Ende der Kraft ist. Für den anderen dasein. Hab keine Angst, du – ich werde für dich da sein.

Wer verheiratet ist oder war, der weiß, was dieses „füreinander dasein" bedeutet. Wie sehr es hilft, das Leben leichter macht, ja vielleicht das Leben überhaupt erst möglich oder zumindest lebenswert macht.

Oder wenn es dir ein guter Freund sagt.

Fürchte Dich nicht, denn ich bin bei Dir – Jesaja 43,1-7

Dieser Ausspruch von einem geliebten Menschen, von einem guten Freund gesagt – das ist etwas ganz besonderes. Das ist vielleicht die schönste Aussage eines Menschen zu einem anderen überhaupt. Das ist neben der Liebe, denke ich, die höchste Form von Mitmenschlichkeit, von Mitdenken und Mitfühlen. Und die Freundschaft ist ja eine Form der Liebe.

Ich bin da für dich. Das ist eine Liebeserklärung. Und das sagt heute Gott zu uns. Fürchte dich nicht, denn ich bin bei dir!

Fürchte dich nicht!
Ja, haben wir denn so viel Grund uns zu fürchten? Gibt es denn so viele Dinge, die uns belasten und so schwer, dass wir uns fürchten müssten!

Ich denke schon.
Es gibt jede Menge große politische und wirtschaftliche Probleme. Eskalationen im Nahen Osten, Konfrontationen im fernen Osten, Umweltverschmutzung, Wirtschaftskrisen, Arbeitslosigkeit, Krankheit. Es gibt viel, wovor wir Angst haben können. Dazu kommt noch das Private.
Oder läuft dein Familienleben so reibungslos und bist du glücklich jeden Tag?

Gründe zum Fürchten hat man eigentlich immer genug. Wer viel Geld hat, hat Angst, dass er das eines Tages verliert oder dass er's gestohlen bekommt.
Wer gesund ist, hat Angst vor dem Alter.
Wem's gut geht, der hat Angst vor den schlechten Tagen, die ja nicht ausbleiben werden.

Fürchte dich nicht, denn ich bin bei dir!
Das ist eine Liebeserklärung Gottes an dich!
Fürchte dich nicht, denn ich bin bei dir!
Wann hat dir jemand zum letzten Mal erklärt, dass er dich liebt! Für manche mag das lange her sein. Heute sagt es dir Gott ohne Umschweife. Gott liebt dich, weil – so heißt es im Text – „weil du in meinen Augen so wertgeachtet und auch herrlich bist und weil ich dich liebhabe."

Und Gott meint wirklich dich persönlich, einen jeden und eine jede von uns.
Er redet nicht so allgemein daher. Er sagt: „Fürchte dich nicht, denn ich habe dich erlöst; ich habe dich bei deinem Namen gerufen; du bist mein!"
Da lässt Gott durch seinen Propheten Jesaja jedem einzelnen Menschen seine Liebeserklärung ausrichten. Indem er ihn bei seinem Namen ruft. Dass heißt, Gott kennt alle Menschen ganz und gar. Er kennt unsere Schokoladenseite, aber er weiß auch um unsere Fehler und Schattenseiten. Er kann hinter jede Fassade blicken. Wir können ihn nicht mit einer aufgesetzten Maske täuschen. Und er sagt zu dir: „Fürchte dich nicht, denn ich habe dich erlöst!"
Das ist eine ganz wundervolle Verheißung, die uns in ferner Zukunft an einem Tag, der kein Tag mehr sein wird, in eine neue Welt, in das Reich Gottes, befreit. Aber das bedeutet auch heute schon, jetzt und überall, dass Gott unsere Schuld aufgehoben hat durch Christus. Denn seit Christus kennt Gottes Liebe keine Grenzen. In seiner Liebe sind wir aufgehoben. Seine Liebe trägt uns durch das Leben und befreit uns zu neuer Lebendigkeit.

Fürchte Dich nicht, denn ich bin bei Dir – Jesaja 43,1-7

Dem Propheten Jesaja geht es um die Zukunft. Über dreißig Jahre sitzt er mit dem Volk Israel im Exil, in der Verbannung. Die Hoffnung ist verdorrt. Die Worte „Fürchte dich nicht!" lassen sich auf diesem Hintergrund nicht leicht dahinsagen. Wo Menschen leiden, wo sie vom Leben enttäuscht sind und von Gott, da kann man mit schönen Worten noch mehr verletzen. Als würde man das Leid der Menschen nicht ernstnehmen. Aber Jesaja will erinnern. Er will erinnern an Gottes Liebe, er will daran erinnern, dass Gott sein Volk nicht vergisst.

Das Leben ist oft schwer. Gründe zum Angst haben und Fürchten gibt es genug, wie ich es vorhin aufgezählt habe. Aber Gott sagt dir heute mit dem Text seine Liebe zu.
Er trägt dich durch das Böse hindurch. Verlass dich auf Christus, und lass dein Leben nicht bestimmen von Angst und Furcht. Du musst dein Selbstvertrauen nicht allein in dir und in der Welt suchen. Verlass dich auf Gott!

Wem die Kraft zur Neige geht, der kann auf die Kraft Gottes setzen, auf den Halt des Mächtigeren.
Fürchte dich nicht, denn ich bin bei dir!
Gott ist uns nahe – das ist mir Trost, das ist Hoffnung, das ist Gewissheit. Eine sehr schöne, froh machende, Gewissheit.

Fürchte dich nicht, denn ich bin bei dir!
Diese Verheißung gilt auch der Kirche und der Gemeinde in ihrer Angst und Verunsicherung angesichts der Zukunft. Im Text heißt es: „Ich will vom Osten her deine Kinder bringen und dich vom Westen her einsammeln." Das könnte heißen: Ihr, die Ihr zu Gottesdiensten zusammen kommt, Ihr, die Ihr an dem Wort Gottes interessiert seid, Ihr, die Ihr Gott sucht, gebt

euch nicht verloren und haltet euch nicht für gering oder gar für den letzten Rest. Ihr habt Zukunft. Gott wird wieder sammeln, was sich zerstreut hat.
Gott hat größere Pläne, als wir erfassen können.
Vielleicht wird die Kirche ein anderes Gesicht kriegen, aber sie wird nicht untergehen in den Flutwellen des Auf und Ab und sie wird nicht verbrennen im Feuer der Kritik.

Fürchte dich nicht, denn ich bin bei dir!
Könnte dieses Wort nicht auch heute für uns eine Aufgabe sein? In der Beziehung zu unseren Mitmenschen? Müssten wir nicht so auf andere Menschen zugehen? Sollten wir nicht allen Menschen mit Gottes Liebesversprechen begegnen? Nicht mit Angst und Drohung arbeiten, sondern sagen: „Fürchte dich nicht!" Einander auf das anreden, was wir in Gottes Augen sind? Gewollt und geliebt. Jeder und jede von uns. Und erlöst und befreit zu neuem Leben, zu neuem Denken und Handeln. Sollten wir nicht weitergeben, was wir bekommen haben: die Liebe Gottes? Sollten wir nicht großzügig davon abgeben, mit freundlichen Augen und den Worten im Herzen und auf den Lippen: **Fürchte dich nicht, denn Gott ist bei uns?!**

Und der Friede Gottes, welcher höher ist als alle Vernunft bewahre unsere Herzen und Sinne in Christus Jesus.

AMEN.

Mission possible – Matthäus 28,16-20

Nach der Taufe sagt der Missionar zu dem Eingeborenen: „Und merk dir, du heißt jetzt nicht mehr Tutu, sondern Johannes. Du darfst jetzt nur noch eine Frau haben, und am Freitag darfst du kein Fleisch mehr essen, nur noch Fisch."
Eine Woche danach kommt der Missionar bei Johannes vorbei, an einem Freitag, und sieht, wie dieser sich über einen Ziegenbraten hermacht: „Aber Johannes, was habe ich dir bei deiner Taufe gesagt?!"
Sagt der Eingeborene „Tutu essen gar kein Fleisch. Tutu haben Ziege genommen, in Wasser getaucht und gesagt: Du nicht mehr heißen Ziege, du heißen Fisch. Wie Johannes!"

Es ist Samstagmorgen, ich schlafe aus. Es schellt, zwei junge Männer stehen vor der Tür. Sie wollen mit mir ein Gespräch über die Bibel führen. Ich bin verärgert und fühle mich gestört. Sie wollten mich „missionieren". „Mission" ist für mich ein Reizwort. Und nicht nur für mich. Mir fallen spontan nur Negativbeispiele ein. Und diese Beispiele mit der christlichen Mission fallen mir alle wieder ein bei dem folgenden Bibeltext:
Die elf Jünger gingen nach Galiläa, an den Berg, wohin Jesus sie bestellt hatte. Und als sie ihn sahen, warfen sie sich vor ihm nieder; einige aber zweifelten. Und Jesus trat zu ihnen und sprach: Mir ist alle Macht gegeben im Himmel und auf Erden. Geht nun hin und macht alle Nationen zu Jüngern, indem ihr diese tauft auf den Namen des Vaters und des Sohnes und des Heiligen Geistes, und sie lehrt alles zu bewahren, was ich euch geboten habe! Und siehe, ich bin bei euch alle Tage bis zum Ende der Welt.
„Geht hin zu allen Völkern ... macht sie zu Jüngern", sagt Jesus. Kann man so einfach zu anderen hingehen und sie zu etwas machen?

Mission possible – Matthäus 28,16-20

Ein Blick in die Missionsgeschichte zeigt, wie gewaltsam das zuging. Manche Völker wurden erst einmal militärisch in die Knie gezwungen, und nach dem Schwert brachte man ihnen das Kreuz. Man hat sie unter Zwang massenweise getauft. Kann man Menschen so zu wahrhaften Jüngern machen?

Lieber Leser,
auch wenn die Missionare in Afrika und anderswo keine äußere Gewalt angewandt haben, muss man ihr Bemühen kritisch hinterfragen. Sie gingen erst einmal davon aus, dass die dort lebenden Ureinwohner auf primitive Weise an irgendwelche Geister oder Dämonen glaubten, und dass man sie davon befreien müsse. Sie meinten, ihr Glaube an Christus sei besser und höher entwickelt. Sie haben sie zu Jüngern ihres eigenen Glaubens gemacht. Wenn ich andere nicht ernst nehme und meine, „mein Gott ist besser als deiner", dann fühle ich mich überlegen. Ich mache den anderen zum Missionsobjekt. Ich versuche, seinen Glauben auszulöschen und meinen Glauben an die Stelle zu setzen. Jetzt glaubt er wie ich. Ich habe eine Kopie von mir selbst gemacht. Aber kann ich mich darüber freuen?
Woher nehme ich mir das Recht, anderen ihren Glauben abzusprechen und meinen Glauben für etwas Besseres zu halten?

Der südafrikanische Erzbischof Desmond Tutu hat das Verhältnis zu den Weißen so ausgedrückt: „Als die Weißen in unser Land kamen, hatten wir das Land und sie die Bibel; heute haben wir die Bibel und sie das Land!" Man könnte fast darüber lachen, wenn die Wahrheit und die Zeiten der Kolonisation, die dahinter stehen, nicht so bitter wären.

Mission possible – Matthäus 28,16-20

Gott nimmt die Hilferufe jedes Menschen ernst. Er hört die Gebete all' seiner Geschöpfe, egal, in welcher religiösen Sprache sie sich zu ihm wenden. „Mission" ist Gottes Sache. Er hat seinen Sohn zu uns gesandt. Mit ihm kann ich einen positiven Zugang zur Mission finden.

Wie „missioniert" Jesus?
Er drängt sich nicht auf. Von Gewalt-Anwendung kann bei Jesus keine Rede sein. Die Menschen, die sich von ihm angezogen fühlen, sprechen immer wieder von der „Vollmacht", die von ihm ausgeht. Sie spüren: In ihm wohnen göttliche Kräfte. „Blinde sehen, Lahme gehen, Kranke werden heil."

Christus überzeugt durch seine tiefe Menschlichkeit. Er geht den Menschen nach, die seine Hilfe brauchen. Er sieht in jedem Menschen einen Sohn, oder eine Tochter Gottes. Wir alle sind Gottes Kinder. Die braucht man nicht zu missionieren. Wir tragen Gott bereits in uns. Mit dieser Geisteshaltung geht er auf die Menschen zu. Er scheut sich nicht, Leprakranke in die Arme zu nehmen. Er hat keine Angst vor seelisch verstörten Menschen. Er schreckt nicht zurück, wenn ihm Menschen ihre Vergehen anvertrauen. Es gibt für jeden Menschen einen Neuanfang, weil Gott die Liebe ist.

Wenn Jesus bekehrt, dann hat er nur eines im Sinn: Er will uns zur Liebe bekehren. Er will uns zum Leben bekehren. Er will, dass wir Gott vertrauen und unsere Angst loslassen. Als Jesus gefragt wird: „Was kann aus Nazareth Gutes kommen?", da lädt er den Fragenden ein: „Komm und sieh." Er gewinnt durch seine Taten und ruft großes Erstaunen hervor. Der hat „Vollmacht", sagen die Leute. Er ist ehrlich und glaubwürdig.

Und er hat die Kraft, Menschen zu heilen, zu trösten, ihnen wieder Mut zu machen. Er sucht sie auf in ihrer Not und sie suchen ihn.

Sie suchen ihn, weil sie sich sehnen, Worte zu hören, die sie aufrichten und ihrem Leben einen neuen Sinn geben. Sie sehnen sich danach, berührt, beachtet, geliebt, geheilt zu werden. Und Jesus stillt ihren Hunger nach Heilsein und ihren Durst nach Gott.

Jesus trägt keine Botschaft von außen an die Menschen heran, um sie zu „missionieren". Er erspürt ihre Not, er sieht ihre Verzweiflung, er lässt sich anrühren durch ihre Leidensgeschichte. Er vertraut darauf, dass Gott mit jedem Menschen eine Geschichte hat, und dass er ihn durch Höhen und Tiefen zu einem guten Ende führen wird.

Jesus hat die schützende Hand Gottes in seinem Leben selbst gespürt. Als Säugling hat er ihn und seine Eltern auf der Flucht nach Ägypten bewahrt, er ist den Kindermördern nicht zum Opfer gefallen. Er hat bei seiner Taufe den Himmel offen gesehen und Gott tief ins Herz geschaut, und da war Liebe: „Du bist mein geliebter Sohn." Das hat sich unauslöschlich eingeprägt. Seitdem fühlt er sich gesandt, Gottes Liebe jedem nahe zu bringen, mit heilenden Worten und heilenden Händen. **Das ist seine Mission**: Weiterzugeben, was er, aus Liebe, umsonst geschenkt bekommen hat.

Der Papst will Europa re-christianisieren und geistig zurückerobern, was er an Menschenherzen verloren hat. Auch wir möchten die Menschen wieder erreichen, die der Kirche ferngerückt sind. Kirchenleitungen und Synoden haben „Mission und Evangelisation" wieder zum Thema gemacht. Wir haben

Angst davor, dass uns noch mehr Menschen ihr Geld und ihren Glauben entziehen. Wie können wir die Herzen der Menschen gewinnen?

Glaube ist kein Produkt, das wir so einfach an den Mann oder die Frau bringen können wie ein Händler seine Ware. Es geht auch nicht darum, Glaubenswissen anzuhäufen: hier die Gebote, da die Bibel, und noch ein Lied. – Glaube ist Herzenssache. Der Antrieb zum Missionieren muss aus Deinem Herzen kommen. Den Anstoß gibt die Liebe. Du drängst Dich nicht auf. Du hast Achtung vor dem Glauben des anderen. Du bist bereit, dazuzulernen. Auch der andere hat Perlen und Glaubensschätze in der Hand. Schaut Euch gemeinsam Eure Schätze an und freut Euch daran!
Es geht hier nicht um wahr und falsch, welcher Glaube ist besser oder schlechter. Gott wohnt in jedem Herzen. Er lässt seine Sonne aufgehen über Guten und Schlechten, sagt die Bibel. Wenn Ihr Euch ehrlich und wohlwollend begegnet und über das redet, was Euch im Innersten bewegt, dann redet Gott mit.

Wer hat mich eigentlich „missioniert"?
Mir kommt die Zeit bei den Pfadfindern in Erinnerung. Wir haben unter freiem Himmel zu Gott gebetet. Oder mein Ethiklehrer: Er hat dafür gesorgt, dass ich weiter an Religion, am Glauben interessiert war. Es sind immer Menschen, die uns liebevoll und absichtslos geholfen haben. Sie nähren unseren Glauben und beflügeln ihn. Das berührt. Das hinterlässt einen tiefen Eindruck in uns.
Und wer war es bei Dir?
Deine Großmutter, oder Mutter, oder ein anderer Mensch, der Dir Vorbild war?

Mission possible – Matthäus 28,16-20

Der Markt der Heilsanbieter ist groß. Wir sind von vielen Konkurrenten umgeben, die auf diesem Markt den Menschen Gesundheit und Heilung an Leib und Seele versprechen. Wir wetteifern mit ihnen und möchten, wie sie, die Besseren sein. Wir haben Angst, zu unterliegen und noch mehr Menschen zu verlieren.
Jesus hatte diese Angst nicht. Er war auch nicht getrieben, eine Kirche zu etablieren. Er war von dem Vertrauen beseelt, dass Gott unter allen Umständen des Lebens bei uns ist.

Wenn wir uns umsehen, dann sind wir nicht die einzigen Gottes-Sucher. Andere benennen es anders. Sie sagen: Ich suche nach Wahrheit. Oder: Ich suche nach Gerechtigkeit. Oder: Ich suche nach Frieden unter den Völkern. Oder: Nach Bewahrung der Schöpfung. Oder: Ich will endlich einen Sinn in meinem Leben sehen. Oder: Ich will nicht ständig auf der Suche sein. Ich will endlich finden, was ich suche!
Unser Text endet mit einem wunderschönen Satz, ein Buch kann nicht schöner schließen: „Siehe, ich bin bei Euch alle Tage bis an der Welt Ende." Da ist keine Gewaltandrohung. Da ist kein Ringen um die Seelen in schwerer Zeit. Da ist die ewige Gegenwart Gottes, oder Jesu: Ich bin bei Euch, jederzeit.

Günter Klein sagt es sehr poetisch so: „Seine tiefe Neigung zu uns hört nimmer auf. ... Wohin wir auch gelangen mögen, ausgesetzt auf den Bergen des Herzens oder verloren im Gewimmel der Ebenen, wie gefährlich der Weg, wie schwindelerregend die Klüfte, welche Enttäuschungen uns bevorstehen: Er wird bei uns sein; die Liebe wird immer schon die Augen aufgeschlagen haben!" Er wird bei uns sein; die Liebe wird immer schon die Augen aufgeschlagen haben! AMEN.

Heute schon gesündigt?

Heute schon gesündigt?
Könnte ein Werbespruch sein.
Heute schon gesündigt und Schokolade mit dem Gehalt von 10 Zuckerwürfeln gegessen? Oder dieses dunkelbraune amerikanische Zeugs getrunken, mit dem pappsüßen Geschmack von 15 Würfeln Zucker? Oder den Milchshake beim Fastfood-Imbiss mit 20 Zuckerwürfel?
Oder noch bedrückender: Heute schon gesündigt? Dein Kind geschlagen, deine Frau betrogen, ausgerastet, den Kollegen angeschrien? Beim Partner den Fehler gesucht, die Katze gequält? Hast du heute schon ein wirklich großes Unrecht begangen, mit Vorsatz, berechnend etwa oder auch nur versehentlich?
Ich tue mich mit der Antwort schwer. Ja, möchte ich zugeben. Und „Nein" rufen. So nicht. Nicht so einfach, wie die Frage klingt, will ich sie beantworten müssen.
Es tut mir weh.
Vielleicht hat es mir nicht nur weh getan, dass ich einen Menschen verletzte. Jetzt tut es mir noch mal weh, wenn ich es zugeben muss. Eigene Fehler eingestehen ist nicht einfach. Vor allem dann nicht, wenn es schwere Fehler waren oder immer noch sind.

Schwere Verfehlungen.
Hast du schon mal jemand getötet?
Ich schon oft. Es geht ganz einfach. Jemand töten. Ist so leicht. Man muss nicht mal auf den Abzug drücken oder auf einen Knopf. Man braucht kein Gift, um die Atmosphäre zu vergiften. Man braucht nur ein hässliches Wort. Einen Satz, der mit Fäusten in den anderen hineinschlägt. Ein Wort, das dich nieder prügelt. Du kannst nicht entkommen. Keine Chance.

Du kannst 10 Jahre Liebe investieren, um Vertrauen aufzubauen, um deine Liebe spürbar zu machen. Aber du brauchst nur einen Satz, mit dem du all das wieder zunichte machen kannst. Drei kleine Worte reichen, z.B. „Ich hasse dich" oder „Ich verlasse dich". Drei kleine Worte aus heiterem Himmel gesprochen bedeuten Vernichtung. Vernichtung einer menschlichen Existenz, dir aufs beste vertraut vielleicht. Vielleicht nur ein Arbeitskollege, der sich gegen die üble Nachrede nicht zu wehren weiß, der eingeht, langsam und qualvoll. Das sind die modernen subtilen Foltermethoden. Wir brauchen keine Streckbank mehr. Wir haben die Macht der Worte erkannt und durchschaut. Heute sieht man keine Wunden mehr, aber man kann sie spüren. Tinnitus, Hörsturz, Magengeschwüre, Dauermigräne, Essstörungen. Unsere Gesellschaft ist krank. Etwa, weil wir sie krank machen? Weil unsere Werte nicht mehr stimmen?

Es muss heute ja nicht nur darum gehen, wem du schon alles weh getan hast!
Für einen Augenblick kannst du einmal deinen Kopf hängen lassen und deine Arme, innerlich und äußerlich. Fällt dir wieder ein, wann dich ein Mensch sehr verletzt hat? Eine Kränkung, die richtig saß. Die du nicht vergessen hast. Worte, die dich geschlagen haben. Mitten ins Herz, ganz tief in dich hinein? Wo du nicht mehr gewusst hast: Wird das noch mal gut ausgehen? Werde ich ihm oder ihr noch einmal in die Augen schauen können? Oder bin ich so wütend, dass ich nicht mehr weiter weiß? Werde ich ihm oder ihr je wieder verzeihen können? Niemand von uns ist davor sicher, solch eine schwere Demütigung zu erleben. Im Gegenteil, ich bin sicher, du weißt, wovon ich rede. Du kennst dieses Gefühl, wenn du verletzt bist, wütend, sauer, den anderen nicht mehr kennen willst. Es

gehört zu unserem Menschsein dazu. Es lässt uns reifen und erwachsen werden. Aber im Augenblick der Verletztheit macht es nur unsagbar traurig. Wir sind traurig, wenn wir jemanden verletzt haben. Wir sind traurig, wenn wir jemanden verletzen. Wie soll unser Leben jetzt weitergehen?

Ich könnte die Frage ja auch mal andersherum stellen, positiv: Heute noch nicht gesündigt?
Ich weiß nicht, wie es dir geht. Aber mir geht es so. Wenn einer mich fragen würde: Heute noch nicht gesündigt? Würde ich wahnsinnig gerne antworten: Nein. Habe ich nicht. Schön, nicht wahr! Und ich merke, wie mir das Wort im Halse stecken bleibt. Ich kann so nicht antworten, weil ich es ehrlich nicht weiß. Und ich weiß es nicht, weil ich zwei Erfahrungen in meinem Leben gemacht habe. 1. Ja, es gibt Augenblicke, in denen ich sogar vorsätzlich verletze. Vielleicht weil ich glaube, ich könnte damit jemanden erziehen: Wer nicht hören will, soll spüren müssen. Vielleicht, weil es ein Aufschrei meiner Ohnmacht ist: Bisher hat niemand mir zugehört, vielleicht nimmt mich ja jetzt jemand wahr. Manchmal bin ich auch einfach nur wütend auf einen anderen, dem will ich es heimzahlen. Der hat es nicht besser verdient. Und 2. gibt es Augenblicke, da merke ich meine eigene Bosheit nicht. Erst denken, dann reden. Das vergesse ich einfach und sage ganz impulsiv, was ich denke. Schon habe ich einen Menschen verletzt und wollte es doch gar nicht. Oder: wie oft denke ich Gutes zu tun und mache es noch schlimmer oder jedenfalls falsch. Es ist ganz einfach, Fehler zu machen.

Sünde, kirchlich gesprochen, gehört einfach zu unserem Leben dazu. „Menschlich" gesprochen musst du dich mindestens damit abfinden, dass du Fehler machst, schwere und leichte, verzeihliche und unerträgliche. Die unerträglichen kommen vielleicht nicht so oft vor, sie kommen aber vor. Oder nicht? Wie Jesus schon sagte: Wer ohne Sünde ist, werfe den ersten Stein!

Wir sind einfach fehlerhaft. Dabei haben wir selbstverständlich höhere Erwartungen an andere. Der Pfarrer muss doch perfekt sein, er muss doch Vorbild sein, er muss doch beispielhaft leben. Denkst du das nicht auch? Na klar, er ist auch nur ein Mensch. Na klar, er trinkt auch mal einen über den Durst, aber eigentlich sollte er es nicht. Es gibt viele Menschen, von denen wir mehr erwarten. Von Geistlichen, Adligen, Vorstandsvorsitzenden, eigentlich auch von Politikern. Obwohl wir immer wieder eines besseren belehrt werden. Der Mensch ist eben nur ein Mensch. Schwach. Nicht fehlerlos.

Wenn man sich das Leben Davids anschaut, kann man auf den ersten Blick sich begeistern lassen von so viel Kreativität im Dichten von Psalmen, im Musizieren, im Regieren. Ein wahrer Philosoph, ein guter König, ein prächtiger Mensch scheint uns da zu begegnen. Und dann gibt es da plötzlich Brüche: Einen Rivalen schickt er an die vorderste Front, damit er getötet werde. Ein Wort reicht aus, diesen ins Unglück zu schicken. Weil David die Frau des anderen für sich haben will. Wie viele Gebote sind hier schon verletzt worden? Du sollst nicht töten, du sollst nicht ehebrechen, du sollst nicht begehren deines nächsten Weib ...
Und dieser Mensch David hat trotzdem eine so gute Beziehung zu Gott gehabt! Das ist das immer wieder herausragend erstaunliche an der Geschichte Davids, finde ich. Ist auch hier die Gerechtigkeit Gottes eine andere als wir sie gerne hätten? Wer-

den die bevorzugt, denen es sowieso schon gut geht? Und die links liegen gelassen oder aufgegeben, die gut und anständig sind? Oft kommt es uns so vor. Das macht mich auch wütend auf Gott. Dem geht's doch so gut und jetzt hat der auch noch im Lotto gewonnen. Jetzt kann der sich auch noch ein neues Auto leisten und einen Super-Urlaub. Das ist doch ungerecht. Ich denke an den Satz: „Natürlich hat Gott Humor. Wie soll man es sich sonst erklären, dass die Leute, die ich nicht ausstehen kann, so viel Glück im Leben haben?!" Aber es ist ein zynischer Satz. Ich kann nur kurz über ihn lächeln. Glücklich macht er mich nicht, denn wirklich erklären kann ich mir das scheinbare Glück der anderen damit nicht.

Sicher gibt es Zustände im Leben, in der Welt, die ich nicht erklären kann. Und dazu gehört auch der Reichtum mir unsympathischer Menschen. Wobei wir allerdings alle wissen, wie viele Menschen Geld haben und dabei furchtbar unglücklich sind. Oder war Lady Di etwa glücklich? War Grace Kelly glücklich? Oder Marlyn Monroe?

Wahres Glück ist nicht mit Geld zu kaufen. „Gott sei Dank" nicht. Dafür muss man schon mehr tun, sich nämlich wirklich um Gott und den Nächsten, deinen Mitmenschen, bemühen. Ernsthaft an der Beziehung arbeiten, zwischen dir und mir, zwischen dir und Gott. Leichter geht es nicht.

David hat seine Fehler eingesehen. Es war ihm schrecklich, dass er sich mit seinen Handlungen so weit von den Gesetzen Gottes, ja von Gott selbst, entfernt hat. Er war entsetzt über sich und hat sich Gott wieder und wieder zugewendet.

Heute schon gesündigt?

Echte Versöhnung – und das heißt sinnvolles und gutes Miteinander-Umgehen – kann es nur geben, wenn man zu seinen eigenen Fehlern steht. Versöhnung zwischen dir und einem anderen. Zwischen Gott und uns. Echte Versöhnung kann nur leisten, wer sich selbst schuldig bekennt. Wer seine Sünden verleugnet, besteht nicht vor Freunden und nicht vor Gott.
Das müsste unsere Lebensregel sein. Trage die Verantwortung für das, was die Atmosphäre in eurem Haus verpestet, bitte unseren Gott und die du liebst um Verzeihung! Nur das kann der Schritt zurück sein, ins Leben, in die lebendige Gegenwart deines Gottes. Der Schritt zurück in ein erfüllendes, sinnerfülltes Leben.

Wie machst Du das, jetzt? Einander vergeben oder um Verzeihung bitten? Überlege Dir jetzt den Fehler, die Sünde, die Belastung, die Verletztheit, die Du einem anderen angetan hast. Wenn Dir überhaupt nichts einfällt, denke darüber nach, wann Du Dich zuletzt von einem anderen Menschen verletzt fühltest. Und überlege Dir, wie Du den ersten Schritt machen könntest, um diese Beziehung wieder herzustellen. Nimm Dir ein wenig Zeit dafür.

Und dann bete zu Gott. Höre auf ihn, auf seinen Lösungsvorschlag, und bitte ihn, Dir zu vergeben und Dir den Mut zu schenken, dem anderen, den Du verletzt hast oder der Dich verletzte, entgegenzugehen. Um Dich auszusöhnen.
Und neu zu beginnen.

AMEN.

Dankbarkeit – Kolosserbrief 3,12-17

Warum sind wir Menschen eigentlich so oft – undankbar?

Bist du dankbar?
Für dein Leben? Für die Sonne? Für den erfrischenden Regen? Für die kleinen Dinge? Für Gottes Nähe? Für Deine Familie? Für dein Auto? Für deinen Computer? Für das tägliche Essen? Für die ganz selbstverständlichen Dinge des Lebens? Für Alltäglichkeiten?

„Ich glaube, die beste Definition lautet: undankbare Zweibeiner", urteilte schon Dostojewski über den Menschen.

Lieber Leser, eine zynische Formulierung, aber ich befürchte, es ist etwas wahres dran. Ich befürchte das mit guten Grund, denn ich kenne mich selbst. Bin ich dankbar?
Jeder Tag hält mehr Aufgaben bereit als man in der Lage ist zu bewältigen. Den ganzen Tag wirtschaftet man herum, in der Nacht sinkt man aufs Bett und ist verblüfft, wie wenig man von den Vorsätzen geschafft hat. Aber keine Panik: Die nicht abgehakten Aufgaben verschiebe ich einfach auf Morgen. Leider ist dann mein Aufgabenberg gleich doppelt so hoch und die Frustration morgen Nacht vor dem Einschlafen steigert sich ins Quadrat. Das Leben – man fühlt sich belastet, gestresst, leer, ausgepumpt. Nur eines fühlt man selten: Dankbarkeit.

Dankbar werden wir erst dann, wenn man uns sagt, was andere alles nicht haben.
Oder im Angesicht des möglichen Verlustes, auch des eigenen Lebens. Dann wird uns die Dankbarkeit für das Erreichte, für das Gegenwärtige meist schnell bewusst. Für kurze Zeit.

Dankbarkeit – Kolosserbrief 3,12-17

Das Wort „Dankbarkeit" finden wir dreimal in dem Lesepredigttext: „und seid dankbar", „und dankt Gott"; und es findet sich in der Formulierung „mit Lobgesängen ... singt Gott" – Lobsingen tut man aus Bewunderung und Dankbarkeit.

Dankbar sein sollen wir – für was eigentlich? Macht das Sinn? Bringt mir das was? Die häufigste Frage in unserem postmodernen Leben: Und was bringt mir das? Konfirmation, Regierungswechsel, Kirchenmitgliedschaft, Gottesdienst. Und was bringt mir das?
Der Sinn von Dankbarkeit: Bewusstwerdung, Erkenntnis, Glücklichsein. Happiness is understanding, sagt einer der klügsten Köpfe Englands, Stephen Hawkings. Erkenntnis macht glücklich. Und dankbar. Ich bin einen Schritt weiter. Ich sehe den Weg und stolpere nicht einfach nur über ihn hinweg.

Der deutsche Nobelpreisträger Thomas Mann hat einmal gesagt: „Die Dankbaren sind die glücklichsten Menschen." Weil sie bewusst wahrnehmen, weil sie sich noch freuen können.
Wenn du danken kannst, dann wird dir bewusst: Mir geht es gut. Und du freust dich darüber. Wenn du nicht mehr danken kannst, zieht das Leben an dir vorüber, du nimmst es nicht mehr bewusst wahr.
Aber irgendwann fährt uns Gott im Alltag wieder in die Parade. Irgendwann trifft jeden der Schlag der einmaligen Begegnung mit dem Schicksal. Und dann wird dir ein Kind geboren, und dann eröffnet sich dir eine Liebe, und dann versöhnt sich einer mit dir, und dann geht dir nach langer Traurigkeit die Sonne auf, und dann rettet dich einer aus den Sorgen.
Und spätestens dann bricht dein Herz auf, und du musst danken. Für die Fülle von Glück, die in dich hineinfällt.

Dankbarkeit – Kolosserbrief 3,12-17

Du siehst dich herausgehoben aus dem Leid, du fühlst dich geheilt von der Krankheit, oder getragen durch diese, du findest dich beschenkt. Spätestens dann kannst du danken. Wie glücklich musst du sein, wenn du es schon vorher kannst. Und was für ein armer Mensch muss ich sein, wenn ich nicht mehr danken kann. Aufgerieben im Alltag, ja aufgegangen in dem täglichen Kleinkram. Wo man das Leben nicht mehr als lebendig wahrnimmt. Was für ein unlebendiges, armes Leben!
Martin Luther: „Sei guter Dinge und freu dich, denn Gott ist dein Freund."

Dankbarkeit ist wichtig, denn sie macht glücklich. Wenn ich dankbar bin, mir überlege, für was ich alles dankbar sein kann, dann fällt mir immer mehr ein. Setz dich heute hin und nimm dir Zeit: fünf Minuten. Schau auf die Uhr. Schreibe auf ein Blatt Papier Dinge, die dich glücklich gemacht haben diese Woche. Dinge, auf die du dich freust. In der kommenden Woche. Hoffentlich reicht das eine Blatt Papier aus.

Dabei hängt es auch davon ab, wie ich Dinge sehe. Will ich das Leben überhaupt als schön begreifen, will ich mich wirklich freuen können? Oder will ich nicht das Recht haben, über alles und jeden zu klagen? Will ich mich ärgern oder will ich mich freuen?
Ein arabisches Sprichwort lautet:
Ärgere dich nicht darüber, dass der Rosenstrauch Dornen trägt, sondern freue dich darüber, dass der Dornenstrauch Rosen trägt.
Wenn du dich nicht wirklich freuen willst, dann kann dir niemand helfen. Auch Gott nicht.

Dankbarkeit – Kolosserbrief 3,12-17

Wenn ich glücklich bin, mit meinem Leben zufrieden, dann werde ich automatisch freundlicher, sanftmütiger, geduldiger barmherziger, demütiger. Mir geht es ja gut: Ich muss nicht hetzen. Ich habe auch weniger Grund, andere zu verletzen, etwa, weil ich unzufrieden bin mit mir selbst, weil ich mich selbst nicht leiden kann, weil ich von den Verletzungen, die bei mir im Herzen ankommen, ungewollt vieles doch weitergebe. Wenn es mir schlecht geht, warum soll es dann anderen besser gehen? Wenn es mir gut geht, warum soll ich dann anderen Böses wünschen?
Wenn ich zufrieden bin, bin ich seltener neidisch auf das Glück anderer.

Eine der grundsätzlichen Regeln in „Simplify your life" von Tiki Küstenmacher ist: Hoffe nicht, dass du eines Tages viel Geld haben wirst, damit du dann vieles machen kannst. Fühle dich einfach heute schon reich! Du bist ja reich, nicht nur im Vergleich mit anderen, sondern mit deinem Charakter, mit deiner Erfahrung, mit deinem Humor, mit deiner Arbeit.
Wenn man dem Reichtum hinterher hetzt, wird man ein Hetzender und bleibt es. Wenn man sich reich fühlt, muss man nicht mehr hetzen. Man gewinnt Zeit. Und das ist ein ganz besonderer Reichtum.
Dankbarkeit ist die Voraussetzung für so viele andere Werte, auch für die Liebe. Wenn ich dankbar bin, kann ich die Liebe weit tragen und großzügig vergeben. Wenn ich undankbar bin, verstumme ich, gebe ich nichts weiter, außer vielleicht Gereiztheit, schlechte Laune – und wo soll das schon hinführen?!

Friedrich Bodelschwingh: „Da wird es hell in einem Menschenleben, wo man nur für das Kleinste danken lernt."

Dankbarkeit – Kolosserbrief 3,12-17

Christliches Leben als Glücklichsein, als Wahrnehmung des Lebens, als Bewusst-Leben, als Bewältigen der Lebenskrisen mit Gottes Hilfe, als Lächeln des Begreifens: Christus hat mich und dich erlöst zu neuem Leben, zum Lebendig-Sein.

Warum sind wir Menschen eigentlich so oft undankbar? Nachdem wir so viele Gründe fürs Dankbarsein gelesen haben, können wir diese Frage kaum noch beantworten. Wahrscheinlich, weil es bequemer ist, nicht die Hände zu falten und Worte des Dankes zu formulieren. Es ist ja nicht so, dass wir's nicht ab und zu so empfinden würden. Ich bin einfach nur zu faul.

Für heute mache ich dir einen Vorschlag: Kurz vor dem Schlafengehen setze dich auf die Bettkante und danke Gott für irgendetwas an diesem Tag. Danke nur für eine einzige Sache: Du wirst merken – es macht dir klar, es macht dich froh, zu wissen, heute gab es auch etwas Schönes. Nicht nur Stress und Hektik. Nicht nur Last und Schwierigkeiten. Danke nur für eine einzige Sache oder nur für einen einzigen Menschen in deinem Leben! Oder gibt es mehr, wofür du danken kannst?

Und deswegen endet diese Lesepredigt mit Worten eines Gebets von Hans Magnus Enzensberger: „Vielen Dank für die Wolken. Vielen Dank ..., warum nicht, für die warmen Winterstiefel. Vielen Dank für mein sonderbares Gehirn und für allerhand verborgene Organe, für die Luft ... Herzlichen Dank ... für die Begierde, ... Vielen Dank für die vier Jahreszeiten, ... und natürlich für die Erdbeeren auf dem Teller, ... sowie für den Schlaf, ... und, damit ich es nicht vergesse, für den Anfang und das Ende und die paar Minuten dazwischen ..., meinetwegen für die Wühlmäuse draußen im Garten auch." AMEN.

Meine Zeit in Deinen Händen – Psalm 31

Lieber Leser,
nichts ist selbstverständlich!
Das ist es, was uns die Verse des Psalms anscheinend sagen wollen. Nichts ist selbstverständlich, wie etwa Wohlstand, Glücklichkeit, Gesundheit, Freude und Sorglosigkeit. Nichts von all dem, von dem wir hoffen, wir könnten es erlangen und dann für immer besitzen. Nein, es gibt beides in der Welt: Glück und Trauer, Wohlstand und unermessliches Leid. Und es ist dieses Miteinander von Gutem und Bösem, das wir erfahren, das uns klar macht: Alles hat seine Zeit. Nichts ist selbstverständlich. Und doch ist das nicht ganz richtig. Eines ist doch selbstverständlich und das ist, dass Gott uns liebt und uns behütet und seinen Segen auf uns legt. Vers 15 ist dabei für mich der zentrale Satz „**Ich aber, Herr, hoffe auf Dich und spreche: Du bist mein Gott.**" Darin stecken zwei Dinge. Einmal ein Bekenntnis: „Du bist mein Gott." Aber noch vielmehr: „Ich aber, Herr, hoffe auf Dich." Der Betende hat Leid und Unglück erfahren, aber er hofft auf den Herrn. Dabei ist es wichtig, zu beachten, wie tief die Not ist, die der Betende hier beschreibt. Er ist mit körperlicher und seelischer Krankheit geschlagen. Sein Leben vergeht in schmerzvoller Erfahrung und Kummer. Er ist aus der Gesellschaft ausgeschlossen. Niemand achtet ihn in der Öffentlichkeit. Nicht nur seine Feinde meiden ihn, sondern auch seine Verwandten und Bekannten. Sie machen einen großen Bogen um ihn. Ja, der Psalmist weiß (V. 14b), dass ihm die Leute nach dem Leben trachten. Er muss um sein Leben fürchten. Doch er sagt: „**Ich aber, Herr, hoffe auf Dich und spreche: Du bist mein Gott.**"
Für mich ist dieser Satz im Kontext der großen Lebensklage in den vorausgegangenen Versen ein kleines Wunder. In die höchste Not und in die tiefste Verzweifelung hinein spricht der

Meine Zeit in Deinen Händen – Psalm 31

Betende sie zu Gott. Es gibt oft Zeiten, die so voll sind mit Traurigkeiten, mit Hass, Krankheit und finanziellen Notständen. Wer kennt diese Zeiten nicht? Und gerade in dieser Not passiert es dann fast automatisch, dass sich Freunde und Bekannte abwenden. Vielleicht kommt es einem auch nur so vor. Aber das Gefühl, allein gelassen zu sein mit seinen Ängsten und seiner Verzweifelung, ist gerade dann oft da.
Ich schätze den Film „Stardust Memories" mit dem bekannten amerikanischen Schauspieler Woody Allen. An einer Stelle sagt sein Psychoanalytiker in dem Film: „Ich habe ihn jahrelang behandelt. Er war ein hoffnungsloser Fall. Er sah die Wirklichkeit zu klar." Zuerst musste ich über diesen Satz lachen, obwohl auch mir klar war, dass in dieser Analyse viel Wahrheit steckt. Ja, wenn man die Wirklichkeit so klar sieht – und unter der Wirklichkeit verstehe ich das gleichzeitige Nebeneinander von Gut und Böse in unserem Leben auf der Welt – wenn man die Wirklichkeit so klar sieht und kein Gottvertrauen hat, dann kann man an der Welt schon verzweifeln. Wer Woody Allen in seinen Filmen kennt, weiß, dass er in ihnen immer an der Wirklichkeit verzweifelt. Dass er immer an der Wirklichkeit verzweifelt, in der er lebt, und dass er nie das Gottvertrauen aufbringt, dass er bräuchte, um sorgenfreier zu leben. Denn, wer auf Gott hofft und auf ihn vertraut, braucht nicht an der Wirklichkeit zu verzweifeln. **„Ich aber, Herr, hoffe auf Dich und spreche: Du bist mein Gott."**

Im berühmten Vers 16 spricht der Betende: „Meine Zeit ist in deinen Händen." Das klingt sehr schön, aber was ist denn das: meine Zeit? Wir erleben die Zeit als Vergangenheit, Gegenwart und Zukunft mit Glücklichkeiten und Traurigkeiten. Und all diese Zeit – dies ist uns hier gesagt – steht in Gottes Händen.

Aber jede dieser Zeiten bereitet uns Probleme.
Das ist zunächst unsere Vergangenheit. Ihre besondere Eigenart besteht darin, dass man nicht so leicht von ihr loskommt. Sie hat etwas an sich, das uns festhalten, nicht loslassen, nicht freigeben will. Das sind die Erinnerungen. Zunächst die Schönen. Die uns nicht gehen lassen wollen oder vielmehr, die wir nicht zurücklassen wollen. Dass sie der Vergänglichkeit unterworfen sind, dieser Umstand erfüllt uns mit Wehmut und Trauer. Wie gerne würden wir oft sagen: „Verweile doch, du bist so schön!" (Goethe, Faust I)
Was uns aber besonders an die Vergangenheit fesselt, sind die traurigen Erinnerungen. Die Erinnerungen an das, was wir versäumt haben. Wir alle sind in der Vergangenheit schuldig geworden. An uns selbst und an anderen. Gelegenheiten wurden verpasst, Vorsätze nicht ausgeführt. Nächste haben wir enttäuscht und verletzt.
Und dann ist da unsere Gegenwart. Die Gegenwart hat ein Problem besonderer Natur. Es besteht paradoxerweise darin, dass wir gerade keine Zeit haben. Woher das kommt, wissen wir nicht. Trotz des phantastischen Zeitgewinns durch allen technischen Fortschritt, durch Automatisierung und Motorisierung, haben wir keine Zeit. Im Gegenteil, wir rennen der Zeit hinterher und haben nicht selten das Gefühl, dass wir sie kaum einholen können. Andere von uns wiederum haben so viel Zeit, dass sie gar nicht wissen, wohin damit.
Und schließlich die Zukunft. Sie ist geprägt durch unsere Wünsche und Hoffnungen, durch unsere Ängste und Sorgen, die uns alle fesseln. Gewiss, die Geschichte lehrt uns: es gab immer schon schwere Zeiten im Wechsel mit Guten.
Es ist ein Auf und Ab mit der Zeit (Prediger 3,1-8.15).

Meine Zeit in Deinen Händen – Psalm 31

Also, ist die Zeit unser Gefängnis? Hält sie uns Menschen gefangen? Es mag so aussehen, aber in Wirklichkeit ist sie ein Geschenk. Ein Geschenk, das uns Gott gegeben hat und immer wieder neu gibt. Ein Geschenk, mit dem ich etwas machen kann, Zeit, aus der ich etwas machen kann. Und noch mehr: Gott macht uns ein Angebot. Gott lädt uns ein, ihm unsere Zeit anzuvertrauen. Und er meint unsere Vergangenheit damit genau so wie unsere Gegenwart und Zukunft. Gott lädt uns ein, ihm alle Dinge zu geben, die uns festhalten und nicht loslassen wollen. Und nur so können wir uns von ihnen losmachen. Getrost können wir uns ihm anvertrauen und ihm alles übergeben, was unsere Herzen beschwert. Anstatt verkrampft und unglücklich an dem Alten festzuhalten, wäre es nicht gescheiter, wir ließen Gott unsere Zeit verwalten?

Unser Text fordert uns heute dazu auf, dass wir Heilendes an uns geschehen lassen. Wir nehmen das oft gar nicht wahr, aber die Wirklichkeit unseres Lebens ist sehr geheimnisvoll, und nie genug erkannte Segenskräfte tragen uns. Wir können diese Freude des Getragenseins mehr in uns zu spüren versuchen. Dietrich Bonhoeffer hat diese Segenskräfte sogar in der Gefängniszelle verspürt:

> *Von guten Mächten wunderbar geborgen*
> *erwarten wir getrost was kommen mag*
> *Gott ist mit uns am Abend und am Morgen*
> *und ganz gewiss an jedem neuen Tag*

Gott bewahrt nicht vor der Not, aber er bewahrt in der Not. Das Schönste daran ist: Wir brauchen nicht viel zu tun für Gottes Segen. Ich muss nur auf ihn hoffen und meine Zeit in seine Hände legen. AMEN.

*Texte
für besondere Festtage*

Jahresanfang

Fürchte dich nicht!

Das alte Jahr ist vorbei, ein neues ist angebrochen!
Wie gehen wir es an?

Oft gehen wir das neue Jahr gar nicht an. Es geht uns an. Der Alltag überfällt uns ganz schnell wieder, wir scheinen gar keine Wahl zu haben, als alles anzunehmen, wie es gerade kommt. Wir spüren uns gefangen in den ewig alten Zwängen und möchten uns gerne von der Welt abtrennen. Einigeln. Da ist es wieder in uns, das einsame Kind, das sich unter die Decke zurückzieht und sagt: „Mich versteht ja doch keiner!"
Wie im Würgegriff fühlen wir uns. Im Leben gelernt, mitgenommen, verdrängt. Wieder muss man sich fürchten. „Fürchte dich nicht!" heißt es dutzendfach in der Weihnachtsgeschichte. „Fürchte dich nicht, dein Gott ist nahe!"

Und doch fürchten wir uns. Gott war nahe, jetzt ist wieder Alltag, da scheint Gott fern zu sein, sehr fern. Alltag bedeutet für uns mehr und mehr, in der Fremde zu sein, sich hier nicht zu Hause zu fühlen. Wir treiben durch den Trubel der Zeit, ihm scheinbar schutzlos ausgeliefert.

Wir lassen uns treiben. Das ist nicht gut. Sich treiben lassen ist nicht der Sinn von Weihnachten, auch nicht der Sinn eines neuen Jahres. Die Weihnachtsbotschaft ist ja nicht nur für den 24. Dezember ausgesprochen, sondern sie gilt immer, sie hat Gültigkeit seit der Geburt Jesu vor 2000 Jahren. Weihnachten ist jetzt. In diesem Augenblick, heute, morgen, alle Tage – wenn du es willst! Willst du dich mit Gottes Hilfe verändern?

Jahresanfang

Auch der Gottesdienst kann Alltag werden. Nicht aber Weihnachten. Weihnachten wird einmal im Jahr gefeiert, damit wir es merken, spüren, fühlen: Gott ist da, er liebt mich.
Und der Jahreswechsel sagt noch einmal: Jetzt, geh' los, wage den Neuanfang, durchbrich das Alte, Aufgewärmte, den Alltag. Immer wieder. Wenn du es willst. Wenn du es willst, kann es dir gelingen. Mit Gottes Hilfe. Dein Leben kann dir gelingen. Auf den Weg musst du dich machen. Aber fürchte dich nicht! Denn Gott ist mit dir. Du kannst die Bedrohungen der Vergangenheit und Gegenwart abschütteln – wenn du willst.
„Die Witwe, die lange noch zwei Teller aufdeckte, tut jetzt an die Stelle des anderen Gedecks endlich frische Blumen. Und der, der einen zornigen Vater hatte, wiederholt ihn nicht, sondern, statt sein Kind zu schlagen, treibt er mit gewaltigen Schlägen einen Zimmermannsnagel ins Holz, woran oben Vaters Bild befestigt ist und feiert mit langsam nachlassender Wut den Sieg über den Vater. Und die ihr Kind verloren haben, freunden sich mit verwaisten Kindern an und laden sie aus dem Kinderheim paarweise zu sich nach Hause ein. Und der sich sein Bewusstsein fast ertränkt hätte im Alkohol, um den Bestien der Erinnerung zu entgehen, der leitet jetzt eine Gesprächsgruppe anonymer Alkoholiker. Die so Angst hat vor Hässlichem, geht ins Altersheim und schmückt Wände und Tische." (Traugott Gießen) Und die aus dem Vollen leben, packen alles Unnötige ein und fahren es zum Obdachlosenheim.

Was eben noch verloren, abgehakt schien, kann neu gemacht, kann neu gewagt werden. Du – nicht mehr Sklave der Vergangenheit, sondern Erbe großer Möglichkeiten! Du – geh los! Fürchte dich nicht und geh los!
AMEN.

Palmsonntag

Jetzt geht es los!

Jetzt geht es los! Du hast darauf gewartet. So lange. Vielleicht jahrelang. Du hast dich darauf gefreut. Du hast so vieles ertragen, damit du diesen Tag erleben kannst. Du hast vieles in Kauf genommen. Jetzt ist es so weit. Du kannst es kaum fassen. Und gleichzeitig es auch nicht mehr erwarten. Aber jetzt musst du ja auch gar nicht mehr warten. Denn jetzt ist es soweit. Endlich. Dein Warten hat sich gelohnt. Jetzt zahlt sie sich aus, deine Hoffnung. Jetzt wird alles anders. Denn jetzt – geht es los.

Jetzt geht es los, sagt der Bundestrainer. Der Trainer der Fußballnational-Mannschaft. Jetzt geht es los. Hier enden alle unsere Vorbereitungen. Monatelang haben wir trainiert, vier Jahre haben wir uns auf diesen Tag gefreut. Jetzt geht es los! Jetzt verlassen wir diese Kabine, gehen mit Selbstbewusstsein auf den Rasen des Stadions und zeigen es allen. Wir zeigen es unseren Gegnern, den Fans, den Fans der Gegner, den Menschen, die an uns glauben und denen, für die Fußball bis heute noch nie wichtig war. Diesen Tag wird man nicht vergessen. Niemand wird diesen Tag vergessen können. Denn – wir werden nicht Fußball spielen. Wir werden zaubern!

Jetzt geht es los! Denn heute ist Palmsonntag. Jesus zieht nach Jerusalem ein und wird begeistert empfangen von Tausenden, die die Straße säumen. Sie jubeln ihm zu, sie begrüßen ihn voller Überschwang. Denn jetzt geht es los! Endlich! Wie lange haben sie auf ihn, auf den Messias, gewartet und sich Hoffnungen gemacht. Nun aber müssen sie nicht mehr hoffen, denn: Jetzt geht es los!

Palmsonntag

Jesus wird das Gesetz des Handelns an sich reißen müssen, wenn die Römer ihn verhaften wollen. Dann endlich wird er aufwachen, sein Zaudern beenden, seine Zurückhaltung aufgeben, und damit das Zeichen für den Aufstand setzen.
König sollte er werden, das erhoffte man sich von Jesus: Er würde sich krönen lassen, zum Herrscher ausrufen lassen – am höchsten Fest der Juden, am Passahfest, zu einem Zeitpunkt also, wo hunderttausende Pilger die Stadt bevölkern. Das bedeutet dann natürlich Krieg: Denn weder der von den Römern eingesetzte König noch die Römer selbst werden das hinnehmen, auch die Hohen Priester nicht, die herrschende Klasse, die sich mit den Römern arrangiert hat. Die Zeit ist reif für den großen Aufstand – und mit Gottes eigenem Sohn, mit dem in der Bibel verheißenen Messias, muss es ja gelingen!

Jetzt geht es los! So denken die Leute, alle, die die Wunder Jesu mit eigenen Augen gesehen haben, die ihn haben predigen hören, die an ihn glauben – gerade auch die Jünger! Allen voran Judas, der Schatzmeister der Gruppe, der alle Finanzen Jesu und der Jünger regelt. Später wird er Jesus verraten, nicht aus Geldgier, nicht um den „Judaslohn"! Wenn er einfach mit der Kasse durchgegangen wäre, hätte er mehr erbeutet als die lumpigen 30 Silberlinge! Nein, Judas wollte Jesus zwingen zu handeln! Es sollte endlich losgehen!

Und dann – geht es los. Aber so anders als erwartet. Alles kommt anders, so scheint es. Karfreitag: Jesus wird verhaftet, verurteilt, geschlagen, verhöhnt, gefoltert, gekreuzigt, getötet. Die Jünger fliehen, die Gegner spotten, und die Pilger sind enttäuscht. Das sollte der Messias gewesen sein? Der uns retten, aber nicht mal sich selber retten kann?

Palmsonntag

Jetzt geht es los? Was geht jetzt los? Geht jetzt überhaupt noch etwas los? Auch für uns heute: Was geht jetzt noch los?

Liebe Lesergemeinde!
Passionszeit – Zeit der Leiden! So heißt in der Kirche die Zeit vor Ostern, speziell die Zeit vom Palmsonntag bis zur Osternacht. Es wird der Leidensgeschichte Jesu gedacht: Palmzweige hatte das Volk Jesu auf den Weg gelegt – eine Geste, die nur einem König zusteht. Und König sollte er werden, das erhoffte man sich von Jesus. Anspruch und Wahrheit. Hoffnung und Enttäuschung – so geht diese Osterzeit los. Die ersten Szenen scheinen so hoffnungsvoll und dann – kommt so schnell die Enttäuschung. Die Passionszeit ist eine Zeit, in der wir ganz besonders wahrnehmen, was uns enttäuscht, was uns leiden lässt, was uns in die Verzweiflung stürzt.

Und das Leid hat viele Gesichter: Jede Woche sind die Nachrichten voll von Schrecklichem. Opfer bei Hausbränden, Kriegstote im Irak, Anschlagsopfer hier, Mord und Totschlag dort, Autounfälle, Entführungsopfer. – Wir haben uns fast an diese Nachrichten gewöhnt. Es kann jeden treffen, jederzeit, im Auslandseinsatz und zu hause! Mitten im Leben sind wir vom Tod umgeben.

Der Konflikt zwischen Israel und den Palästinensern fordert Tag für Tag neue Opfer – Vergeltung und Gegen-Vergeltung ohne Ende, Auge um Auge, Zahn um Zahn! Wer aufmerksam am Geschehen der Welt teilnimmt, der muss ganz einfach mitleiden!

Auch jeder von uns mag ganz persönliches, individuelles Leid erfahren:
- etwa eigene Krankheit,
- Sorgen um einen geliebten Menschen,
- Einsamkeit, die weh tut,
- die schmerzvolle Erfahrung langsam alt zu werden und vieles nicht mehr so zu können wie früher,
- das Gefühl, überflüssig zu sein, ein sinnloses Leben zu führen,
- Angst vor dem Verlust des Arbeitsplatzes,
- zerplatzte Illusionen oder Pläne,

alles Dinge, unter denen mancher unerträglich leidet!
Wie kann hier etwas losgehen, jetzt sich positiv verändern?

„Der Glaubensweg der Christen", das ist der Titel des Predigttextes im Brief an die Hebräer, Kapitel 12, die Verse 1-3.
Weil wir eine solche Wolke von Zeugen um uns haben, lasst uns alles ablegen, was uns beschwert, auch die Sünde, die uns ständig umstrickt. Lasst uns mit Ausdauer in dem Wettkampf laufen, der uns bestimmt ist, und dabei auf Jesus sehen, den Begründer und Vollender des Glaubens. Dieser hat wegen der Freude, die ihn erwartete, die Schande nicht geachtet, das Kreuz erduldet und sich dann zur Rechten des Thrones Gottes gesetzt. Denkt an den, der so viel Widerspruch von den Sündern erduldet hat, damit ihr nicht müde werdet und den Mut nicht sinken lasst!

Die Passionszeit und der Text, den wir heute lesen in der Bibel, sie beide erzählen uns von unserem Gott. Von einem Gott, der anders ist. Anders als wir es uns vorstellen, anders als wir ihn gerne hätten. Gott ist anders und er kommt anders zu uns, als wir es uns gerne wünschen würden. Unser Text versucht eine verblüffend einfache Antwort zu geben, was es mit diesem Anders-Sein auf sich hat.

Zunächst klingen die aufmunternden Worte banal: Das klingt auf den ersten Blick nach Resignation, nach Duckmäuserei, nach Anpassung. Die Welt ist, wie sie ist! Es kann nur darum gehen, in Geduld, das hinzunehmen, was kommt! An dem Kampf der uns verordnet ist, können wir nicht viel ändern!
Doch dieser Eindruck wird dann im nächsten Satz schon aufgehoben: Schaut auf Jesus, heißt es da – schöpft aus seinem Beispiel, seinem Schicksal Kraft – dann werdet ihr gerade nicht ermatten, resignieren oder klein beigeben!
Denn Jesus hat immer die Liebe gegen den Hass gesetzt, das Vergeben gegen das Aufrechnen, die Sanftmut gegen Gewalt.

Er hat nicht zu einem sinnlosen Aufstand gegen die Römer aufgerufen, der doch nur im Blutrausch ertrunken wäre.
Er ist sich treu geblieben und aufrecht für seine Ideale in den Tod gegangen!
Und der Tod hat nicht das letzte Wort behalten!
Er hat sich nicht klein gemacht und ist ein menschlicher König geworden. Er hat sich hinrichten lassen und mit seiner Auferstehung ging seine Sache erst richtig los!
Weil Gott dem Tod die Macht genommen hat, dadurch, dass er Jesus auferweckt hat, fanden sich überall Menschen, die bereit waren, ihm nachzufolgen.
So zu leben, wie er es vorgelebt hatte. Sie engagierten sich für eine bessere Welt, für den Frieden, für Verständnis zwischen den Menschen, für Versöhnung, für Solidarität und Liebe!

Die Welt ist dadurch nicht erlöst worden. Bis heute gibt es alles das, was Leiden schafft, die Macht des Bösen ist immer noch da - aber es gibt auch eine Kraft, die ihr Paroli bieten kann, die stärker ist als alles, was uns leiden lässt! Eine Kraft, die uns Mut machen kann. Diese Kraft nennen die Christen den Glauben – und ich denke, wenn man sich nicht damit abfindet, dass die Welt unabänderlich so bleiben muss wie sie ist, wenn man im Kleinen, dort wo man es selbst in der Hand hat, etwas zu bewirken versucht, dann ist das alles ein wenig leichter, wenn man sich dabei die Hoffnung, die Zuversicht, den Mut und die Kraft – aus seinem Glauben holen kann.
Gott will uns alles schenken, was wir für die Herausforderungen des Alltags brauchen: durch seinen Heiligen Geist – den Geist der Kraft, der Liebe und der Zuversicht!

Gott kommt zu dir, in dein kleines Leben. Um dich aufzurichten. Um dich zu trösten. Um dir Hoffnung zu geben. Um dir Mut zu schenken. Damit du „mitauferstehen" kannst aus deinem Leiden. Damit Du neu leben kannst. Damit Du leuchten kannst für andere.

Heute, an Palmsonntag, geht es scheinbar los. Los geht es eigentlich erst mit Jesu Auferstehung. Und auch dann geht es anders los als gedacht. Aber überraschend positiv anders. Heute tun wir in Gedenken an damals den ersten Schritt zu diesem wirklichen Losgehen mit Christus, mit Gott. Wir sind dabei, auf diesem Weg. Und wir werden andere sein können, nach Ostern. Wir werden leuchten können vor Freude und Hoffnung. Vor Mut und Zuversicht. Vor Glauben und Vertrauen in Gott.

AMEN.

Gründonnerstag

Meine Hoffnung und meine Freude, meine Stärke, mein Licht, Christus, meine Zuversicht. Auf Dich vertrau' ich und fürcht' mich nicht. (Lied aus Taizé)

Liebe Lesegemeinde,
vielleicht kennen Sie diese Worte! Vielleicht wäre Ihnen dieser Text aber auch besser vertraut, wenn ich ihn singen würde – denn dann würden Sie sich sicherlich erinnern. Dass Ihnen diese Worte doch schon bekannt sind.

Meine Hoffnung und meine Freude – das ist ein Lied aus Taizé. Dem berühmten Ort im Burgund. Der seit Jahrzehnten für internationale Jugendtreffen steht, wo Christen und Christinnen gemeinsam glauben, zum Glauben finden, den Glauben in Gebeten, Gesängen und Diskussionen leben. Es ist ein erstaunlicher Ort und viele deutsche Gemeinden fühlen sich diesem lebendigen Glaubensort schon lange und so tief verbunden, dass sie seit Jahrzehnten Fahrten nach Taizé anbieten.
An diesem Ort wird Versöhnung gelebt und man feiert das Abendmahl gemeinsam mit Evangelischen und Katholiken, Orthodoxen und Anglikanern. An diesem Ort zu verweilen, bedeutet wirklich Hoffnung und Freude im Glauben zu erfahren.

Ich bin ehrlich zu Ihnen: Als ich zum ersten Mal durch Taizé fuhr, dachte ich gleich: Aha, hier treffen sich also alle Kranken und Hässlichen! Schöne und erfolgreiche Menschen siehst Du hier nicht!
15 Jahre später. Taizé, Pfingsten 2006. Ich betrete die Kirche, das erste Lied erklingt, vertraute Töne – ich brauche das Liedheft gar nicht aufzuschlagen, ich schließe die Augen und singe leise mit. Tränen laufen mir zu beiden Seiten herunter. Die

Gründonnerstag

Stimmen der vielen Menschen durchdringen mich, berühren mich tief. Ich bin nach Taizé gekommen und Taizé geht in mich hinein.

Was ist in diesen 15 Jahren geschehen? Habe ich die Hässlichkeit meiner Gedanken damals erkannt? Oder meine eigene Hässlichkeit? Habe ich entdeckt, wie krank ich wirklich bin? Oder habe ich verstanden, dass niemand hässlich ist vor Gott, oder nur einer wirklich schön ist, nämlich Gott? Suche ich nach christlicher Heimat und finde ich sie hier am Intensivsten verwirklicht? Spüre ich hier die Liebe Gottes mehr als an jedem anderen Ort der Welt?

Oder habe ich so lange gebraucht, um zu merken, dass es im Leben um innere Schönheit geht und die äußere Schönheit nur eine unwesentliche Scheinwelt ist?

Ich weiß nur, dass Gottes Antwort auf alle Fragen, die wir haben, „Liebe" ist. Und dass ich diese Antwort gerade in Taizé ganz deutlich und offensichtlich vorfinde.

Und dann dieses Lied, das mir dort am wichtigsten geworden ist: *Meine Hoffnung und meine Freude, meine Stärke, mein Licht, Christus, meine Zuversicht. Auf Dich vertrau' ich und fürcht' mich nicht.*

Ist das nicht ein schöner Text? Ich wünschte, ich hätte ihn schon lange gebetet. Wäre das nicht schön, wenn du diese Worte jeden Tag deinem Gott entgegen singen könntest? Weil du dich ganz darin wiederfindest?

Meine Hoffnung und meine Freude, meine Stärke, mein Licht, Christus, meine Zuversicht. Auf Dich vertrau' ich und fürcht' mich nicht.

Gründonnerstag

Da ist alles drin. Was uns im Glauben wichtig ist. Hoffnung, Freude, Stärke, Licht, Zuversicht, Vertrauen. Heimat in der Liebe Gottes. Geborgenheit bei Christus. Und deswegen brauchen wir keine Furcht mehr zu haben! Mit diesem Wort können wir auch in den Karfreitag hineingehen. Und am Gründonnerstag vorbereitet auf diesen mörderischen Tag zugehen.

Ich denke, diese Worte vermögen eines ganz bestimmt: Dich und mich zu tragen. Durch das Leben.
Ja, manchmal geht es uns schlecht. Wir sind traurig. Vieles im Leben hat sich nicht erfüllt. Wir konnten nicht jeden Traum verwirklichen, nicht jeder Wunsch wurde uns von den Augen abgelesen und wahrgenommen. Und vielen ging es dauerhaft schlecht. Krieg. Krankheit. Verlust geliebter Menschen. Verletztheiten durch böse Worte. Schmerzen. Ungerechtigkeiten.
Und die Jugend. Das wusste man noch gar nicht, in welche Lebensrichtung man sich aufmachen wollte. In der Mitte des Lebens wusste man das, aber man musste um so vieles richtig hart kämpfen. Und im Alter geht vieles nicht mehr. Erst geht es nicht mehr so leicht, später geht es immer weniger. Überall müssen wir unsere Grenzen erkennen. Das ist nicht leicht. Und wenn es nicht leicht ist, ist es schön, wenn du dich an einem festhalten kannst, der dich trägt. Der dir schenkt: Freude, Hoffnung, Zuversicht. Und der dir jetzt und später am Ende sagt: Du brauchst keine Furcht haben. Vertraue mir. Ich bin bei Dir.

Am letzten Abend ist Jesus mit seinen Jüngern zusammen, er ist für sie da. Sie teilen Brot und Wein, sie halten das Abendmahl. Und auch darin, mit diesen Symbolen, sagt Jesus, sagt Gott: Ich bin bei Euch bis an der Welt Ende. Fürchtet Euch nicht, denn ich bin bei Euch!

Gründonnerstag

Der Predigttext steht im ersten Brief des Johannes 1,5-2,6. Wir schauen ihn uns in Auszügen an: *Und das ist die Botschaft, die wir von ihm gehört haben und die wir Euch verkündigen: Gott ist Licht, und in ihm ist keine Finsternis. Wenn wir im Licht leben, wie er im Licht ist, haben wir Gemeinschaft miteinander, und das Blut Jesu, seines Sohnes, macht uns rein. Wenn wir unsere Sünden bekennen, ist er treu und gerecht und macht uns rein von aller Ungerechtigkeit. Jesus Christus ist die Versöhnung für die ganze Welt. Wer sich an Christi Wort hält, in dem ist die Liebe Gottes wirklich vollendet.*

Ich finde, diese Worte sind auf wunderschöne Weise aufgenommen in dem Lied, das ich Ihnen heute ans Herz lege.

Mögen diese Worte dich begleiten und deinen Schmerz tragen!
Möge dieses Lied sich auf deinen Lippen finden, wenn du Angst hast und dich verlassen fühlst!
Möge das Singen dieser Worte dein Herz froh machen und dir ein inneres Licht schenken!

Meine Hoffnung und meine Freude, meine Stärke, mein Licht, Christus, meine Zuversicht. Auf Dich vertrau' ich und fürcht' mich nicht.

AMEN.

Karfreitag

Jesus weint!

Liebe Leser, das ist ein ungewöhnliches Bild von Jesus. Wir kennen die verschiedensten Darstellungen: Das Bild vom treu fürsorgenden Hirten, der das verlorene, wiedergefundene Schaf auf seinen Schultern trägt oder als der gute Hirte, der seine Herde weidet und bewacht und sie auf dem rechten Weg führt. Als der Betende, der auf den Knien vor seinem Vater um Klarheit ringt, als der Wunderwirkende, als König, als Therapeut, als Liebe in Person.

Doch Jesus als Weinenden sieht man selten und den können sich auch die meisten Menschen kaum vorstellen. Das ist keine Szene, die die Menschen vom Hocker reißt und vor Begeisterung fesselt. Ein Mann mit tränenerfüllten Augen, das ist keine sympathische Darstellung einer Persönlichkeit, die geeignet wäre, sich als Religionsführer von Massen zu profilieren. Ein Mädchen als heulende Suse passt noch bei vielen Menschen in ihre Vorstellung. Eine Frau, die sich gegen brutale Gewalt nicht wehren kann und ihre Ohnmacht in Tränen ausdrückt, das können wir verstehen. Doch ein Junge weint nicht, der ist hart, der beißt auch beim größten Schmerz auf die Zähne und vergießt keine Tränen. Ein echter Indianer kennt keinen Schmerz, hieß es auch in meinen Kindertagen.

Jesus weint!
Wenn Jesus uns als der Wundertäter geschildert wird, als der, der den bösen Mächten und Naturgewalten Paroli bietet, den Schwachen hilft, die Kranken heilt, den Mächtigen widersteht, den Menschen zeigt, wo es lang geht, das gefällt den meisten Menschen.

Doch einen weinenden Jesus, einen der resignierend in Tränen ausbricht, was soll das? So viel ist ja wohl klar, heute wissen wir durch die Psychologie, dass Tränen eine überaus wichtige Funktion in unserem menschlichen Leben haben. Sie sind keineswegs nur Ausdruck der Schwäche, sondern spielen bei der Wiederherstellung des seelischen Gleichgewichts eine wichtige Rolle. Wie gut tut es auch einem Mann, wenn er sich seinen seelisch empfundenen Schmerz von der Seele weinen kann. Vielleicht gehört es eben auch zur Realität unseres gesellschaftlichen Lebens, dass Frauen viel eher ihr seelisches Gleichgewicht erreichen, weil sie eher den Weg des Weinens finden und dass Frauen deshalb weniger mit psychischen Störungen zu tun haben als Männer.

Jesus weint!
Wir lesen Lukas 19, 41-48: *Und als Jesus die Stadt Jerusalem sah, weinte er über sie, und sprach: Wenn auch du an diesem Tag erkannt hättest, was zu deinem Frieden dient! Jetzt aber ist es vor deinen Augen verborgen. Denn Tage werden über dich kommen, da werden deine Feinde einen Wall um dich aufschütten und dich umzingeln und dich von allen Seiten einengen; und sie werden dich und deine Kinder in dir zu Boden werfen und werden in dir nicht einen Stein auf dem anderen lassen, dafür dass du die Zeit deiner Heimsuchung nicht erkannt hast. Und als er in den Tempel eingetreten war, fing er an, die Verkäufer auszutreiben, und sprach zu ihnen: Es steht geschrieben: Mein Haus ist ein Bethaus; ihr aber habt es zu einer Räuberhöhle gemacht. Und er lehrte täglich im Tempel; die Hohenpriester aber und die Schriftgelehrten und die Ersten des Volkes suchten ihn umzubringen. Und sie fanden nicht, was sie tun sollten, denn das ganze Volk hing ihm an und hörte auf ihn.*

Karfreitag

Jesus weint!
Beim Anblick der Stadt sieht Jesus die Menschen dieser Stadt. Er sieht nicht nur ihre augenblickliche Situation, er sieht das Handeln der Menschen und die Konsequenzen, die sich daraus ergeben, und das Unheil, das über die Menschen kommen wird.

Jesus ist von Gott in diese Welt gesandt worden, um den Menschen den Weg zu zeigen, der zu ihrem Frieden dient. Mit dem Wort Frieden wird all das umschrieben und zusammengefasst, was wir Menschen für ein sinnvolles und qualitativ gutes und gelungenes Leben auf dieser Erde brauchen. Ein anderes Wort für den „Frieden Gottes" ist auch „Gottes Heil".

Gott will, dass wir unser Leben genießen, im wahrsten Sinne des Wortes. Jesus hat gesagt: „Ich bin gekommen, dass sie das Leben zur Genüge haben."
Gott will, dass wir seine Schöpfung verantwortungsvoll gebrauchen, bewahren und unser Leben gestalten. Wir sollen erkennen, was zu unserem Frieden dient, zu dem Frieden, der, wie Paulus es sagt, höher ist als alles menschliche Denken. Wenn sein Friede uns regiert, werden wir im wahrsten Sinne des Wortes zu Friedensstiftern. Wir werden nicht nur darauf bedacht sein, was uns gut tut und uns nützt, sondern wir fangen an auch an unsere Mitmenschen zu denken. Es sähe in unserer Gesellschaft und in der ganzen Welt anders aus, wenn die Menschen erkennen würden, was zu ihrem Frieden dient.

Jesus weint. Mit der Welt!
Jesus hat gute Erinnerungen an diese Stadt: Mit 12 Jahren hat er mit den jüdischen Gelehrten im Tempel diskutiert und dabei seine Eltern vergessen, die ihn voller Sorge suchten. Der Tem-

pel war sein Lieblingsort. Hier fühlte er sich Gott nahe, hier konnte er in Ruhe beten und wieder Frieden in seinem Herzen finden. Aber er weiß auch, dass auf dem Tempelplatz schon vor ihm viel Blut geflossen ist. Immer wieder hat man Propheten umgebracht, wenn sie den Menschen ins Gewissen redeten.

Jesus weint, weil er enttäuscht ist. Die Armen und Rechtlosen laufen ihm nach, aber die Mächtigen wollen ihn nicht hören. Er erreicht sie nicht. Das tut weh.

Jesus weint. Mit der Welt! Er weint vor Schmerz. Er ist hoffnungslos. Es ist zum Weinen: Der, der die Wahrheit sieht und sagt, wird nicht gehört; während diejenigen, die gehört werden und sich mitzuteilen wissen, nicht die Wahrheit sagen!

In dem Moment, in dem wir weinen, ist unser Frieden gestört. Und in dem Moment, in dem wir wütend sind, befinden wir uns auch nicht im inneren Gleichgewicht.

Auch heute ist Jerusalem eine Stadt, in der viele Menschen weinen, weil sie wütend oder enttäuscht sind. – Die Israeliten beten zu Gott an der Klagemauer, dass er ihnen die Heilige Stadt belässt. Die Palästinenser möchten Jerusalem als die Hauptstadt ihres Staates haben. Auch die Muslime verehren Jerusalem als Heilige Stadt. Und die Christen haben den Wunsch, dort auf den Spuren Jesu zu wandern, wenn sie am Karfreitag sein Kreuz symbolisch durch die Gassen tragen. **Jesus weint. Mit der Welt!** Er fühlt sich ohnmächtig. Er hat auf ihren Gassen, auf den Bergen und am See über Gottes Liebe gesprochen. Er hat ihre Herzen zu Gott wenden wollen und viele geheilt. Er hat ihnen Frieden gewünscht. Ohne Erfolg.

Karfreitag

Im Kampf um ihre Rechte führen Israel und Palästina seit vielen Jahren Krieg gegeneinander. Die einen schicken Panzer, die anderen binden sich Bomben um den Leib und sprengen sich und andere in die Luft. Sie haben sich so sehr ineinander verbissen, dass sie keinen Frieden finden. Jesus weint: „Wenn Ihr doch einsehen würdet, was Euch der Frieden bringt" (Lukas 19, 42) Die Lage zwischen Israel und Palästina ist total verfahren. Früher hieß es: Wir geben Euch Land, und Ihr gebt uns Frieden. Beide Staatsmänner erhielten den Friedenspreis. Und dann wurde der israelitische Staatsmann durch einen fanatischen Landsmann umgebracht. Mit dem Frieden war es aus. Verloren. Das ist zum Heulen. Bis heute.

Wo es keine Verständigung gibt, da herrscht die Gewalt, und die Menschen fügen sich gegenseitig großes Leid zu. Das gilt draußen vor der Tür und hier drinnen.

Jesus weint. Mit der Welt!
Als Jesus mit seinen Freunden in den Tempel stürmt und den Taubenhändlern und Geldwechslern die Tische umwirft, da passt die Tempelpolizei auf, aber sie greift nicht ein. Der Sachschaden ist nicht groß. Aber der Gefühlsschaden bei den Betroffenen ist ernst zu nehmen.

Warum verdirbt Jesus den Händlern das Geschäft? Das, was er macht, ist eine Symbolhandlung. Er deckt mit krassen Mitteln einen Notstand auf. Der Notstand sind die Tiere. Die leben in Not. Sie sind Opfer der Gewalt. Sie sind Opfer-Tiere. Weil Jesus dazwischen geht, sind sie frei. Sie fliegen und laufen um ihr Leben. In einer Stunde wären sie als Opfergabe für Gott auf einem der vielen Altäre verbrannt worden.

Karfreitag

Jesus hat keinen persönlichen Groll gegen die Händler. Er will ihnen die Augen öffnen: Tiere sind nicht zum Schächten da. Sie sind Gottes Geschöpfe. Gott hat seine Freude daran, dass sie leben. Er will sie nicht leiden und brennen sehen. Schon gar nicht für ihn!

Die Peitschenhiebe Jesu gehen in die Tiefe. Die Händler im Tempel machen ihr Geschäft nicht nur allein mit den Tieren. Sie machen Geschäfte mit der Angst der Gläubigen. Das hat Jesus durchschaut. Er will damit ein Ende machen. Gott lässt sich kein Opferblut um den Bart schmieren, um ihn gnädig zu stimmen. Gott ist barmherzig. Er liebt Dich. Die Liebe ist seine Wesensart. Er braucht keinen Weihrauch, keine Lobgesänge, keine Opfergaben. Er braucht Dich, Dein liebendes Herz, Deine Lebensfreude. Er will, dass Du ihn durch Deine Lebendigkeit zum Ausdruck bringst. „Ich lebe, und Du sollst auch leben", sagt er zu Dir.

Jesus hat sich seit seiner Tempelreinigung über 2000 Jahre lang fortentwickelt. Heute sagt er zu Dir: Reinige Deinen eigenen Tempel! Bringe Dein Seelenleben in Ordnung!

Jesus weint. Mit Dir! Schaue in Dein Inneres! Da werden keine Tiere geopfert, aber viele Menschen. Du hast einen tiefen Hass auf einige Menschen. Ich bringe sie mit meinen Gedanken um. Bringt Ordnung in Euer Innenleben! sagt Jesus heute zu uns. Gott wohnt in Dir. Kann er sich in Dir wohl fühlen? Liebst Du ihn? Sieht man Dir an, dass Gott in Dir wohnt?

Man kann an unserem äußeren Zustand ablesen, wie es in uns aussieht. Bringen wir unser Innenleben ins Reine! Und gehen wir dabei vor wie Jesus. Er räumt entschlossen auf.

Was bringt Dich zum Weinen, was macht Dich wütend?

Karfreitag

Es sind immer wieder die alten, ungeklärten Geschichten, die in Dir hoch kochen: Die Schläge, die Beleidigungen, Beschimpfungen, Demütigungen. Bitte Gott, dass er Dir hilft, mit den inneren Verletzungen ins Reine zu kommen! Dazu brauchst Du viel Willenskraft. Das ist eine größere Leistung als Tiere zu opfern.

Jesus weint. Mit Dir! Wenn Du keinen Frieden findest. Wenn Du Dich mit den Eltern oder Deinem Partner verkracht hast. Du Gott aller Liebe, erbarme Dich!

Gott steht auf Deiner Seite. Er lässt Dir seine heilenden Kräfte zuströmen. Öffnen wir uns und bitten ihn: Komm, Du Geist des Lebens. Löse meinen verkrampften Magen, löse meine geballten Fäuste! Lass mich Frieden finden!
Dazu gehört, dass wir unseren Hass loslassen. Der Hass zerfrisst mich wie eine ätzende Säure. Mein Herz wird sauer.

Wenn Du Deinen inneren Tempel vom Seelenmüll gereinigt hast, dann bist Du leer. Dann kann Gott in Dich einziehen. Das erste Gefühl ist Freude: Ich spüre es an meinem Lebensmut. Ich habe wieder Pläne, was ich machen kann und soll. Und was ich in Zukunft besser bleiben lasse. Gott richtet mich auf. Ich kann meinen Kopf wieder oben tragen.
Jesus weint – mit Dir – vor Freude!
Gott will, dass Du lebst. Alles, was Du zum Leben brauchst, stellt er Dir zur Verfügung. Das größte Geschenk ist seine Liebe: „Ich verzeihe Dir", sagt er, „weil ich Dich liebe."
Auf dieses Wort hast Du schon lange gewartet. Es erreicht Dich an Karfreitag: „Ich verzeihe Dir, weil ich dich liebe."
AMEN.

Ostersonntag

Es ist das, wonach wir uns alle sehnen im Leben. Es ist das, was wir alle erhoffen. Nicht etwa Geld oder Reichtum, Adel oder Titel, Schönheit oder eine Yacht vor Capri, mehrgeschossig und luxuriös bis in den Maschinenraum. Nein, etwas ganz einfaches erhoffen wir uns. Etwas Menschliches. Das Wesentliche für unser Leben. Was unser Leben wirklich zu verbessern imstande ist. Oder, besser gesagt, was unser Leben leichter, angenehmer, vielleicht erst wirklich leb-bar macht. Dass wir einmal, wenigstens einmal im Leben dem Menschen begegnen, der uns wirklich erkennt. Der erfasst, wer wir wirklich sind, was unser Wesen ausmacht, was wir wollen. Einer, der uns versteht. Und uns akzeptiert, wie wir sind. Eine, die uns liebt. Eine, die uns nicht im Stich lässt. Auch, wenn's mal schwierig wird. Einer, der mir wirklich nahe steht.
Wir wollen erkannt werden. Und jemand, der das vermag, den lassen wir uns auch ein großes Stück nahe kommen.

Im Alten Testament gibt es das Wort „erkennen". Da die Bibel ja von Männern geschrieben wurde, heißt es dann immer „und er erkannte sie". Das ist dann hier noch mal ganz anders zu verstehen, nämlich vom Aspekt der Liebe und Leidenschaft. „Er erkannte sie" meint, er hat mit ihr zum ersten Mal geschlafen. Er hat ihre Haut berührt, ihren Duft verspürt, er ist ihr ganz nahe gekommen, so nahe, wie man im Normalfall nur wenige Menschen an sich heran lässt. Mit ihren Armen hat sie ihn umschlossen, sie drückt ihn an sich, sie wollen sich nicht verlieren, denn sie haben sich gefunden.

For the world you are someone, but for someone you are the world, lautete ein Spruch in meiner Jugend: Für die Welt bist du einer von vielen, aber für einen bist du die ganze Welt.

Ostersonntag

Liebe Lese-Gemeinde,
Ostersonntag. Der, der dir wirklich nahe sein will, der dich erkannt hat, der dir helfen will – er kam nach Jerusalem. Wir standen am Palmsonntag wie die Menschen damals am Wegesrand und schauten nach dem, der uns entgegenkam. Wir standen da mit unseren Erwartungen. Und wir haben ganz viele unterschiedliche Erwartungen. Da kommt der, dachte einer, der mich heilen wird. Da kommt der, dachte eine andere, der mich aus dieser unglücklichen Beziehung herausholen wird. Da kommt der, dachte ein dritter, der auf den Tisch schlagen und den Mächtigen sagen wird, was wir jetzt wirklich ändern müssen. Und einer hatte vielleicht auch gar keine Erwartungen, Hoffnungen, Sehnsüchte, sondern nur Tränen in den Augen und dachte: Da kommt der, der mich wirklich versteht!

Heute hoffen wir vielleicht etwas anderes für unser Leben: Da kommt der, der meinen Arbeitsplatz erhalten wird. Da kommt der, der die Atomkraftwerke verbieten wird. Da kommt der, der mein Leben verändern wird.

Die Menschen am Wegesrand damals wussten, der hier ist etwas ganz besonderes. Denn er ist anders. Dass so viele Menschen hier zusammen gekommen sind, um ihn zu begrüßen, während er in die Stadt einreitet, das hat einen Grund.
Sie haben von ihm gehört. Er hat Kranke geheilt, Lehrer zum Verstummen gebracht, Mächtige zum Umdenken, Sünder zur Umkehr, Tote zum Leben. Und vor ihm zitterte die Regierung, denn sie wussten nicht, wie sie mit ihm umgehen sollten. Zum ersten Mal sah man die mächtigen Besatzer des Landes ohnmächtig. Und dass er in das Zentrum der Macht kam – da musste ja etwas ganz besonderes in der Luft liegen!

Ostersonntag

Und wir? Wir wissen ja schon, was gekommen ist. Nämlich alles anders. Nichtsdestotrotz genauso ergreifend. Vielleicht noch umstürzender. Und doch: Unsere Erwartungen erfüllten sich so nicht. Sie erfüllten sich anders. Das muss man erst mal verkraften, verstehen, akzeptieren. Das ist so einfach nicht, wenn man von einem glänzenden Sieg geträumt hat. Siege müssen ja auch nicht immer glänzen. Sie können auch glanzlos sein, sich zur Hintertür hereinschleichen. Aber einen positiven Aha-Effekt, das braucht es schon. Und dann am Karfreitag kam es weder zu einem glanzvollen, noch zu einem glanzlosen Sieg; sondern zur ultimativen, schrecklichsten, grauenhaftesten Katastrophe. Hinrichtung am Kreuz, schmerzhaft bis zum letzten Atemzug, war damals nur für den Abschaum der Menschheit vorgesehen, für den letzten Dreck von Menschen.

Gott ist anders. Gott handelt anders. Und wenn wir an unseren Gott glauben und ihm vertrauen wollen, dann müssen wir anders von ihm denken. Und wenn wir das nicht können oder wollen, dann müssen wir uns überraschen lassen. Das geht auch, ist vielleicht einfacher. Allerdings müssen wir dann mit Überraschungen rechnen in unserem Leben. Überraschungen, die von Gott kommen.

Oder: Wir dürfen zumindest nicht die falschen Erwartungen haben. Präsident Obama ist nicht einer der vielen Schwarzen in den USA, die vielleicht tolle Visionen, aber sowieso nichts zu sagen haben. Er hat eine brillante Ausbildung, er hat Visionen und den Willen, sie umzusetzen. Alle setzen ihre Hoffnungen auf ihn. Er soll alles umkrempeln, verändern, neu machen, retten oder neu ins Leben rufen. Und zweifellos ist er auf dem Weg, viele Erwartungen zu erfüllen. Aber er ist nicht Gott. Und doch kann er vieles schaffen – mit Gottes Hilfe.

Manche Erwartung ist zu hoch. Viele junge Menschen denken: Wenn ich erstmal verheiratet bin, dann habe ich keine Sorgen mehr. Mein Partner wird mich unterstützen, auf den Händen tragen, mir immer helfen. Alles wird endlich gut in meinem Leben. Und ich brauche selbst nichts mehr zu tun. Das macht alles mein Partner, meine Ehefrau. – Und viele wachen dann sehr schmerzhaft auf aus diesem angenehmen Traum und stellen fest, dass ihre Ehe wackelt oder schon am zerbrechen ist. Und wundern sich. Und merken erst später – hoffentlich nicht zu spät – dass sie wohl zu viel vom anderen erwartet haben. Und zu wenig von sich selbst. Der andere soll es für einen richten. Jesus soll meine Erwartungen erfüllen.

Wer ist das? fragten damals die Menschen in den Straßen, die ihn noch nicht kannten. Wer kommt da auf einem gebrechlichen Esel in unsere Stadt? Schnell entstehen Gerüchte und andere, die ihn kannten, gaben Antwort: Der da zu uns kommt, ist ein außergewöhnlicher Mann, ein Heiliger. Er ist unverwundbar, eine göttliche Gestalt. Er ist der wahre Kämpfer für die Freiheit des Volkes. Einige meinen sogar, er ist der wieder auferstandene Prophet. Und andere erinnern sich an Worte des Propheten, die von dem neuen König sprachen, der auf einem Esel geritten kommt.

Schnell bereiteten sie einen Empfang vor. Sie holten Teppiche aus den Häusern und legten sie auf die Straße. Sie rissen Zweige von den Palmen, die am Wegrand stehen, um sie auszubreiten. Als der Mann dann auf seinem Esel die ersten Häuser der Stadt erreichte, hatte sich eine Menschenmenge gesammelt, die im zujubelte: Hoch lebe der neue König! Unser Retter kommt! Sei Du unser Anführer im Kampf gegen die Feinde!

Ostersonntag

Der Mann auf dem Esel schaute sich freundlich um. Einen Augenblick lang schwankte er, ob er der Menge nicht zustimmen soll, ob er das schmeichelhafte Angebot nicht annehmen soll. Aber dann war er sich doch wieder sicher: Sein Weg ist ein anderer. Und so ließ er die Menge jubeln. Ihr Anführer im Kampf mochte er doch nicht werden. Er musste weiter. Er musste sich und seinem Auftrag treu bleiben.

Sie verstanden ihn nicht, seine Jünger ebenso wenig wie die Menschen, die ihm mit Palmzweigen zujubelten; auch seine Gegner begriffen nicht, dass jemand, der die Möglichkeit hat, ganz oben zu stehen, an die Macht zu kommen, nicht zugreift. Sie hatten Angst vor ihm, deshalb wollten sie ihn aus dem Weg haben. Sie können nur in den Grenzen ihres beschränkten und machtbesessenen und gewalttätigen Weltbildes denken. Niemand damals begriff, dass das Reich Jesu Christi ein Reich nicht von dieser Welt ist.

Er hilft ihnen nicht, weil er sie lehren möchte zu begreifen, um was es wirklich geht. Er hilft ihnen nicht, weil er sie in ihrem Innersten verstanden hat und weiß, was wirklich gut für sie ist, was wirklich gut für uns ist.

Hosianna! hatten die Menschen gerufen, die Jesus bei seinem Einzug bejubelten, Hosianna, hilf doch. Menschen mit Gebrechen, Menschen, die verstoßen und verachtet sind, Menschen, die arm und rechtlos sind. Kann er nicht ihre Not lindern? Kann einer, der einen Toten lebendig gemacht hat, nicht alles zum Guten wenden?

Um die Linderung welcher Not würden wir Jesus bitten, wenn er uns von Angesicht zu Angesicht gegenüberstünde?

Ostersonntag

Hosianna! riefen die Menschen, hilf doch!

Und Jesus half nicht.
Er half nicht, unser altes Leben ein wenig angenehmer weiterzuführen.
Er half nicht, ein wenig zu verändern, was uns stört.
Er half nicht, lockerer mit dem scheinbar Unabänderlichen umgehen zu können.

Und Jesus hilft doch. Indem er nicht hilft.
Erkennt doch, ich bin anders! Erkennt mich, wer ich wirklich bin! Und wie ich Euch wirklich helfen kann.

Er möchte uns helfen, ganz neu zu werden. Deshalb trägt er am Kreuz die Last unserer Schuld und verzichtet darauf, die himmlischen Heerscharen zu Hilfe zu rufen. Deshalb erträgt er die Schmerzen und den Spott der Gegner. Nur, wenn wir uns von ihm von unserer Schuld befreien lassen, werden wir wirklich neu, nur dann verliert der Tod seine Macht über uns.
Erkennen wir, was er uns wirklich schenken kann, dieser seltsame und sanfte König auf dem Esel?

Oder lassen wir ihn an unserem Leben vorüber reiten, sehen ihm kopfschüttelnd nach, ziehen weiter unserer alten Wege?

„Siehe, ich mache alles neu", spricht er, wenn er wiederkommen wird am Ende der Zeiten.
Trauer wird Freude, Tod wird Leben, Schuld wird Vergebung, Vergänglichkeit wird Ewigkeit. Sein Reich kommt.

Ostersonntag

Und ihr? Und ich? Und Du?

Werde ein Ostermensch! Einer, der verstanden hat! Erkenne, wer der Herr ist und was er sich für dich wünscht und was du – mit ihm – für Dich, für die Welt und für ihn sein kannst!

Wer nicht erkennen will, seinen eigenen Gott, wer nicht erkennen will, sein eigenes Leben, wer nicht erkennen will, was Gott in seinem Leben kann und möchte – was der in der Kirche, in einem Gottesdienst sucht, das weiß ich auch nicht.

Ostern und Weihnachten, mindestens diese beiden müssen zweimal im Jahr uns eine Offenbarung sein. Mindestens da müssen wir aus unserer Müdigkeit aufwachen, aus unserem Alltagstrott und uns selbst und anderen sagen:
Werde ein Ostermensch!
Einer, der erkannt hat.
Einer, der erkannt worden ist, von Gott.
Einer, der ganz tief erkannt worden ist und geliebt wird, so wie er bist!

Ist es nicht das, wonach Du Dich sehnst, Dein Leben lang? Erkannt zu werden, wer du bist, geliebt zu werden, wie du bist und dann: Erkannt und geliebt – zu leben?

AMEN.

Ostermontag

Den Lese-Predigttext finden wir im Matthäusevangelium, Kapitel 10, die Verse 26b-33:

Es ist nichts verborgen, was nicht offenbar wird und nichts geheim, was man nicht wissen wird. Was ich euch sage in der Finsternis, das redet im Licht; und was euch gesagt wird in das Ohr, das predigt auf den Dächern. Und fürchtet euch nicht vor denen, die den Leib töten, doch die Seele nicht töten können; fürchtet euch aber viel mehr vor dem, der Leib und Seele verderben kann in der Hölle.

Kauft man nicht zwei Sperlinge für einen Groschen? Dennoch fällt keiner von ihnen auf die Erde ohne euren Vater. Nun aber sind auch eure Haare auf dem Haupt alle gezählt. Darum fürchtet euch nicht; ihr seid besser als viele Sperlinge.

Wer nun mich bekennt vor den Menschen, den will ich auch bekennen vor meinem himmlischen Vater. Wer mich aber verleugnet vor den Menschen, den will ich auch verleugnen vor meinem himmlischen Vater.

Habt Mut! Seid Osterbotschafter! Gott ist mit Euch!

Jesus wendet sich hier an seine Jünger. Er sendet sie aus zum Volk Israel und in die ganze Welt. Die Worte „Fürchtet Euch nicht!" sind also gerichtet an 1. die Jünger und 2. an die Gemeinde. Am Anfang dieser Rede Jesu, die in Kapitel 9 beginnt, steht sein Erbarmen mit den Menschen, deren Not er wahrnimmt, sein Erbarmen mit den geplagten und verzweifelten Menschen, die schutz- und orientierungslos allen Bedrängnissen preisgegeben sind (9,36). Jesus spricht seine Sendung also bewusst aus in Hinblick auf die Menschen in ihrer ganz speziellen Not. Dabei trägt Jesus den Jüngern nichts anderes zu tun auf, als was er selbst getan hat. An seinem Auftrag sollen sie teilnehmen, als seine Mitarbeiter sollen sie wirken. Damit werden die Jünger auf den Weg Jesu gestellt und dieser Weg führte damals auf den Weg der Erfahrung von Anfeindung, Verfolgung, ja, Tötung. Und so stellt sich hier die Frage: Wie kann es den Jüngern gelingen, angesichts dieser lebensbedrohenden Gegnerschaft dem Sendungsauftrag treu zu bleiben? Der Aufruf Jesu „Fürchtet Euch nicht!" zielte ja nicht auf die Heranbildung von Furchtlosigkeit oder von Helden in der Jüngerschaft.

Der Auftrag, das von Jesus vernommene Wort „auf den Dächern" (V.26f.), also öffentlich, weiterzusagen, spitzt sich zu in dem Wort „Mich bekennen vor den Menschen" (V.32a). Dabei geht es nicht allein um die Weitergabe frommer Geschichten oder um eine sinnvolle Lebensführung, sondern um das Bekennen, dass Jesus Gottes Heil verkündet und dieses Heil selbst ist. Die Bedrängnisse, die Gefahren, das Leiden sind Teile des Lebens. Es wird immer Feinde des Christentums geben, Ankläger, maßlose Kritiker, Verleumder und auch innere Feinde. Menschen, die sagen, sie stünden hinter der Sache Jesu Christi, die aber tatsächlich bewusst oder unbewusst gegen die Sache Christi arbeiten.

Es gibt also genug Grund, Furcht zu haben in dieser Welt. Aber die Jünger können ihre Furcht verlieren. Warum, das sagt Jesus in den Versen 28-31. Die Jünger wissen um die Bedrohung ihres Lebens in der Nachfolge. Aber sie können ihre Furcht verlieren, weil Gott der Vater von Jesus und damit auch der Vater derer ist, die in seiner Nachfolge stehen. Nicht Leid und Not prägen das Leben und Wirken der Jünger. Denn, und das ist die herrliche Weite dieses Textes, das Bekennen der Jünger ist selbst Freude und Glück. Ja, in einem Bild des Evangelisten ist der Jünger ein „den-Himmel-Empfangender".

Ostermontag

Habt Mut! Seid Osterbotschafter! Gott ist mit Euch!
Unser Text richtet sich nicht nur an Kirche und Gemeinde, sondern an jede Christin, an jeden Christen – ein der Reformation besonders wichtiges Anliegen. Das Priestertum aller Gläubigen, wie Luther jedes Glied der Gemeinde verstanden wissen will. Klar fordert das Jesus-Wort: Christen und Christinnen müssen vom Evangelium in der Öffentlichkeit erzählen.

Habt Mut! Seid Osterbotschafter! Gott ist mit Euch!
In unserer Zeit hat sich die Lebenseinstellung aber ja stark verändert. Wir wollen leben, nicht dienen. Wir wollen genießen und nicht leiden müssen. Wir wollen beliebt sein und nicht Anfeindungen erfahren. Wir wollen „das Mark des Lebens aussaugen", wie es der Lehrer Robin Williams im Film „Der Club der toten Dichter" mit den Worten Walt Whitmans sagt.
Im persönlichen Bereich trennen wir nicht selten Christsein und Alltag. Unser Christsein grenzen wir auf Beteiligung am Gemeindeleben ein. Im Alltagsleben gelten andere Spielregeln. Jesu Aufforderung „Fürchtet Euch nicht!" heißt da in unsere Situation hinein „Lasst euch nicht einschüchtern! Bleibt eurem Auftrag, bleibt der Botschaft treu!"

Habt Mut! Seid Osterbotschafter! Gott ist mit Euch!
Unser Text leitet uns zur Freude an unserem Gott und ermutigt uns, unser Christsein erneut als Lebensgewinn zu entdecken. Allerdings macht der Text auch deutlich, dass Christsein kein Spiel ist, in das man nach Lust und Zeit ein- und aussteigen kann. Sorgfältig müssen wir uns prüfen. Denn Gott ist uns nicht sicher. Wir können nicht nach Belieben leben, reden, handeln. Eindringlich warnt Jesu Wort: verleugnen wir ihn, dann kennt er uns auch nicht mehr.

Ostermontag

Habt Mut! Seid Osterbotschafter! Gott ist mit Euch!
Die christliche Botschaft richtet sich an alle Menschen, sie spricht den Menschen als ganzen an. Aber in unserer Sehnsucht nach Sinn, Glück, Freude, Liebe. Sie spricht uns an in unserer Lebenssehnsucht, die wir in speziellen Situationen wie im Empfinden von Sinnlosigkeit, Einsamkeit und innerer Leere besonders stark wahrnehmen. In Wirklichkeit ist diese Sehnsucht im Tiefsten: Sehnsucht nach Gottes Heil. Nur wissen das manche noch nicht oder wollen es nicht wahrhaben.
Diese Sehnsucht treibt uns alle, ob jung oder alt, bis zum Ende unseres Lebens. Man denke nur an die Love Parade, die dem Hunger nach Leben Ausdruck verleiht. Die Love Parade zeigt aber auch in einer tragischen Weise das Laufen von einer ungestillten Sehnsucht zu einer anderen. Sie zeigt die diffuse Suche inmitten der heutigen Orientierungslosigkeit.

Habt Mut! Seid Osterbotschafter! Gott ist mit Euch!
Wem Gott nahe ist, der erfährt Heil und Fülle des Lebens auf eine ganz andere Weise, nämlich ein tiefes Heil, ein umfassendes Heil und eine beglückende Fülle des Lebens. Mit „Fülle des Lebens" ist hier nicht gemeint materielles Wohlergehen, sondern tiefe Freude, die Erfahrung von unerschöpflichem Glück. Von hier wird das Leben leicht, entkrampft sich, ändert sich. Wir müssen uns nicht verrückt machen und aggressiv die Menschen „bearbeiten". Wir dürfen aber leise und ehrlich von der erfahrenen Liebe Gottes erzählen!
Jesu Wort lässt keinen Zweifel, dass der Frohbotschaft immer Widerstand oder wie bei uns in Deutschland Desinteresse hervorrufen wird. Wir müssen aber nicht entmutig sein:
Habt Mut! Seid Osterbotschafter! Gott ist mit Euch!
AMEN.

Pfingsten

„Der Heilige Geist ist der Butler von Gott!"
„Der Heilige Geist ist ein Feuer, – er ist ein Wunder, – er ist ein Sturm!"
„Der Heilige Geist – ist ein Auge!"
„Der Heilige Geist – ist ein Teil von Gott!"
„Der Heilige Geist – ist ein Mitglied der Dreieinigkeit. Er ist überall und notiert sich alles und dann – am Abend – erzählt er alles dem großen Gott!"

Liebe Lese-Gemeinde, das sind Antworten der Konfirmanden und Konfirmandinnen, was der Heilige Geist darstellt!
Gar nicht schlecht, denke ich. Denn sich vorzustellen, was der Heilige Geist für uns ist – das ist gar nicht so einfach.

Heute ist Pfingsten und wir feiern, dass vor über 2000 Jahren der Geist Gottes – so wie es Jesus den Jüngern verheißen hat – auf die Gläubigen „niederkam". Wir Christen beziehen uns bei dieser Feier auf eine Textstelle in der Apostelgeschichte in Kap. 2, die ersten Verse: *Als der Pfingsttag gekommen war, waren sie alle an einem Ort beieinander. Und es geschah plötzlich ein Brausen vom Himmel wie von einem gewaltigen Wind und erfüllte das ganze Haus in dem sie saßen. Und es erschienen ihnen Zungen zerteilt, wie von Feuer; und er setzte sich auf einen jeden von ihnen, und sie wurden alle erfüllt von dem Heiligen Geist und sie fingen an, zu predigen in anderen Sprachen, wie der Geist ihnen gab auszusprechen.*

Der Geist Gottes – so sagt es unser Text – befähigt Menschen also, mehr zu können, mehr und ganz erstaunliche Fähigkeiten zu haben. In diesem Fall gab der Geist Gottes den Menschen die Möglichkeit, in anderen Sprachen zu ganz unterschiedlichen Menschen zu sprechen. Vielleicht meint es auch, sich noch ganz anders ausdrücken zu können. Worte geschenkt zu bekommen, mit denen man die gleichen Sachverhalte, in einer neuen unverbrauchten Sprache sagen kann.

Im weiteren Verlauf spricht der Text davon, dass die Jünger „begeistert", alle anderen Menschen außen herum aber entgeistert waren durch dieses Niederkommen des Geistes.
„Niederkommen des Geistes auf die Jünger" – Wie fühlt sich das genau an? Man ist „begeistert"! – Na schön, aber damit kann ich wenig anfangen.

Vielleicht tut es mir gut, auf die Antworten der Konfirmanden und Konfirmandinnen zu schauen. Sie sagen:
„Du fühlst dich gut, du fühlst dich frei."
„Du bekommst Mut zum Leben."   „Er ist Liebe."
„Der Heilige Geist ist deine Kraft, deine Hilfe in der Not."
„Er ist ein Segen von Gott."   „Man fühlt sich wie versichert."
„Man fühlt sich erleichtert, befreit zu neuem Leben."

Ja, das trifft den Nagel auf den Kopf. „Man fühlt sich befreit zu neuem Leben."
Ob Gott uns durch seinen Geist neue Fähigkeiten schenkt oder die – in uns schlummernden Fähigkeiten – nur aufweckt, das kann jeder nur für sich selbst herausfinden. Aber wahr ist, dass Gottes guter Geist, der Geist der Liebe uns Menschen zum Guten verändert.
So schreibt einer der Konfirmanden: „Der Heilige Geist hat eine Botschaft: Wir sollen uns gegenseitig die Sünden vergeben im Namen Gottes."

Ja, das kann der Geist der Liebe in uns bewirken. Dass wir uns aufrichtig versöhnen. Dass wir eben nicht immer und ständig nachtragend sind. Dass wir uns die Schuld nicht nur pro forma vergeben, und in Wirklichkeit nicht vergessen wollen, was uns angetan worden ist. Der Geist der Liebe kann uns verändern, wenn wir uns von ihm anrühren lassen.

Aber geht das so einfach, wie sich das anhört? Ein anderer Konfirmand hat geschrieben: „Der Heilige Geist fühlt sich an wie ein schweres Gewicht, das auf einem liegt."
Sich des Heiligen Geistes im eigenen Herzen bewusst zu sein, kann auch heißen, sich beschwert zu fühlen. Beschwert durch die neue Aufgabe, auf den Nächsten auch wirklich zu zugehen und ihn zu lieben. Beschwert, sich frei und glücklich zu fühlen. Denn den Geist von Gott ins Herz gelegt zu bekommen und sich dessen bewusst zu werden, ist eine Sache. Aber diesem Heiligen Geist entsprechend zu handeln, ist eine andere Sache. Und viel schwerer als es sich anhört.

„Man fühlt sich besser denn je" schrieben die Konfirmanden und Konfirmandinnen. „Ich stelle ihn mir wie ein gutes wunderbares Gefühl vor." „Er geht in dich und du fühlst dich gut."

Natürlich war dann meine Frage an die Konfirmanden: „Und wie bekommt man den Heiligen Geist? Was muss man dafür tun?"
„Man muss an ihn glauben, man muss viel, viel beten, wenn man an ihn denkt." Das haben die Menschen der Bibel getan, z.B. Moses. Er hat auf Gott vertraut, darauf, dass Gott ihn und die Menschen um ihn herum verwandeln wird. Und so kam Gott auf ihn hernieder in seinem guten Geist.

Für mich, liebe Leser, ist der Heilige Geist eine symbolhafte Figur für „Verständnis". Ich meine das so: Gott schenkt uns seinen Geist und wir werden durch ihn das Wichtigste verstehen. Das Wichtigste ist nach Gott, dass wir ihn und unseren Nächsten lieben. Und das können wir nur, wenn wir versuchen, unsere Mitmenschen zu verstehen.

Wie schnell sind wir bereit, den Fremden zu verurteilen und die Schuld auf das Fremde abzuschieben! Dabei muss das Fremde uns ja nicht fremd bleiben. Denn es liegt an uns, das Fremde kennenzulernen. Nur, wenn wir die Augen zumachen oder einen großen Bogen um das Andere machen, werden wir es nie verstehen.
Und dann driften wir sehr schnell ab in eine große Selbstgerechtigkeit. Alles, was wir machen, ist gut. Und alles, was andere machen, ist unverständlich und sinnlos. Selber schuld! Dabei hat es in allen Fällen auch einen Sinn, der uns aber nicht klar ist, weil wir ihn nicht kennen. Und nicht kennen wollen.

Der Schriftsteller Fynn sagt, dass Menschen eine begrenzte Anzahl von Standpunkten haben, Gott aber stehe auf allen diesen Punkten, und jeder dieser Punkte ist deshalb ebenso richtig wie jeder andere. „Denn Menschen kennen andere nur von außen. Aber Gott kennt die Menschen auch von innen."

Den anderen verstehen wollen – das ist Nächstenliebe. Und noch mehr als das: Stephen Hawkings, Philosoph an der University of Cambridge und berühmter Autor, wurde gefragt, was Happiness ist. Und er antwortete, ohne zu zögern: Happiness is understanding.

Vielleicht tut uns die Wahrheit im ersten Augenblick sehr weh. Vielleicht schmerzt sie uns lange Zeit und wir kommen nicht klar mit ihr. Aber langfristig – und das wissen wir alle – reifen wir durch sie, sehen wir Dinge und Menschen anders und neu, können wir neu und befreit handeln. Und darum geht es im Leben. Es geht darum, zu verstehen. Und das kann man nur, wenn man es will. Es gibt Menschen, die wollen lernen. Und es gibt andere, die legen keinen Wert darauf. Denen genügt es, für sich selbst das Beste zu wollen. Und die anderen zu verachten. Aber diese Lebenseinstellung hat Folgen.

Vielleicht drückt das russische Löffelmärchen am poetischsten aus, was aus denen wird, die lernen und die nicht gelernt haben:
Ein Mensch kam zu Gott in den Himmel und bat darum, die Hölle sehen zu dürfen. Gott nahm ihn an der Hand und führte ihn in einen Raum mit einem großen, langen Tisch. Rings um den Tisch saßen Menschen und vor ihnen standen die köstlichsten Speisen. Aber die Menschen schrien vor Hunger und weinten und schimpften und fluchten. Denn in ihren Händen hatten sie Löffel, deren Stile doppelt so lang waren wie ihre Arme, so dass sie die Löffel mit den Speisen nicht in den Mund bekamen. Gott sagte zu seinem Begleiter: Das ist die Hölle.
Dann führte er ihn in den Himmel. Sie kamen in einen anderen Raum. Und es zeigte sich ihnen in diesem Raum der gleiche Anblick. Auch hier stand ein großer, langer Tisch, an dem viele Menschen saßen. Auch sie hatten viele Köstlichkeiten vor sich stehen. Und auch sie – hatten dieselben langen Löffel in ihren Händen. Aber ihre Gesichter strahlten und sie lachten und waren fröhlich – denn sie – fütterten sich gegenseitig.

Pfingsten

Himmel und Hölle sind sich sehr ähnlich. Nur sind im Himmel diejenigen, die verstanden haben. Die gelernt haben auf der Erde. Die lernen wollten.
Dabei ist dieser Lernprozess nicht schwer. Denn er müsste automatisch passieren, wo zwei oder mehr Menschen zusammen kommen. Und selbst, wer weit ab von der Zivilisation oder als Mönch im Kloster oder in einer abgeschotteten Ehe lebt und nicht an andere Menschen denkt, der hat nicht an andere Menschen denken wollen. Der wollte nur sich verwirklichen. Dem war das eigene Ego wichtiger.

Um Verständnis kann man beten, um Verständnis kann man sich bemühen. Der Heilige Geist schenkt uns dieses Verständnis. Gott begleitet uns. Und daran will uns das Pfingstfest erinnern. Gott schenkt uns seinen Geist der Liebe. Auf den anderen zugehen, verstehen wollen, begreifen lernen.

„Wie schön", sagte Anne Frank, „dass niemand darauf zu warten braucht, damit zu beginnen, die Welt langsam zu verändern."
Nimm den Heiligen Geist an, heute und zu jeder Zeit. Er macht dein Leben reich. Und du wirst mit ihm das Leben anderer reich machen.

AMEN.

Totensonntag

Ich – bin dann mal – weg. Ich bin dann mal weg.

Das hat einer geschrieben, der gerne gegangen ist. Sich auf den Weg zu Gott gemacht hat. Umzug in eine andere Welt.

Wann bist du das letzte Mal umgezogen?
Von einem Ort an einen anderen?

Mein letzter Umzug liegt nicht lange zurück und ich muss sagen: Ich bin noch immer froh, dass es vorbei ist. Natürlich hatte ich tolle Freunde und wunderbare Helfer um mich herum. Aber so ein Umzug an sich ist ja schon keine angenehme Sache. Man muss seine gesamten Habseligkeiten durchsortieren. Man muss gründlich ausmisten. Manchmal kann man sich nicht dazu überwinden und nimmt einfach alles mit, auch den ganzen Mist. Man muss Abschied nehmen. Das ist mühsam und vor allem immer auch ein Schritt ins Ungewisse. Wird alles zeitgerecht und reibungslos über die Bühne gehen? Wie wird es sein in der neuen Wohnung? Wer werden meine Nachbarn sein und wie werde ich mit ihnen auskommen? Man muss sein Zuhause, seine vertraute Heimat verlassen. Wird man sich im neuen Haus zuhause fühlen? – Diese Fragen bedrücken einen, wenn man umzieht.

Paulus spricht im heutigen Predigttext von einer Übersiedelung. Allerdings von einer ganz radikalen. Da wird nämlich die alte Behausung nicht nur verlassen, sondern zur Gänze abgerissen. Da bleibt kein Stein auf dem anderen. Da gibt es nichts, was man mitnehmen kann. Da gibt es kein Bleiben, auch wenn man es sich noch so sehr wünscht. Und da gibt es auch kein Zurück. Paulus schreibt im 2.Korintherbrief vom Sterben. (5,1-

10), Überschrift „Sehnsucht nach dem neuen Körper und nach der Heimat im Himmel".

Liebe Leser, der Totensonntag hat einen besonderen Charakter. In Psalm 90, 12 heißt es „Lehre uns bedenken, dass wir sterben müssen, auf dass wir klug werden!"

Der Tod ist in der Tat eine erschreckende Macht. Ganz egal, ob er plötzlich und unerwartet kommt wie bei einem Unfall, oder ob er sich durch eine lange Krankheit ankündigt. Er stellt alles in Frage und gibt auf nichts eine Antwort. Er friert alles ein. Was bei seinem Eintreten ungesagt und ungetan ist an Gutem, Wahrem und Versöhnlichem, bleibt ungesagt und ungetan. So ist es nur zu verständlich, dass wir um unsere Toten trauern. Um das, was wir aneinander gehabt und aneinander versäumt haben. Ebenso ist die Angst vor dem Tod verständlich. Ich darf Angst haben. Es ist nicht schlimm oder peinlich, vor dem Sterben Angst zu haben. Auch Paulus hatte Angst davor. Er, der so unerschrocken für seinen Glauben eingetreten ist, der auf seinen Reisen die abenteuerlichsten Dinge erlebt hat, er hätte sich auch gerne das Sterben erspart.

Natürlich möchten wir nicht gerne sterben. Wir haben doch so viele Pläne für unser Leben, dass die wenigsten von uns offen und gerne über das Sterben oder die Nichtexistenz nachdenken würden. Gott und sein Reich im Himmel – will ich da wirklich hin oder nicht doch lieber noch ein bisschen leben? Will ich wirklich ein letztes Mal umziehen und alles hinter mir lassen müssen? Bin ich nicht so gefangen in den Dingen dieser Welt, meiner Arbeit, meinen familiären Angelegenheiten, sogar in meinen Hobbies, dass ich gar nicht über sie hinausdenke? Und auch nicht hinausdenken will?

Totensonntag

Vor einigen Jahren habe ich ein Buch herausgegeben mit dem Titel: „Die Bestattungskultur des 21. Jahrhunderts", ein Buch, das sich – obwohl es sehr spannend ist und viele Überraschungen bietet – selten verkauft und das aus einem ganz einfachen Grund: Niemand möchte gerne darüber nachdenken, wie es einmal sein wird, wenn man selbst nicht mehr lebt. Dieser Lesestoff macht nicht fröhlich oder gar glücklich.

Nur wenn die Medien wieder berichten von Geiselnahmen, Attentaten, militärischen Auseinandersetzungen, Hungerkatastrophen, neuen Krankheitserregern – dann wird uns klar, wie unvollkommen diese Welt ist, wie sehr sie der Erlösung und Vollendung bedarf, wie wenig sie diese aus sich selbst heraus bewerkstelligen kann. Da ist sie dann doch, die Sehnsucht nach der Heimat bei Gott. Nach einer Welt ohne Schmerzen und Tränen. Nach einer endgültigen Geborgenheit.

Liebe Leserin, lieber Leser, Paulus weiß es, und wir wissen es: Der Tod ist nicht das Letzte. Was ist aber dann das letzte?

Unser Text spricht von einer Gerichtsverhandlung. Wir müssen alle offenbar werden vor dem Richterstuhl Jesu Christi, so steht es da. Keine schöne Aussicht! Wer will denn schon, dass alles ausgebreitet wird aus seinem Leben, jedes schlimme Detail, jede peinliche Kleinigkeit? Aber, so haben wir es vom 139. Psalm eindrucksvoll gesagt bekommen: Einer weiß ja ohnehin schon alles: Gott unser himmlischer Vater. Er kennt mich durch und durch, mit all meinen Fehlern und Irrtümern. Und das Sonderbare ist: Gerade er liebt mich über alle Maßen. Er liebt mich so sehr, dass ich nicht einmal die drohende Gerichtsverhandlung zu fürchten brauche. Freilich: Notwendig ist es schon, dass alles zur Sprache kommt. Aber nicht, weil Gott mich schlecht oder lächerlich machen, sondern weil er alles gut machen will.

Für uns Christen gilt: Beim Gericht Gottes geht es um eine Diagnose, die der Heilung dient. Die ist erschreckend. Die Diagnose offenbart die tödliche Erkrankung. Aber die Heilung ist schon auf dem Weg. Gottes Liebe, die sich in Jesus Christus offenbart hat, ist das wirksamste Desinfektionsmittel, die beste Heilsalbe und der hochwertigste Verbandstoff. Alles in einem. Und kostenlos. Wir müssen ihn nur an unsere dreckigen Wunden heranlassen.
Deshalb können wir mit Paulus dem ganzen Geschehen auch mit Zuversicht, ja sogar mit Sehnsucht entgegenblicken. Er weiß: Für ihn wird der letzte Umzug nicht ein Horrortrip, sondern die Heimreise. Nicht nur ein Weggehen, sondern vor allem ein Ankommen. Bei Gott.
Diese Hoffnung können wir teilen!

Dazu gibt es eine eindrückliche Geschichte. Sie handelt von zwei Jungen, die miteinander im gleichen Dorf aufwachsen. Eine tiefe Freundschaft verbindet sie über ihre gesamte Kindheit. Und doch trennen sich eines Tages ihre Wege. Während der eine Jura studiert und schließlich Richter wird, gerät der andere auf die schiefe Bahn und wird zum Verbrecher. Eines Tages begibt es sich, dass sich die beiden im Gerichtssaal gegenüberstehen. Der eine auf der Anklagebank, der andere hinter dem Richtertisch. Sie erkennen einander und voll Spannung wartet der Angeklagte, was nun kommt. Wird der Richter ihn ihrer alten Freundschaft wegen einfach freisprechen? Wird er so tun, als kenne er ihn nicht?

Die Beweislage ist erdrückend und so kommt es, wie es kommen muss: Der Richter befindet den Angeklagten in allen Punkten schuldig und verhängt die vom Gesetz vorgesehene Geldstrafe. Eine astronomische Summe. Völlig unbezahlbar für den heruntergekommenen Kriminellen. Er wird wohl eine lange Zeit im Gefängnis sitzen müssen. Aber dann passiert etwas Unerwartetes: Der Richter legt seine Robe ab und kommt hinter seinem Amtstisch hervor. Er setzt sich zu seinem Freund auf die Anklagebank, zückt seine Geldtasche und begleicht die gesamte Strafe für ihn. Und dann lädt er ihn zu sich nach Hause zum Essen ein.

Das ist wahre Freundschaft. Sie mutet dem Gegenüber die Wahrheit über sich selbst zu. Sie kehrt nicht seine Verfehlungen unter den Teppich. Und sie ermöglicht ihm trotzdem den Weg in ein neues Leben.
So ist Gott. Er hasst die Sünde, aber er liebt den Sünder.

„Lehre uns bedenken, dass wir sterben müssen, auf dass wir klug werden!"
Wir denken heute an unsere Toten. Es bewegen uns die unzählig vielen Schicksale unserer Lieben, aber auch der Toten in dieser Welt, der Ermordeten, der Gefallenen, der Vergewaltigten, der Verschleppten, der Flüchtlinge und der Vertriebenen. Die Menschheit hat immer noch nicht dazu gelernt, die Kriegsgefahr im Nahen Osten, nur vier bis fünf Flugstunden von hier, ist allzeit gegenwärtig. Jeden Moment kann es in vielen Ländern zum Kriegsausbruch kommen. Um welche Nichtigkeiten sind in der Geschichte schon Kriege geführt worden! Und wie viel Elend und Verletzungen haben sie mit sich gebracht!

Totensonntag

Unsere Trauer um die Opfer von Krieg und Gewalt kann aber nur dann einen Sinn haben, wenn sie an den Frieden mahnt und uns an unsere Verantwortung für die Mitmenschen und für Gottes Schöpfung erinnert.

Im Glauben und in der Hoffnung sehen wir die Neue Welt Gottes vor Augen und vertrauen darauf, dass bei Gott alle Not dieser Erde ein Ende finden wird.
Dass unser Leben seine Vollendung erfährt.
Dass der letzte Umzug der ist, auf den es wirklich ankommt.

Ich – bin dann mal – weg.

Losgegangen.

Um Gott zu finden.

Endgültig.

Der letzte Umzug, auf den es wirklich ankommt.

Weil wir dann endlich
selbst ankommen
in der Liebe Gottes.

AMEN.

Advent 1

Die Adventszeit kommt ... Du weißt, was du zu tun hast!
100 Weihnachtskarten, jede mit einem eigenen besonders lieben Text an Freunde und Verwandte schicken. Das Haus festlich schmücken und den Speiseplan für die wichtigsten Tage des Jahres aufstellen. Durch die Stadt rasen, sich durch vollgestopfte Passagen drängen, Geschenke kaufen, einpacken und verstecken. Plätzchen backen, Lieder singen, basteln, in die Fenster blinkende Plastiklichter stellen, die verschiedenen Adventsfeiern besuchen. Wenn schon nur wenig Schnee fällt, dann sich wochenlang berieseln lassen von Weihnachtsmusik und Glühweinprozenten auf den Weihnachtsmärkten und zu Hause. Besonders nett sein zur Familie, dem Weihnachtsabend ein tolles Programm verpassen. Sonst sitzen zwei Stunden nach der Bescherung alle vor der Glotze, weil es nichts mehr zu tun gibt.

Es wäre viel mehr, ruhig zu werden und zu warten, bis Gott an unsere Tür klopft. Aber wir sind so beschäftigt, dass wir das leise, behutsame Klopfen gar nicht mehr hören.
Werde ruhig! Warte! Vertraue darauf, dass Gott dich besucht und Dein Leben mit Deiner Hilfe verändern will!

An Weihnachten können wir merken, wie schön es ist, für andere da zu sein. Dafür braucht man nicht tausend Geschenke und besonders teure dazu. Wenn der andere merkt, dass du mitgedacht hast, dann hat sich Gottes Klopfen an deiner Tür schon gelohnt! – In den nächsten Tagen wiederhole das: Setz dich hin, werde ruhig und höre auf das leise Klopfen!
Wenn dir aufgeht, was wirklich wichtig ist an Weihnachten – nämlich an den anderen zu denken, ihm Freude schenken zu wollen – wenn dir das aufgeht, dann hast du das Klopfen Gottes an deine Türe gehört!

Advent 1

Gütiger Gott,

wir danken dir
für diesen Stern Christus,
den du uns in der Nacht schickst.

Wir danken dir
für diesen Stern Christus,
der uns die Richtung weist.

Wir danken dir
für diesen Stern Christus,
der Licht macht in unserem Leben.

Wir danken dir
für diesen Stern Christus,
der uns leuchtet

auf dem Weg des Lebens,
auf dem Weg in ein neues Leben,
auf dem Weg zu dir.

AMEN.

Advent 2

Das schönste Bild deiner Kindheit

Was war das? Das gute Gespräch mit deinem Vater?
Eine liebende Umarmung deiner Mutter?
Die letzten Ferien mit deiner Familie? Weihnachten?
Viele Menschen sagen: Weihnachten.

Für mich waren es immer die Adventssonntage.
Ich sehe das Bild noch genau vor mir: Wir sitzen uns gegenüber, meine Mutter und ich, am runden Tisch im Wintergarten. Durch die großen Fenster sieht man draußen den Schnee liegen. Der Adventskranz in der Mitte des runden Tisches ist mit großen roten Schleifen und Kerzen geschmückt. Es duftet nach Christstollen, heißem Kakao, Plätzchen, Zimt. Die Adventszeit war immer angefüllt mit den köstlichsten Gerüchen und Düften. In dem schnell ausdunkelnden Tag sitzen wir in einer warmen leuchtenden Atmosphäre.

Worte, die mir in den Kopf kommen dazu: Geborgenheit, Vertrautheit, Liebe. Das ist tatsächlich das schönste Bild meiner Kindheit. Unwiederbringbar leuchtet es in meine Gegenwart hinein. Und trägt mich!

Advent – ein lebenslanges Geschenk! Danke, Gott!

Advent 2

Gott,

ich will dir danken

dass du hinter mir stehst und du jetzt da bist

an meiner Seite

und du mir bald entgegenkommst

ich will dir danken

dass ich dich bei mir weiß

deine Nähe fühle, Vertrautheit spüre

die ich brauche

ich will dir danken, dass ich danken kann,

weil das ja heißt

dass du mich zum Leben gebracht hast

und mich immer wieder lebendig machst

AMEN.

Advent 3

Er-Füllender Alltag

Advent – das heißt, Sehnsucht nach Christus haben, nach Gottes Liebe und Nähe. Das heißt still werden, damit wir Gottes Botschaft an uns hören können. Das heißt verstehen, dass Gott Himmel und Erde miteinander verbindet und fühlen, dass Gott auf der Erde ein Stück Himmel wahr werden lässt.

Das heißt aber auch, dass Gott uns etwas zumutet. Weihnachten ist nicht nur das Fest, an dem Gott uns beschenkt mit seiner Liebe. Weihnachten ist mehr. Weihnachten ist auch ein von Gott „uns zugemuteter Aufbruch".

Weihnachten bedeutet nicht, drei Tage feiern, essen und dann genauso weitermachen wie bisher. Weihnachten ist das Geschenk der Liebe Gottes an uns. Aber wir sollen diese Liebe nicht in einen Safe legen, die Panzertür verriegeln und die uns geschenkte Liebe wie Geld horten. Wir sollen diese Liebe anlegen, weitergeben, neu verschenken.

Gott mutet uns zu, nach Weihnachten mit diesem Geschenk der Liebe erneut aufzubrechen in unser Leben, in unsere Beziehung, in unseren Alltag.

Alltag! – Wenn alle Tage deines Leben von Gottes Liebe bestimmt sind, weil er dir Liebe durch die Begegnung mit Menschen schenkt und du diese Liebe wieder an andere weitergibst, wenn alle Tage deines Lebens von Gottes Liebe bestimmt sind, dann kann der Alltag zur Erfüllung deines Lebens werden!

Advent 3

Das Licht deines Gottes

Gott sei mit dir
strahlendes Licht
in den dunklen Tagen
dieser kalten Zeit

Licht sei mit dir
es erleuchte dein Herz
und wärme dich

Wer dir begegnet
möge das Licht
in deinen Augen sehen

möge das Licht
in deinem Herzen spüren
und verstehen

möge erleuchtet werden von dir
und weitertragen das Licht
deines liebenden Gottes

AMEN.

Heiligabend

Eine reiche Geburt
Die Königin Maya machte sich auf und mit ihr zogen 80.000 mit Pferden bespannte, schmucküberladene Wagen, 80.000 reich gezierte Elefantengefährte und ein Geleit von 80.000 Fußsoldaten, sämtlich kühne und starke Helden, schön, wohlgestaltet und mit starken Rüstungen gepanzert. Hinter ihr folgten 60.000 Schakyamädchen und eine besondere Schutztruppe von 40.000 älteren, jüngeren und im besten Alter stehenden Schakyas, nur aus solchen Familien. die dem König Schuddhodana verwandt waren. Zum weiteren Gefolge gehörten 60.000 Frauen aus dem Harem des Königs, die Konzert von Gesang und Instrumentalmusik veranstalteten und angeschlossen hatten sich je 80.000 prächtig geschmückte Götterjungfrauen, Schlangenmädchen, himmlische Musikantinnen, und Frauen von Halbgöttern und Dämonen. In mannigfachen Gesängen und Melodien der Königin Ruhm verkündend, gaben ihr alle diese das Geleit. Der ganze Garten Lumbinihain aber war mit duftendem Wasser gesprengt und mit himmlischen Blumen überstreut worden und alle Bäume gaben unzeitgemäß Blätter, Blüten und Früchte.
Hier im Garten stieg die Königin von ihrem kostbaren Wagen ab, streifte, umgeben von irdischen und himmlischen Frauen, von Baum zu Baum und wandelte von Gebüsch zu Gebüsch. Baum für Baum sah sie sich an und gelangte schließlich zu einem großen Plakschabaum. Der war eine Perle unter den Bäumen, mit wohlproportionierten Zweigen und gleichmäßig verteilten Blättern und Blütenknospen. Mannigfache himmlische und irdische Blumen überdeckten ihn, denen der Duft der vortrefflichsten Wohlgerüche entströmte. Seine Wurzeln, der Stamm, die Blätter und Zweige waren mit edlen Steinen aller Art geschmückt.

Heiligabend

Und es neigte sich der Plakschabaum und grüßte. Da streckte die Königin Maya ihren rechten Arm aus, ergriff den Plakschazweig und stand, den Blick gen Himmel gerichtet und sich anmutig dehnend da. In diesem Augenblick näherten sich 100.000de von himmlischen Jungfrauen, die von den Göttern der Sinnenreiche her herbeikamen, um der Königin Maya aufzuwarten. Und als so die 10 Monate voll waren, trat Buddha, der schon im Mutterleibe mit solchen Fähigkeiten zu Wundern ausgestattet war, zur rechten Seite seiner Mutter heraus. Er war bei vollem Bewusstsein und nicht mit dem Schmutz des Mutterleibes behaftet. Und in diesem Augenblick standen Schakra, der Götterkönig, und Brahma, der Herr der Geschöpfe, vor der Königin, und nahmen den Buddha höchst ehrerbietig und bedacht entgegen. Dann wuschen sie und alle 100.000 Götter den eben geborenen Buddha mit verschiedenen wohlriechenden Wassern, überstreuten ihn mit frischen Blumen und hüllten ihn in ein himmlisches Seidengewand. Buddha aber blickte in alle vier Himmelsrichtungen und überschaute sie mit dem Blick des Mannes, dem das Trachten und Tun aller Wesen bekannt ist. Das ist die Geburtsgeschichte von Buddha.

Eine gewöhnliche Geburt
Nun brauche ich Ihnen die Geburtsgeschichte von Jesus aber nicht mehr vorzulesen. Die Lukas-Geschichte ist vielleicht, ja, sie ist wahrscheinlich die einzige Geschichte, die alle Christen kennen. Ich brauche Ihnen nichts mehr zu erzählen von einem armseligen Stall oder von einer kalten Nacht, irgendwo in einem fremden Land weit, weit weg von hier.
Nun könnte man ja meinen: Aha, Buddha ist also in unermesslichem Reichtum, umgeben von hunderttausend Göttern und Menschen in das Leben auf der Erde getreten und Jesus hat bei

Heiligabend

seiner Geburt einen Esel und ein Ochsen um sich herum gehabt und Menschen, die nicht wussten, wer er war und wer er sein würde. Und man könnte daraus schließen wollen, Buddha sei reich zur Welt gekommen und Jesus unermesslich arm.
Ungewöhnlich reich und ungewöhnlich arm: so seien die Unterschiede zwischen beiden Geschichten. Aber so ist es nicht!
Es ist im Grunde genommen in unseren Augen heutzutage noch viel schlimmer. Es war nämlich für die damalige Zeit gar nichts Ungewöhnliches in einem Stall geboren zu werden. Krankenhäuser mit Kreißsälen waren da noch nicht erfunden und auf der Straße konnte man ja nicht bleiben. Es war auch nichts Ungewöhnliches, dass die Eltern auf einer Reise waren. Und es war ebenfalls nichts Ungewöhnliches, dass Menschen sich um das neue Leben versammelten, so wie die Hirten zu dem neugeborenen Leben kamen. Und nicht einmal zu einem besonderen Namen hatte es gereicht. Jesus oder Josua, so hießen damals viele. Ungewöhnlich ist natürlich die Ankündigung der Geburt Jesu durch den Engel und seine Voraussage, dass Jesus sein Volk von den Sünden erlösen wird. Und dann die Engel, die den Hirten das Wunder der Nacht verkünden, aber das sind die einzigen Ausnahmen.
Nein, nicht ungewöhnlich arm, armselig oder bemitleidenswert war die Geburt Jesu im Vergleich zur Geburt von Buddha. Die Geburt Jesu war vielmehr ganz gewöhnlich! Sie war mittelmäßig! Heute furchtbar. Denn es gibt nichts Schlimmeres als gewöhnlich, mittelmäßig zu sein. Durchschnitt.
Die Geburt Jesu war nichts besonderes. Sie war harmlos. War sie harmlos? Heute im Nachhinein wissen wir es natürlich besser. Damals bei der Niederkunft Jesu schien seine Geburt völlig harmlos zu sein. Unvorstellbar, dass hier der Messias geboren wurde.

Heiligabend

Eine ganz gewöhnliche Geburt? Ja, eine ganz gewöhnliche Geburt. Aber ein ganz ungewöhnliches Kind.

Gott kennt uns gut. Er weiß, wir Menschen haben große Erwartungen. Das war immer so.
So war es damals vor über 2000 Jahren und so ist es heute.
Aber Gott hat uns immer überrascht:
denn ER hat uns immer das Unerwartete geschenkt.

Wir erwarteten einen Übermenschen, einen Supermann, einen Held. Und Gott gab uns ein kleines Kind.
Wir erwarteten einen Herrscher und Gott gab uns einen Bruder.
Wir erwarteten einen Rächer und Gott gab uns einen Verfolgten.
Wir erwarteten einen, der gegen die Feinde kämpft und Gott schenkte uns einen, der lehrte, die Feinde zu lieben.
Wir erwarteten einen Feldherrn und Gott gab uns einen Freund.
Wir erwarteten einen Gott und Gott kam uns entgegen als Mensch. (frei nach einem Gebet aus der Schweiz)

Als dann sein Sohn an das Kreuz genagelt wurde, erwarteten wir nichts mehr.
Aber dann hat Gott uns unsere früheren Erwartungen erfüllt:
denn dann hat er uns den Auferstandenen gegeben, den Herr über Leben, den Sieger über den Tod, das Licht in unserer dunklen Welt.

AMEN.

Weihnachten

UND?

Schon gewusst? Dieses kleine Wort kommt sehr häufig vor: UND. – Ohne, dass ich es nachgeprüft hätte, würde ich behaupten wollen: Es ist das am häufigsten gebrauchte Wort in der Heiligen Schrift. Dieses Wort kommt in fast jedem Satz vor und sagt in den meisten Fällen überhaupt nichts aus. Es hat keine eigene Bedeutung und seine einzige Funktion besteht darin, Aussagen miteinander zu verbinden oder, wie in der Bibel, Sätze einzuleiten. In der Weihnachtsgeschichte kommt das Wort alleine 23 Mal in 19 Sätzen vor.

Weil das Wort UND keine Bedeutung hat, könnte man zu dem Schluss gelangen, man brauche es nicht weiter zu beachten. Aber es gibt Ausnahmen. In der Weihnachtsgeschichte von Lukas findet sich eine solche Ausnahme. Vielleicht findet sich hier sogar das bedeutungsvollste UND der ganzen Bibel. Das UND, das ich meine, verbindet Vers 8 mit Vers 9. Die Stelle lautet: „Es waren aber Hirten in derselben Gegend, die hüteten nachts ihre Herde. UND der Engel des Herrn trat zu ihnen ..." Hier verbindet das Wort UND zwei Welten miteinander, nämlich die Erde und den Himmel. Und in dieser Verbindung von Himmel und Erde liegt die ganze Weihnachtsgeschichte!

Denn das ist es, was an Weihnachten passiert: Gott kommt auf die Erde, Gott verbindet an Weihnachten Himmel UND Erde miteinander! In Jesus ist Gott weiterhin Gott UND zugleich ein ganz normaler Mensch.
Wie klein das Wort UND auch sein mag, hier – an dieser Stelle – steht es für das ganze Weihnachtsgeschehen!

Weihnachten

Eichendorff beginnt sein Gedicht „Mondnacht" mit den Worten: „Es war als hätt' der Himmel die Erde still geküsst". Das klingt sehr schön. An Weihnachten war es aber nicht, als hätt' der Himmel die Erde still geküsst, sondern der Himmel hat an Weihnachten die Erde still geküsst!

Auch ein zweites macht das UND deutlich. Es steht zwischen den Hirten UND dem Engel des Herrn. UND zu ihnen spricht der Engel des Herrn, und nicht zu den Erfolgreichen und Reichen der Stadt Bethlehem. Später in der Geschichte wird Jesus nicht im Hotel in einem Luxuskinderbettchen, sondern in einem Stall in einer Futterkrippe geboren. Diese Verdoppelung, Stall UND Hirten, macht deutlich, zu wem Jesus in allererster Linie kommt. Jesus kommt auf die Welt, um sie ein bisschen göttlicher und sehr viel menschlicher zu machen. Er kommt, um die Unglücklichen glücklich zu machen, die Traurigen fröhlich, die Kranken gesund und die Mächtigen friedlich.

All das steckt in dem einen UND.

UND – das ist Weihnachten!

Weihnachten

Weihnachten.

Ostern.

Pfingsten.

Plötzlich

Macht Gott

Das Unmögliche Möglich.

Gestern.

Heute.

Morgen.

Nun

Kannst Du Mit Gottes Liebe

Das Unmögliche MÖGLICH Machen.

AMEN.

Rechtshinweise

Zahlreiche Anregungen zu Predigten habe ich gefunden unter www.predigten.de, in Gesprächen mit Freunden und Gottesdienstbesuchern und in Büchern. Manchmal überzeugte mich der Inhalt. Gelegentlich half mir eine kleine Idee auf die großen „Predigtsprünge". Auch übernahm ich Formulierungen, wie das Theologen aus Zeitnot durchaus gewohnt sind zu tun. Immer aber stammt die Überarbeitung und die „Übersetzung in meine Sprache" aus meiner Feder.

Die Predigt auf den Seiten 69 bis 74 war ursprünglich eine Dialogpredigt mit Texten von Prädikantin Sabine Vossler und mir, die wir am 22. Juli 2007 zusammen in Markdorf gehalten haben (hier leicht abgeändert).

Ohne eine vollständige Liste wiedergeben zu können, danke ich Sabine Vossler, Albrecht Conrad, Stephan Frielinghaus, Hanns-Heinrich Schneider, Andreas Zwölfer, Günter Kaltschnee, Manfred Günther, Hansjörg Eichmeyer, Traugott Giesen, Friedrich Gäntzle, Herbert Schmidt, Harpe Kerkeling, Ekhard Brandes, Michael Gaiser, Walt Whitman, Joel Luhamets, Mücke, Anthony de Mello, Kurt Tucholsky, Fynn, Wolgang Borchert, Antoine de Saint-Exupery, Karsten Linnpert, Matthias Kreplin, Hans Magnus Enzensberger, Henry David Thoreau, Mutter Theresa, Anne Frank, Leo Tolstoi, Joachim Dachsel, Willi Hoffsümmer, Stephen Hawkings, Martin Luther King, Thomas Mann, Dietrich Bonhoeffer, Marie Luise Kaschnitz, Friedrich Bodelschwingh, Fjodor Dostojewski, Woody Allen und den Windhoeker Konfirmanden des Jahrgangs 2001.

Kirche und Spiritualität

Literatur und Lyrik

www.azurverlag.de